Rolf Zacher
Endstation Freiheit

Rolf Zacher

Endstation Freiheit

Erinnerungen

Argon

Bildnachweis:

Bavaria Film: 268, 292 (© Rosi Reiter)
kpa photo archive: 272
s. e. t. photo: 278
Ullstein Bild: 53, 63 (-Regine Will), 115

Sämtliche weiteren Bilder entstammen dem Privatarchiv von Rolf Zacher.
Berechtigte Ansprüche von Rechteinhabern werden sebstverständlich abgegolten.

Gesetzt aus der Janson
Layout: Leslie Driesener
Satz: deutsch-türkischer fotosatz, Berlin
Druck und Bindung: Clausen & Bosse, Leck
Printed in Germany
ISBN 3-87024-572-7

Vergiss die Träume deiner Kindheit nicht …

INHALT

ERSTE SCHRITTE

Berlin-Lichterfelde, am 28. März 1941, Fridolinstraße in Richtung Rittberg-Krankenhaus. Der Taxifahrer gibt alles, doch mein Kopf lugt schon zwischen den Beinen meiner Mutter hervor. Niemand hatte mich gefragt, ob ich überhaupt hier landen wollte mitten im Krieg eines Irren. Aber an diesem Tag hatte meine Mutter Gertrud die Regie übernommen. Und so kam ich auf die Welt zwischen Taxi, Asphalt und Krankenhaus.

Rolf-Dieter ist mein voller Name, meine Mutter rief mich so, wenn sie sauer auf mich war. Sonst war ich nur das »Dickerchen«, denn als Dreijähriger hatte ich, man glaubt es kaum, weißblonde Löckchen, und mein Gesicht war rund wie ein Vollmond. Mein Gott, war ich verfressen! Konnte vor Speck kaum laufen. Mein vier Jahre älterer Bruder Peter musste mich durch die Gegend tragen. Sein Rückenleiden hat er angeblich mir zu verdanken.

Ob der alte Zacher, an den ich keinerlei Erinnerung habe, wirklich mein Erzeuger war, das ist eine andere Frage. Es wurde gemunkelt, ein großer Zirkusartist habe meiner Mutter schöne Augen gemacht, während ihr Mann als Schirrmeister der Luftwaffe mit Rommel in Afrika und später als Panzergrenadier an der Ostfront kämpfte, wo er kurz vor

Kriegsende, im März 1945, fiel. Aber wen interessiert schon meine Ahnentafel?

1943 flüchtete meine Mutter mit mir und meinem Bruder Peter von Berlin nach Swinemünde. Meine einzige Erinnerung an diese Zeit: Ich liege auf einer Kaimauer am Hafen und lasse mich von der Sonne wärmen. Passt doch auf, schreien Leute, der Kleine fällt gleich ins Wasser. Der fällt nicht, antworten die Fischer, der liegt da immer. 1945 sind wir dann mit einem der letzten Schiffe aus Swinemünde raus. Kanonen waren zu hören, die Front schon ziemlich nah. Man durfte nur mit einer Fahrkarte aufs Schiff. Mit gezogener Pistole standen Soldaten an den Aufgängen, weil natürlich alle wegwollten. Doch meine Mutter kannte den Lotsen sehr gut, so kamen wir auch ohne Fahrkarte auf das Schiff. Dann ging es in einem Güterzug weiter nach Göttingen. Die Erinnerung an diese Zeit kommt zurück, wenn ich Wochenschaubilder von damals sehe, das Sirenengeheul, die Einschläge, endlich ertönt die Entwarnungssirene, raus aus dem Keller. Wir Flüchtlinge waren wie eine große Familie, hausten in Turnhallen, jeder von uns auf 30 Zentimetern, dann wieder in Waggons, auf Abstellgleisen. Der Güterzug, mit dem wir Richtung Westen fuhren, kriecht durch einen namenlosen Bahnhof, ein Koffer wird aus dem fahrenden Zug geworfen, platzt auf, der Inhalt fällt raus und liegt verstreut auf dem Bahnsteig, ein tragischer Moment, und ich musste so lachen. Dann sehe ich die Reaktion meiner Mutter, und mir wird klar, dass es unser Koffer war. Im niedersächsischen Spanbeck bei Göttingen angekommen, wurden wir von der Bauernfamilie Henze aufgenommen, bei der wir bis 1947 wohnten. Anna Henze war eine richtig dralle Bäuerin, die ich sehr mochte. Und sie mich auch. Eines Abends, als sie am Herd stand und das Essen für die Familie zubereitete, sagte ihr Mann Karl plötzlich: »Du, Anna, ich habe gehört, unser Jüngster, der Karl-Heinz, der soll gar nicht von mir sein!« Alle Welt wusste, dass der Vater des Jungen ihr Cousin war, der Fleischer aus dem Nachbardorf. Anna dreht sich halb zu ihrem Mann um und antwortete, wobei sie geschäftig weiter in ihrem Topf rührte: »Jenücht et nich, dat er Papa sacht?«

In Spanbeck spürte ich zum ersten Mal, was es heißt, nur geduldet zu sein. Der Krieg war zwar zu Ende, doch wir kamen aus dem inzwischen von Russen besetzten Teil Deutschlands, der so genannten Ostzone. Wir störten. Die Henzes hatten uns zwei Zimmer abgegeben, die sich unterm Dach, direkt neben der Wurstkammer, befanden. Gelegenheit macht Diebe. Dort hingen sowieso zu viele Würste. Also war ich ab und zu mal am Besorgen. Ich mochte das Gefühl, etwas Verbotenes gegen den Hunger der Familie zu tun. Die Beschaffungsgene waren bei mir ausgeprägter als bei meinem Bruder Peter oder meiner Mutter. Es war aufregend in diesem Schlaraffenland, zwischen all den runden, langen Würsten und Schinken. Und es fiel auch nicht auf, wenn mal was fehlte. Wir hatten viel gehungert, bevor wir hierher kamen. Ich besorgte gern. Mein Sinn für soziale Gerechtigkeit wurde später oft mit krimineller Energie verwechselt …

Gleich neben dem Anwesen der Henzes war ein Hof mit vier Pferden. Der dazugehörige Pferdestall wurde mein zweites Zuhause. Ich suchte jede Gelegenheit, bei den Tieren zu schlafen. Auf dem Heuboden liegen, das Geräusch der mahlenden Zähne beim Zerkleinern des Fressens zu hören, das leichte Schnauben der Nüstern: mein absoluter

Lieblingsplatz. Oft gesellte sich die Hofkatze zu mir, schmiegte sich schnurrend an mich. Harmonie, Geborgenheit spürte ich hier wie nirgendwo.

Dieser Heuboden war auch Ort meines ersten Dr.-Pillermann-Aufklärungsspiels. Heimlich stöberte ich im Geschlecht von Hilde, Tochter des Dorfpostboten. Wie aufregend. Hochsommer, später Nachmittag, der Heuboden stand in Flammen, so heiß war mir. Eine Erregung, die ich mit meinen sechs Jahren bis dahin noch nicht kennen gelernt hatte. Doch inmitten der »Untersuchung« tauchte der Kopf von Manfred Henze in der Heuluke auf. Manfred war zwei Jahre älter als ich und hielt sich für etwas Besseres, was er mich auch immer spüren ließ. Er, der wohlhabende Bauernsohn, ich, das mittellose Flüchtlingskind. Und das war auch, bis auf wenige Ausnahmen, die Grundhaltung des ganzen Dorfes. Manfreds hochroter Kopf erschien also, wahrscheinlich hatte er vorher gelauscht, und mit den Worten: »Rolf, das darf man nicht. Das ist eine Schweinerei. Das erzähl ich deiner Mutter« zerstörte er diesen wunderschönen Moment. Hilde und ich waren völlig verwirrt. Und dann noch dieser Ausdruck »Schweinerei«. Das hat mich tief getroffen. Am liebsten hätte ich ihn samt der Leiter, auf der er stand, umgeschubst. Nur dass er größer und stärker war als ich, hielt mich davon ab. Der Dussel wollte also petzen und weitere Unruhe in das ohnehin schon schwere Leben meiner Mutter bringen. Manfred würde unser unschuldiges Doktorspielchen bestimmt furchtbar dramatisieren, und ich war der festen Überzeugung, meine Mutter würde durch mich Schwierigkeiten im Dorf bekommen. Wir hatten am Rand von Spanbeck einen kleinen Garten. Dort war meine Mutter, wenn sie nicht auf dem Feld für unser Dasein (Kost,

Logis und Tagelohn) arbeitete, so oft es nur ging. Sie nannte diesen Garten ihr kleines Paradies. Wenn Gertrud Zacher von dort zurückkam, hatte sie immer gute Laune. Das musste ich abpassen. Sie sollte das, was geschehen war, von mir erfahren und nicht durch die Schilderung von Manfred Henze. Ich lief meiner Mutter schnell entgegen, wollte es ihr als Erster erzählen, so wie ich es empfunden hatte, als natürliche Neugier und nicht als etwas Schmutziges. Schon von weitem sah ich, wie sie mir beschwingt lächelnd entgegenkam. »Was machst du denn hier?« »Wollte dich abholen.« »Hast du doch noch nie gemacht.« Ich hängte mich an ihren Rockzipfel und begann mit dem Satz: »Mutti, die Hilde und ich, wir haben da vorhin mal was ausprobiert ...« ihr mein Erlebnis zu schildern. Darauf erwiderte meine Mutter nur: »Das ist schon in Ordnung, der Manfred, der spinnt ja.« Damit war das Thema erledigt, und sie nahm mich liebevoll an die Hand. Ein Riesenstein fiel mir vom Herzen. Ich liebte sie noch mehr als sonst.

Gleich neben der Post im Dorf befand sich ein Gehöft mit einer großen Scheune. In dieser Scheune wartete ein schwarzer Deckhengst auf sämtliche Stuten des Landkreises, stampfend, wiehernd, wild, sehnsüchtig, unbändig an die Stalltüren schlagend. Im Tor zum Hof, auf den der Hengst zum Decken geführt wurde, hatte ich eines Tages ein mirabellengroßes Astloch entdeckt. Dieses Astloch veränderte mein Leben, denn mit sechs Jahren und neun Monaten hatte ich das große Glück, zwei Pferde beim Geschlechtsakt beobachten zu können. Der Bauer hatte mich bei vorhergehenden Versuchen immer wieder davongejagt. Und nun konnte ich durch diese Öffnung diesem archaischen Erlebnis beiwohnen. Da stand die Stute mit leicht gespreizten

Hinterläufen, dazwischen die zuckende, papayagroße Pferdevulva, bereit, diesen ofenrohrlangen, dicken Pferdeschwanz zu empfangen. Der Hengst sprang auf die Stute. Wild wiehernd stieß er sein Riesending in die pulsierende, bleckende Öffnung. Sonderbar, warum wurde es mir verboten, Zeuge dieses überwältigenden wundervollen Aktes zu sein? Wie die meisten Kinder in meinem Alter tobte ich den ganzen Tag draußen herum oder half den Bauern.

Besonders stolz war ich auf meinen großen Freund Karl-Heinz. Er war schon 22 und ein richtiger Mann. Karl-Heinz war der beste Reiter in der Gegend, und er nahm mich oft in Schutz vor den rüden Sprüchen der Bauernjungen. Einmal, als wir gerade ein Feld eggten, fragte er mich: »Willst du weiterfahren, Rolf?« Und ob ich wollte! Einige Male war ich schon allein Trecker gefahren, aber gleich eggen – nach der Saat, was für eine Verantwortung. Die Hälfte des Feldes musste noch bearbeitet werden. Er stieg ab, ging zum Waldesrand hinüber, wo eine Freundin von ihm wartete. Ich wusste genau, was er jetzt anstellen würde. Er tat das, was der Hengst bei den Stuten machte. Beim Weggehen drehte er sich um: »Vergiss nicht, du musst dich ab und zu mal umsehen und die Linie kontrollieren.« Ich achtete auf den Treckerbug, mein Blick war nach vorn gerichtet. Linien halten, hatte er gesagt. Gar nicht so einfach, das mit der Linie. Ich war schweißgebadet vor Freude, fühlte mich wie ein Bauer, dachte, da wächst bald Weizen, und ich habe geeggt. Die Zeit verstrich, und der Schatten meines Traktors wurde länger, meine Geraden hatten die Form eines Halbkreises angenommen. Diese Form wuchs später als Getreide und rahmte eine ellipsenförmige Freifläche von mehr als hundert Metern ein.

Ich liebte das Leben auf dem Lande und wünschte, schon größer zu sein. Morgens mit dem ersten Hahnenschrei beginnt der Tag. Heu einfahren. Ballen nach oben in die Scheune hieven. Ich wollte unbedingt mitarbeiten, stand unter dem Scheunendach an der Luke und empfing die auf Heugabeln hoch gereichten Ballen. Mit blutenden Händen und rasendem Herzen, schweißüberströmt, hielt ich durch bis zum letzten Heuballen. Die Bauern sollten mich respektieren. Dafür durfte ich mich vor der Arbeit in der gemütlichen Küche richtig satt essen, es duftete nach Kaffee, Wurst, Käse, Butter und Brot. Damals wäre ich gern Bauer geworden. Die Saat und dann die Ernte, die Menschen in der Stadt vergessen oft, wie hart die Arbeit der Bauern ist. Auf einem Hof muss man zupacken können. Da gibt es immer etwas zu tun. In den Stallungen die dampfenden Körper der Tiere spüren, das Füttern oder einfach nur mit nackten Füßen auf dem Misthaufen stehen, ein Hochgenuss.

Ende 1947 entschied sich meine Mutter, mit uns Kindern zu ihren Eltern zu ziehen. So ging es über die grüne Grenze bei Braunschweig zu unseren Großeltern nach Stolpe am Oderbruch im Kreis Angermünde. Jetzt waren wir nicht mehr die aus dem Osten, sondern die aus dem Westen, und wurden schon wieder kritisch beäugt. Aber innerhalb der Familie fühlte ich mich sehr wohl. Wir lebten bei meinen Großeltern, mit Tante, Onkel, Cousin und Cousine in einem großen Haus mit einer Holzveranda ringsherum. Im Haus befand sich auch die Werkstatt meines Großvaters, ein angesehener Familienbetrieb. Mein Großvater war Schneidermeister, mein Onkel der Geselle. Bei meinem Opa in der Stube roch es immer sehr gemütlich nach Zigarre und Stoffen. Opa saß im gekreuzten Schneidersitz auf seinem Tisch und pfiff den ganzen Tag vergnügt vor sich hin. Er liebte seine Arbeit. Mein Großvater hat nie geschrien, immer viel geschmunzelt. Er war die Ruhe selbst und hatte oft einen weisen Spruch auf den Lippen, ein einfacher Mann, aber mit einem tiefen Sinn für Ästhetik, Perfektion, Professionalität, Diplomatie und Lebensgenuss. Einer meiner Lieblingsplätze war unter dem Schneidertisch, vor allem, wenn Kunden da waren, genoss ich das Versteckspiel. Damals kamen viele russische Offiziere, die sich ihre Uniformen schneidern ließen. Ich durfte mir aus den Stoffresten etwas nähen: Pantoffeln, Schuhe, mein Großvater hat mir gezeigt, wie's geht, er hat mich immer machen lassen, mich nie dumm belehrt. Die autoritären Belehrungen von Erwachsenen, ihre endgültigen Weisheiten … das war meinem Großvater fremd. Ich habe ihn sehr geliebt. Meine Oma war eine weißhaarige Frau mit einem sanften, verständnisvollen und gütigen Lächeln auf den Lippen, die leider viel zu früh, kurz nachdem wir in Stolpe angekommen waren, verstarb. Onkel Alfred hingegen konnte ich nie so richtig leiden. Er war mir zu laut, zu poltrig, ein derber Mensch. Meist war er leicht angetrunken, und dann konnte es vorkommen, dass er seine Frau, meine Tante Diddi, schlug. Schon in dieser Zeit habe ich eine richtige Aversion gegen Alkohol entwickelt. Wenn mich Onkel Alfred anhauchte, wurde mir fast übel. Onkel Alfreds Tochter, meine Cousine Bärbel, war große Klasse. Bärbel war ein Jahr älter als ich, und wenn wir uns stritten, hat sie mir eine gelatzt, ich habe ihr eine zurückgeklebt, und dann umarmten wir uns, und gut war's. Außerdem gab es da noch meinen Cousin Klaus, der im Alter meines Bruders Peter war. Die beiden verstanden sich sehr gut und ließen mich oft nicht mitspielen. Traurig und wütend musste ich mit ansehen, wie mein Bruder mit Klaus zu langen Streifzügen im Wald verschwand. Ich bin dann allein durch den Wald gestiefelt.

1948 kam zum ersten Mal ein kleiner Wanderzirkus nach Stolpe. Der Zirkus faszinierte mich wie nichts zuvor, nicht nur der Auftritt des Clowns, auch die Pferde, kleine, sehr kleine Pferde, Miniponys, die ich mit pflegen, striegeln und füttern durfte. Ich wollte auch Artist sein, mit Pferden und anderen Tieren arbeiten. Ein paar Mal fuhr ich heimlich als blinder Passagier im Zirkuswagen mit ins nächste Dorf. Wie habe ich die Zirkuskinder beneidet. Der Vater war Clown, Direktor, Dompteur und Zauberer in einer Person. Die Mutter kümmerte sich um die Kasse. Waren alle Leute im Zelt, zog sie ein schillerndes Chiffonkleid an und war die Assistentin des Zauberers. Der Junge trat als Jongleur auf und stand auf einem galoppierenden Pferd. Aus gesundem Neid entsteht der Wille, das auch lernen zu wollen. Für mich stand fest, ich will auf einem Pferd stehen und alle zum Lachen bringen. Mein Traum: Wenn ich mal groß bin, werde ich ein Clown und lebe beim Zirkus. Ein Clown, der die Menschen froh stimmt, sie zum Lachen bringt.

Während wir in Stolpe lebten, kam es zur Gründung der beiden deutschen Staaten. Aus der sowjetisch besetzten Zone wurde die Deutsche Demokratische Republik, und die großen sozialistischen Pläne machten auch vor Stolpe nicht Halt: Im Jagdschlösschen am Waldesrand war die FDJ stationiert. Im Sommer haben wir zusammen am Feuer gesessen. Da wurde Gitarre gespielt und gesungen. Oder wir halfen mit auf dem Feld, wie »Timur und sein Trupp«. Träumend lag ich in den Ackerfurchen, über mir die Kartoffelpflanzen, an deren Blättern ab und zu träge ein gelbschwarzer Kartoffelkäfer hing, der in meinem Marmeladengläschen landete, ich wollte ja mein Soll erfüllen. Aber das Schönste an der Feldarbeit war eigentlich der Moment, in dem das Essen in einem großen Korb gebracht wurde und alle beieinander saßen und friedlich vor sich hin mümmelten. Hatte ich keine Lust, auf dem Feld mitzuhelfen, habe ich mich verdrückt. Oftmals lief ich alleine durch den Wald in Richtung polnische Grenze. Die anderen Jungen aus dem Dorf haben Frösche aufgeblasen, mit einem Strohhalm in Arsch oder Rachen, bis sie geplatzt sind. Diese ganzen Jungenspiele waren nichts für mich. Ich saß lieber stundenlang am Ufer der Oder und lauschte erwartungsvoll dem dumpfen Tuckern der näher kommenden Lastkähne. Der Kapitän am Steuer, vor ihm vom Bug bis zum Führerhäuschen eine weit gespannte Wäscheleine mit flatternden Wäschestücken, unter der Leine ein Kinderwagen, eine aufgeregt bellende Promenadenmischung rannte auf dem Deck umher. Hinterm Führerstand ein Mofa für die Besorgungen an Land. Die Mutti steckte ihren Kopf aus der Kombüse und winkte mir zu mit dem Küchentuch. Was für ein tolles Leben, dachte ich, jeden Tag unterwegs, immer woanders, ich träumte, an Bord zu sein. Langsam verschwand das Heck in der Flussbiegung, durch das Schilf kräuselten sich leichte Wellen und schwappten mir bis über die Knie, jetzt aber los, sonst komm ich wieder zu spät zum Abendbrot.

Oft verpasste ich den letzten Bauern auf dem Feld und musste dann den langen Weg zwei, drei Stunden nach Hause laufen. Und dann gab es Stubenarrest von meiner Mutter. Einen ganzen Tag. Aber Tante Diddi, die Schwester meiner Mutter, ließ mich, kaum dass meine Mutter am Morgen das Haus verlassen hatte, sofort in die Freiheit. Tante Diddi war meine Vertraute. Immer hatte sie Zeit für mich, hat mich nie zu etwas gedrängt. Sie wusste ganz genau, wenn ich ein oder zwei Mal die Woche ein Fünf- oder Zweimarkstück, je nachdem, wovon gerade am meisten im Portemonnaie waren, stibitzt hatte. Aber verraten hat sie mich nie. Wenn meine Mutter im Westen war, um für uns zu hamstern, war ich auch ihr Kind.

Eines Tages saß ich in der Schneiderstube, als ich durch die halb angelehnte Tür zwei Typen mit schwarzen Ledermänteln im Flur stehen sah. »Wo ist Gertrud Zacher? Wir haben einen Haftbefehl gegen sie.« Meine Mutter war gerade wieder mal für ein paar Tage fort, um für uns Essen zu organisieren. Noch in der gleichen Nacht fuhren mein Bruder Peter und ich mit dem Pferdewagen auf einer Baumallee von Stolpe zum Bahnhof Angermünde. Still verabschiedeten wir uns von unserer Verwandtschaft und stiegen mit unseren wenigen Habseligkeiten in den Zug. Für Peter und mich war dies ein unvergessliches Abenteuer voller Ungewissheit und Angst. Nach zwei Stunden Zugfahrt kamen wir in Berlin an. Unsere Mutter empfing uns überglücklich auf dem Bahnsteig, sie hatte ihre Jungens wieder bei sich, und der Haftbefehl wegen Schwarzhandels war in der Alliiertenstadt in weite Ferne gerückt. Wir schrieben das Jahr 1951, ich war zehn Jahre alt und zurück in meiner Geburtsstadt, die mir, als Junge vom Land, fremd war und in der ich niemanden kannte.

In Berlin wohnten wir zur Untermiete bei Herrn und Frau Irzik in der Südendstraße. Die beiden waren christliche Menschen, immer besorgt um ihr Seelenheil. Pünktlich jeden Sonntag liefen sie zur Beichte und begannen dann gereinigten Herzens die neue Woche. Wir wohnten im vierten

Stock in zwei kleinen Zimmern. Das große Zimmer nach vorn hinaus war an die Amerikaner vermietet, die dort den ganzen Tag hurten und soffen, die durften alles. Wir hingegen wurden von den Irziks schikaniert, wo es nur ging. Zum Kochen gab es eine vorgeschriebene Zeit, das heißt, bis Viertel vor eins musste das Essen fertig sein, dann wurde der Herd ausgestellt. Hatte meine Mutter diese Zeit überschritten, nahm Herr Irzik einfach die Töpfe vom Herd und sperrte das Gas ab. Den Müll durften wir nicht in der Küche abstellen, sondern mussten ihn mit in unsere Zimmer nehmen. Nach einiger Zeit hatte meine Mutter diese Unverschämtheiten satt. Sie versuchte, sich dagegen zu wehren, indem sie das Verbot einfach ignorierte und den Müll in der Küche ließ. Keine zwei Minuten später stand Herr Irzik mit den Mülltüten in unserem Zimmer, entleerte den Abfall vor den Füßen meiner Mutter und brüllte: »Euren Müll will ich nicht mehr sehen!«, verschwand und knallte die Tür hinter sich zu. Ich sah meiner Mutter die Verzweiflung an. Mit Tränen in den Augen legte sie das Schälmesser zur Seite, stellte die Schüssel mit den Kartoffeln ab, bückte sich und sammelte den Abfall wieder auf. Da öffnet sich die Tür, und mit einer zur Drohgebärde erhobenen Faust stürmt dieser Kerl erneut in unser Zimmer. Mein erster Gedanke war: Gleich schlägt er sie. Mit einem Satz springe ich dazu, greife instinktiv nach dem Kartoffelmesser, reiße es nach oben, bereit, es diesem Typen in den Bauch zu rammen. Das war purer Beschützerinstinkt. Nur meine Mutter verhinderte Schlimmeres, indem sie mich von hinten am Arm festhielt. Mir kochte das Blut vor Empörung. Herr Irzik, kreidebleich, stolperte dahin zurück, wo er hingehörte. Von da an hatte das Ehepaar Irzik nichts mehr dagegen, dass wir unsere

Müllbeutel in der Küche unterbrachten. Mein Bruder und ich bewohnten das kleinere unserer beiden Zimmer. Wenn ich bei meinen Schularbeiten saß und aus dem Fenster schaute, fiel mein Blick auf das Hinterhaus gegenüber. Im dritten Stock wohnte ein penibler, geschmackvoll gekleideter, allein stehender Herr mittleren Alters mit tiefen Augenringen in einem blassen, schmalen Gesicht. Durch sein glattes, dunkles, nach hinten gekämmtes Haar lief ein breiter Mittelscheitel. Ich beobachtete, nicht ohne eine gewisse Faszination, mit welcher Strenge und Akribie er jede noch so kleine Handlung ausführte. Sein Tagesablauf schien aus einer ganzen Kette aneinander gereihter Rituale zu bestehen. Eine Art Lebenshilfe im chaotischen Nachkriegsberlin. Wenn er sein Zimmer betrat, zog er sein Jackett aus und hängte es, ordentlich glatt streichend, über die Stuhllehne. Darunter hatte er stets ein weißes Hemd an, mit Kragen und Weste. Dann begab er sich zu dem Tisch, auf dem der Geigenkasten lag. Er öffnete ihn vorsichtig und entnahm behutsam das Instrument. Die Geige war seine Geliebte, das hatte ich schon festgestellt. Zärtlich führte er sie an seinen Hals, dessen Beuge ein feines Seidentuch bedeckte. Genüsslich bettete er das Instrument zwischen Kinn und Schulter. Mehr als zwei Jahre lebten wir in diesen beiden Zimmern, und in dieser Zeit spielte der Mann jeden Tag zwischen fünf und sechs Uhr auf seiner Geige. Aber sein Spiel verbesserte sich nur minimal. Es klang so oft falsch, dass ich mich über jeden einigermaßen klaren Ton freute. Jeder Bogenstrich, der danebenging, erzeugte ein grauenhaftes Gekratze. Damals habe ich gelernt, dass man mit Menschen auch Geduld haben muss.

Freunde hatte ich in der Südendstraße kaum. Diesmal kamen wir ja wieder aus dem Osten, aus der Sowjetzone. Berlin war in dieser Zeit ein einziger großer Abenteuerspielplatz. Die Kinder spielten in den Ruinen. Oft waren die Treppen zum ersten Stock weggebombt, sodass man nur mit Strickleitern hinaufkam. Entsprechend war ich auf die Tageslaune der Jungen aus der Nachbarschaft angewiesen, wenn ich mitspielen wollte. Wenn sie gnädig waren, ließen sie die Strickleiter herunter. Doch oft hieß es nur: »Flüchtlinge kommen hier nicht hoch«, und die Strickleiter blieb oben.

Wenn meine Mutter wieder einmal kein Geld in der Haushaltskasse hatte, wurde ich einkaufen geschickt und sollte, wohlgemerkt, Lebensmittel für drei Wochen besorgen. »Der Rolf, der macht das schon ...«, hieß es immer. Als es dann ans Bezahlen ging, sagte die Verkäuferin, »So, das sind 40 Mark ... und sag jetzt nicht, du kannst wieder nicht bezahlen ...« Ich setzte meinen ganzen Charme ein, blickte sie so lange sanft und bittend an, bis sie mich schließlich ziehen ließ, in beiden Händen volle Netze. »Aber sag deiner Mutter, das war das letzte Mal.« Ich hatte es wieder geschafft. Essen auf Pump. Mit dem Fahrrad, an beiden Seiten baumelnde Netze, machte ich mich stolz auf den Weg zurück nach Hause. Diese Verantwortung, Brot, Margarine, Kartoffeln, Zuckerrübensirup und all die anderen Kostbarkeiten zu balancieren und unbeschädigt und vollständig durch Ruinen zurück nach Hause zu bringen, verschaffte mir eine enorm wichtige Rolle innerhalb der Familie. Von Schulschluss bis abends um acht, wenn meine Mutter von der Arbeit kam, war ich allein. Ein Schlüsselkind. Oft half ich dann drei alten Damen, die meine Freundinnen wurden. Ich holte ihnen Kohlen aus dem Keller und ging für sie einkaufen. Bei ihnen hörte ich spannende Geschichten, es gab immer irgendeine Kleinigkeit zum Naschen, Streicheleinheiten und obendrauf noch ’n Fünfer.

Da meine Mutter wollte, dass ich eingesegnet werde, ging ich zum evangelischen Jugendkreis. Pfarrer Friedrich, Vater einer kinderreichen Familie, ein warmherziger, positiv denkender, vor resoluter Lebenskraft strotzender, toleranter, moderner Mensch, begeisterte mich durch seine Auftritte auf der Kanzel, die klar waren und ehrlich und nichts zu tun hatten mit religiöser Scheinheiligkeit. Ein charismatischer Mann, der, wie ich später erfuhr, als Kind kaum sprechen konnte und ein leichtes Stottern sein Leben lang beibehielt, besonders markant bei den Worten »Mu-Mutter« und »G-G-Gott«. Die Kirche selbst war nicht so meine Sache, aber Pfarrer Friedrich, der in dieser Zeit auch eine gewisse Vaterrolle in meinem Leben einnahm, mochte ich sehr. Er begrüßte mich stets väterlich liebevoll. Wenn er mich mit den Worten: »Du weißt ja, Rolf, du bist heute mal wieder dran« empfing, ahnte ich, was Gertrud Zacher vorher wieder einmal mit ihm besprochen hatte – meine Untaten und die Härte der Strafe. Ich war damals 13, und natürlich musste mich meine Mutter anfangs dazu überreden, zur Jungen Gemeinde zu gehen. Aber dort lief alles so locker ab, dass ich bald freiwillig hinging. Nun war ich von der Straße weg oder vielmehr aus den Ruinen. Denn dort lagen Bomben verschüttet, Blindgänger, die jederzeit explodieren konnten. Viele Kinder wurden beim Spielen getötet oder verloren Arme oder Beine. In der Kirchengemeinde war ich sicher, denn bei Pingpong und Kinderchor konnte nicht allzu viel passieren. Meine Stimme war hell und schön. Man nahm das begeistert zur Kenntnis, und ich landete auf Bitten meiner Mutter sogar im richtigen Kirchenchor der Gemeinde. Pfarrer Friedrich lobte meine Stimme, tadelte jedoch meinen nicht vorhandenen Fleiß. Ich kam selten zur Probe, üben war mir zu anstrengend. Im Sommer ging es mit der Jungen Gemeinde auf die Halbinsel Sandwerder vor den Toren Berlins. Dort gab es ein Grundstück, das die Stadt für Jugendliche und Kinder gekauft hatte. Ein wahres Paradies für Berliner Nachkriegskinder. Gegenüber diesem Zeltplatz befand sich eine imposante Toreinfahrt. Drei Meter hohe schmiedeeiserne Zäune mit harpunengleichen Spitzen, dahinter hohes, dichtes Dornenwerk, das seinen Besitzer Respekt einflößend vor ungebetenen Blicken schützte. Insignien der Macht. Hermetisch abgeschlossen residierte hier Konrad Adenauer. Sein unzugängliches Grundstück hatte, wie die ganze Gegend, in der viel Polit- und Wirtschaftsprominenz lebte, etwas Unheimliches, Starres, Lebloses. Dort, auf der Halbinsel Sandwerder, traf ich auch zum ersten Mal Jugendliche aus der jüdischen Gemeinde, von denen ich das Lied »Hava Nagila« lernte. Sie hatten einen ausgeprägten Gemeinschaftssinn, lachten viel und legten eine Offenheit an den Tag, die ich bis dahin nicht gekannt hatte. Zugleich war das mein erster Einblick in eine andere Kultur, und ich war erschüttert, als ich vom Holocaust erfuhr. Als Kind wusste ich ja nichts von all dem, was in der Nazizeit geschehen war, und die Alten sprachen nie darüber, sie hatten ein schlechtes Gewissen. Ich wurde danach auch ins jüdische Gemeindehaus eingeladen und fühlte mich in dieser Gemeinschaft sehr wohl.

Dem evangelischen Jugendkreis hatte ich auch meine erste richtige Urlaubsreise zu verdanken. Ferien am Bodensee. Ich war begeistert von der Landschaft, dem klaren See, den sanften, grünen Hügeln, den alten Städtchen, an denen der Krieg so spurlos vorübergegangen war. Und dann die Kirschbäume, Tausende Kirschbäume, Alleen, Plantagen, wie im Schlaraffenland, ich war im Früchterausch. Überall fielen mir große fette Kirschen ins Maul, das war für so 'n Berliner Ruinenkind paradiesisch. Mit meiner Geschicklichkeit ließ ich in den Andenkenläden Souvenirs mitgehen. Ich nahm regelrecht Bestellungen meiner Gruppenmitglieder auf und erarbeitete mir so ein beachtliches Taschengeld. Zum Klauen schlüpfte ich immer in meine Turnhose, zog die Gummibänder in den Hosenbeinen stramm und ließ die Souvenirs durch den Hosenbund die Beine entlang hinuntergleiten. Dieser Vorgang des Entwendens versetzte mich in wohlige Erregung, außerdem brachte er mir eine gewisse Achtung bei meinen Jugendkreisfreunden ein. Auf der Jagd nach weiterer Anerkennung überquerte ich neben einem Beiboot schwimmend dreieinhalb Stunden bei Nacht und dichten Nebelbänken die schmalste Stelle des Bodensees. Ich schaffte es und wurde als Held gefeiert. Das tat gut. Niemand hatte es mir zugetraut, ich am allerwenigsten. Manchmal glaube ich, ich hab's nur geträumt.

1955 zogen wir endlich in unsere erste eigene Wohnung. Sie befand sich in einer u-förmigen Spießbürgersiedlung in Berlin-Steglitz, am Langensteiner Weg 21, in der unmittelbaren Nähe zum S-Bahnhof Südende. Eine Wohnung nur für uns drei: meinen Bruder Peter, meine Mutter und mich. Zum ersten Mal wohnten wir nicht bei anderen Menschen. Niemand konnte uns reinreden, keine Tante, kein Onkel, nicht die Anna Henze und schon gar keine Irziks. Endlich nur wir als Familie. Eigene Küche, eigenes Bad, Balkon, Südseite zum S-Bahn-Damm – was für ein Luxus. Doch

Mit Mutter, Bruder Peter und Schäferhund Arko, Berlin 1955

auch hier bald wieder das Gefühl, nicht erwünscht zu sein, denn in dieser Siedlung lebten Angestellte, die immer etwas Besseres sein wollten als einfache Arbeiter. Familien, die die vermeintlich heile Welt ihres Daseins allen zeigen wollten. Und wir, wir gehörten hier nicht hin. Wir waren die Frau mit den zwei Jungen ohne Mann.

Mein persönliches Paradies fand ich hinter einem Bahndamm mit riesigen Brombeersträuchern, schwer zugänglich, und fast jedes Mal, wenn ich nach Hause kam, hatte ich einen Riss in den Klamotten, und meine Mutter war wieder sauer auf mich. Wir hatten doch wenig Geld, und ich trug auf, was meinem Bruder nicht mehr passte.

An der Schräge des Bahndammes, wo die S-Bahnen nur Meter entfernt an mir vorbeidonnerten, habe ich meine erste Zigarette geraucht. An den Geruch erinnere ich mich heute noch.

Etwa fünf Kilometer Luftlinie lagen zwischen unserer Wohnung und der Avus. Es war der vierte Sonntag im Monat, es gab endlich wieder unser Lieblingsessen, Rotkohl, Rinderrouladen, Salzkartoffeln. Meine Mutter, mein Bruder und ich sitzen in der Küche, und drüben auf der Avus heulen die Motoren der Silberpfeile Runde um Runde. Stopfe das Essen in mich hinein.

»Schling nicht so, iss langsam, genieß doch!«, ermahnt mich meine Mutter.

»Ich muss da jetzt sofort hin. Ich halte es nicht mehr aus.«

»Du isst zu Ende!«

»Die Geräusche …«

Ich sehe schon die Bilder, habe den Geruch des mit einem Schuss Rizinus vermischten Benzins in der Nase. Meine Mutter zieht mich zum Tisch zurück.

»Hinsetzen.«

Ich setze mich wieder, versuche weiterzuessen, aber die Motorengeräusche haben eine magische Anziehungskraft. Diesmal lasse ich mich vom Stuhl unter den Tisch gleiten und krieche durch die Tischbeine. Auf der anderen Seite sitzt mein Bruder, der lässt mich durch, und ich renne aus der Küche.

»Rolf, du bleibst hier und isst auf.«

»Mutti, ich kann nicht! Ich muss da hin …«

Ich stürze aus der Wohnung, hinunter in den Keller, hole mir aus der Werkzeugkiste eine Schneidezange. Rein in die nächste S-Bahn bis zum Bahnhof Westend, wo auch Tante Grete mit dem kleinen weißen Spitz wohnt, der mir immer in die Wade beißt, das kleine Mistvieh … Aber ich kneife und zwicke ihn ja immer, wenn's keiner sieht. Das ist kein richtiger Hund für mich. Der Duft und die Geräusche der Boliden ziehen mich bis zur Rennstrecke, vorbei an der Nordkurve, der berühmten Steilkurve. Mit einer Portion Frechheit und Glück werde ich auf die Rennstrecke gelangen – ohne Eintritt! Ich laufe ein Stück parallel zur Avus, werfe mich ins Gras und robbe zum drei Meter entfernten Zaun. Mit der Schneidezange kneife ich ein 20 Zentimeter langes Loch in die Drahtmaschen. Da zwänge ich mich durch, in der Hose ein langer Riss, mein Hemd blutbefleckt, aber egal, ich bin im Rennfieber. Schnell noch das Zaunloch etwas zubiegen, dass man es nicht gleich sehen kann, und dann krieche ich der einen Meter breiten Rasenfläche entgegen, die genau an die Betonpiste angrenzt. Ganz flach liege ich auf dem Rasen, presse meinen Kopf in die Grashalme, die Piste ist nur eine Handbreit entfernt. Mit über 200 km/h rasen die Silberpfeile auf mich zu, ich höre das Fauchen der Motoren, das Brüllen der Auspuffrohre. Ganz vorn der dreimalige Weltmeister auf dem Silberpfeil, Juan Manuel Fangio, und dahinter der deutsche Fahrer Karl Kling, der ewige Zweite. Nur 150 Meter entfernt von mir befindet sich die Südkehre. Da müssen sie von 240 auf 60 km/h runterbremsen.

Die Benzinmischung hängt in der Luft wie eine Droge. Ich zittere am ganzen Leib. Nach der Kehre, auf der Geraden, beschleunigen sie sofort wieder … 120, 150, 180 … beim Hochschalten flammende Auspuffrohre, und durch bis zur Nordkurve. Da fühle ich eine Hand am Nacken, die mich hochzieht. Der Streckenposten. Aber das hindert mich nicht daran, ein paar Meter weiter ein neues Loch in den Zaun zu kneifen, und wieder liege ich an der Bahn, ganz nah … Niemals hätte ich es eine Sekunde länger am Mittagstisch ausgehalten.

Ich war 14, als ich einen Teil meiner Sommerferien in einem Zeltlager in den Spandauer Wäldern verbrachte, wo sich Jugendgruppen verschiedener kirchlicher Gemeinden Berlins trafen. Es ging in diesem Alter ja meist nur darum, wer der Beste, der Schnellste ist und wer das größte Maul hat. »Wer wird Ritter«, hieß ein Wettbewerb, bei dem wir mit schwertähnlichen Holzgebilden ein regelrechtes Turnier ausfochten, aus dem ich nach tagelangen Ausscheidungskämpfen als Ritter Kunibert hervorging, meine Traumrolle. Ich hatte alle besiegt und genoss die anschließende Zeremonie, bei der mich vier Christen in einer Sänfte durchs Volk trugen. Mit großer Geste verteilte ich Eisbonbons an meine Untertanen. Welch ein süßes Gefühl. Doch nach drei göttlichen Runden ließen mich meine Träger einfach in den märkischen Sand fallen, und ich erwachte jäh aus meinem Siegesrausch. Am gleichen Abend war Sonnenwende, das Johannisfeuer brannte auf einer zwei Meter breiten Feuerstelle, und alle sprangen darüber. Auch ich nahm etwa 30 Meter Anlauf, doch kurz vor dem Absprung stellte mir ein Junge, der dicht vor dem Feuer herumlungerte, ein Bein. Statt einem Erzengel gleich über die Feuersbrunst zu schweben, stürzte ich ins Feuer. Der Leiter des Kirchencamps stürmte herbei, ein durchtrainierter, marathongestählter Scout mit kurzer Lederhose, die wohl eher als Suspensorium fungierte, Kompass am Gürtel, Fahrtenmesser in der Scheide, pflegeleichter Kurzhaarschnitt. Er zog mich aus dem Feuer, ich warf mich auf den Boden und wühlte meine Finger in den kühlenden Sand. Dann brachte man mich sofort ins nächste Krankenhaus, die Diagnose lautete: Verbrennungen 3. Grades an allen zehn Fingern. Wie sich später herausstellte, handelte es sich bei dem Täter um einen der vier Sänftenträger. Meine Siegeslaune hatte wohl für böses Blut gesorgt. Das Schöne an diesem Unglück war der martialische Verband an beiden Händen, denn nun bemitleideten mich alle, und ich durfte umsonst im Bus fahren ….

Nach dem Zeltlager wartete zu Hause eine tolle Überraschung auf mich. Ein wildes Vieh stand vor mir in der Wohnungstür, es war das Junge der Schäferhündin unserer Nachbarin, die ein Bekleidungsgeschäft in der Halskestraße 19a besaß. Frieda Joppin war eine bessere Dame, sehr liebenswürdig, mit viel versprechendem Lachen und großblumigen Mustern auf Oberweite und Hüfte. Zu ihrem Kundenkreis zählten erfolgreiche Geschäftsleute, Standardtänzer. Sie lebte allein, und ihr gehörten zwei Schäferhunde, Antje und Arko, der nun unser Hund werden sollte. Verstört guckte er mich an, als ich vom Zelten zurückkam, knurrte und ließ nur meine Mutter an sich ran. »Nun bleib mal ruhig, Rolfi«, sagte meine Mutter, »ihr beide kriegt das schon hin.« Einige Tage dauerte es, dann aber wurden wir dicke Freunde.

Ein paar Maulhelden hatten unsere Gegend in Reviere aufgeteilt. Ich hatte überhaupt keinen Bock auf ihre bekloppten Spielchen und lief, weil ich nicht kuschte und mich ihren verbalen Drohungen widersetzte, ständig Gefahr, eins auf die Fresse zu kriegen. Aber jetzt hatte ich ja immer meinen Arko dabei.

Weil ich dem weiblichen Geschlecht imponieren wollte, baute ich, kurz nachdem wir Arko bekommen hatten, einen

Unfall. Ich saß auf meinem Fahrrad, die rechte Hand am Lenker, in der linken Hand eine Milchflasche, und bremste in dem Bemühen, möglichst lässig und elegant vom Rad zu steigen, viel zu scharf. Dabei knallte ich mit meinen Weichteilen voll auf den Rahmen, und die Milchflasche zerplatzte auf dem Boden. Die beiden Mädchen, für die ich diese Show eigentlich veranstaltet hatte, fanden das sehr lustig und lachten hämisch. Ich schleppte mich halb ohnmächtig nach Hause und war mitten im Hochsommer einige Tage ans Bett gefesselt. Eine von diesen zwei Hühnern, deren Papa Polizist und gleichzeitig eine Art Blockwart war, traf ich später wieder. Sie hielt einen Pappkarton in den Händen. Ich zog, weil Rache süß ist, mein Taschenmesser, hielt es spielerisch in Richtung Karton und sagte: »So, und jetzt mach ich dich kalt!« Sie begriff das Spiel nicht, machte eine fahrige Bewegung und brachte ihre Hand dadurch genau in die Stechlinie. Versehentlich pikte ich ihr leicht in den Finger, und zwei kleine Blutströpfchen perlten hervor. Mit einem Aufschrei zog sie ihren Finger unter dem Karton hervor und schrie hysterisch: »Paaaapa, Paaaapi, ich verblute, der will mich erstechen.« Mir wurde siedend heiß, denn es war glasklar, dass dicker Ärger nahte. Von nun an wurde es für mich noch schwieriger, mich in dieser Gegend wohl zu fühlen. Jetzt war ich der Messerstecher.

Neben dem S-Bahnhof Südende gab es ein Zigarren- und Spirituosengeschäft, das dem Vater meines Halbfreundes Georg gehörte. Hinter dem Laden befand sich unser Partykeller. Als ich etwa 14 oder 15 war, dachte ich mir, okay, mein lieber Freund, jetzt musst du aber langsam mal anfangen, Bier zu trinken, sonst bist du kein richtiger Mann. Ich quälte mir also das bittere Zeug rein. Und weil ich nichts vertrug, ließ die Wirkung nicht lange auf sich warten. Die Jungs hatten alle ein Mädel im Arm und waren am Knutschen, ich saß spuckend in einer Ecke und wurde natürlich rausgeschmissen. Nach einer Weile kam ich zurück, aber zu spät, kein Mädel war mehr frei. Verzweifelt ging ich wieder raus, setzte mich auf die S-Bahn-Schienen, wollte mich vom nächsten Zug überrollen lassen. Doch in dem Moment, als das leichte Zittern der Gleise spürbar wurde, wachte ich auf und kehrte ins Leben zurück. Bei der Vorstellung, von einem anrollenden Zug zerquetscht zu werden, wurde mir ganz übel, und ich hätte gleich wieder kotzen können. Doch auch ohne Bier konnte ich meine Sexualität in diesem Alter nicht so ausleben, wie ich das gerne getan hätte. Die Mädchen fanden mich zwar ganz prima und lustig, aber ich war immer nur der gute Kumpel und musste mir andere Möglichkeiten des Ausprobierens suchen: Ich ging also ins Kino. Die Tageskinos, die es damals gab und in denen das Filmprogramm schon vormittags begann, waren meist ziemlich leer. Nur eine Hand voll Leute, in meinem Alter oder jünger als ich, saßen im Saal. Auf das ganze Kino verteilt vielleicht drei Pärchen und vier Einzelpersonen. Ich setzte mich neben ein Pärchen. Das Mädchen hatte so etwas Neugieriges im Blick, war bereit für Verbotenes. Sie saß in der Mitte, der Typ an der einen Seite, ich an der anderen. Als das Licht ausging, versuchte ich die erste Berührung. Ganz zart schob ich mein Bein an ihren Schenkel, und wenn sie ihn dann nicht wegzog oder erschrak, wenn ihr Bein nicht wegschnellte, war das ein Signal, den nächsten Schritt zu wagen. Lange kostete ich diese wunderbaren Schwingungen aus, hielt meinen Atem an, ließ ganz leise die Luft raus, kaum hörbar, ein leichtes Stöhnen, das Übergehen zum nächsten Akt war geklärt. Ich war zwar schüchtern, doch sehr ideenreich. Zögernd, tastend näherten sich unsere Hände. Man muss sich das mal vorstellen, eine fremde Person sitzt mit ihrem Freund im Kino und ich halte ihr Händchen. Aber es ging noch weiter. Einen Pullover hatte ich immer dabei, wusste ja, was ich vorhatte. Langsam, ganz langsam führte ich ihre Hand an meinem Schoß und, plopp, umschlossen ihre zarten Finger meinen ... Sanft ließ sie ihre Hand auf und ab gleiten, im Zeitlupentempo, vorsichtig, darauf achtend, dass ihr Freund nichts merkte. Das war ja gerade das Tolle. Wenn der Typ ab und zu mal so rüberguckte, zack – absolute Ruhe. Oh Wahnsinn ..., das war so geil. Natürlich passte ich auch auf, dass mein Kerlchen nicht dumm in der Gegend rumstand. Irgendwas hat der Typ schon gespürt, aber auf die Idee wäre er nie gekommen. Kurz bevor die Vorführung zu Ende war, kam die Explosion, genau an einer Stelle, als es im Film ein bisschen lauter wurde. Schwuppdiwupp. Mit dem Pullover alles versteckt, irgendwie arrangiert, und als es dann im Saal wieder hell wurde, lächelten wir uns an, und ich verließ ziemlich locker das Kino. An die Filme kann ich mich nicht erinnern.

In der Halskestraße, wo auch Frieda Joppin, unsere Nachbarin, ihr schickes Modegeschäft hatte, lebten die Jungs, die alles besaßen, was ich damals zu vermissen glaubte. Volker, Gunter und Werner behandelten mich mitleidig. Sie wohnten in der Beletage mit Parkettboden und Flügeltüren. Ihre herzliche, lustige Mutter mit ihrem sächsischen Akzent umsorgte auch mich großzügig liebevoll, wenn ich zu Besuch war. »Nu, mei Kleener, wie geht's 'n so?« Und mit den Worten »Hungrig siehste wieder aus« zog sie mich in die Küche, öffnete ihren Kühlschrank und sagte:

»Nu such dir was aus.« Dann bekam ich Schinken-, Käse- und Salamibrote, fein dekoriert mit Gürkchen und Mixed Pickles. Der Vater der drei arbeitete als Ingenieur in arabischen Ländern. Die Wirtschaft blühte langsam wieder auf. Amerika war das große Vorbild für viele und der Kapitalismus die große Verführung der aus den Trümmern des Krieges auferstandenen Nation Deutschland. Diese perfekte Familie sah in mir den bemitleidenswerten Halbwaisen aus einem sozial schwachen Umfeld. Und ich war unterhaltsam, so ganz anders als sie. Volker und Gunter, eineiige Zwillingsbrüder, brüsteten sich einerseits mit mir als ihrem Hofnarren und andererseits mit ihrem reichen Freund Kalle, dessen Vater ein aufstrebender Bauunternehmer war. Ein Neureicher, so wurde er von meiner Mutter genannt. Der tennisgebräunte Kalle, ein fürchterlich blasierter, obendrein auch noch dämlicher Kerl, fuhr einen schwarzen Mercedes-Benz 180, das perfekte Klischee der Wirtschaftswundersöhne. Kalle, der gerade 18 Jahre alt war, spielte den großen Macker mit Vaters Daimler. Er genoss die Macht, zu entscheiden, wer mitfahren durfte und wer nicht. Ich spürte meinen Neid auf dieses Auto, das er, leicht angesoffen, brachial mit großem Verschleiß, den Motor mutwillig hochtourig, das Material quälend, die Randsteine rauf- und runterfuhr. Meine Meinung war, dass er das Auto nicht verdient hatte. Genauso achtlos wie mit dem Auto ging er auch mit Menschen um. Sein Auto imponierte mir zwar, Kalle selber aber, seine gelangweilte, überhebliche Art, seine Oberflächlichkeit, fand ich einfach zum Kotzen, und mir war klar, so wollte ich um keinen Preis der Welt sein. Die ganze Clique kroch diesem Kalle in den Arsch, nur ich machte nicht mit. Die Folge davon war, dass meine Mitfahrten in diesem herrlichen Fahr-

Mit Bruder Peter, Berlin 1957

zeug gezählt waren. Denn Kalle hatte trotz seiner Borniertheit erkannt, dass es mir eigentlich nur um die dämliche Fahrt in seiner Angeberkiste ging. Oft ließ er mich darum vor den Szenetreffs nicht mit den anderen ins Auto steigen, und sie fuhren ohne mich davon. In diesen Momenten fühlte ich mich ausgegrenzt und verletzt, aber gleichzeitig wuchs eine unaufhaltsame Kraft in mir und der Wille, meinen eigenen Weg zu gehen.

Im Theater des Westens sah ich 1957 den großen Meister der Pantomime, Marcel Marceau. Tief bewegt, doch gleichzeitig überwältigt vor Begeisterung, sprang ich nach der Vorstellung auf die Bühne und überreichte Bip, so nannte er die Figur, die er spielte, eine Rose. Er gab mir einen Kuss auf die Wange und drückte mich mitten auf der riesigen Bühne im gleißenden Scheinwerferlicht. An den Geruch seiner verschwitzten, weiß geschminkten Haut habe ich mich noch lange erinnert. Marcel Marceau hatte meine Leidenschaft geweckt, und ich wollte ebenfalls ein großer Pantomime werden. Ein Jahr später durfte ich an der Internationalen Sommerakademie für Tanz und Pantomime in Köln teilnehmen. Samy Molcho, der israelische Pantomime, gastierte zuvor in der Komödie am Kurfürstendamm, und nach der Vorstellung war es mir gelungen, mich am Bühnenpförtner unbemerkt vorbeizuschleichen und seine Garderobe zu finden. Samy Molcho war perplex ob meiner Dreistigkeit und lud mich ein, an seinem Kurs teilzunehmen. Mit meiner Vespa fuhr ich nach Köln. Samy Molcho war Gastdozent, und Rolf Zacher wurde sein Schüler. In der Klasse waren 40 Schüler, ausgebildete Balletttänzer, die natürlich eine viel bessere Körperbeherrschung hatten und viel trainierter waren als ich. Doch er wählte mich, die Figuren, die

Szenen, die Übungen, die wir erarbeiteten, der Klasse vorzuführen. Das hat mich natürlich aufgebaut.

Ich hatte den Zirkus in Stolpe gesehen, war staunend und fasziniert vor Marcel Marceau gestanden, hatte von Samy Molcho lernen dürfen und wusste: Ich will auf die Bühne oder in die Manege und ganz bestimmt und zuallererst auf eine Schauspielschule. Charlie Chaplin, die Marx Brothers und Buster Keaton waren meine Helden im Kino, und wenn mir auch klar war, dass ich kein zweiter Charlie Chaplin werden konnte, so hoffte ich doch, zumindest ein kleiner deutscher Charlie Chaplin zu werden.

Aber meiner Mutter zuliebe musste ich ja noch die Schule beenden. Das erste Mal wurde ich 1947 in Göttingen eingeschult. 1948 fand dann die zweite Einschulung in Stolpe statt. Ich bekam also zwei Mal Zuckertüten, das hat mir gefallen. Konsequenterweise bin ich dann auch zwei Mal sitzen geblieben. Meine Mutter war verzweifelt. Es war ihr so peinlich. In der Schule habe ich gemerkt, dass meine Stärke darin liegt, andere zum Lachen zu bringen. Im Matheunterricht eher unfreiwillig. Da stand ich nur an der Tafel und wartete auf Informationen. Mir war es egal. Ich wusste, ich würde das Zeug sowieso nie brauchen. Nur für meine Mutter, die diese furchtbaren Klassenarbeiten unterschreiben musste, tat es mir Leid. Die Lehrer haben es nie geschafft, mir etwas beizubringen. Dass ein 16tel weniger ist als ein 12tel, wollte einfach nicht in meinen Kopf. Wurzelziehen habe ich erst gar nicht mitgemacht, das habe ich abgelehnt. Mutters langjähriger Freund Horst, liebevoll, geduldig, einarmig, immer im Maßanzug, Prokurist in der Schultheiß-Brauerei und mein Favorit für die auszufüllende Vaterrolle, hat stundenlang versucht, mir die einfachsten Regeln der Mathematik begreiflich zu machen, und er brachte mich wirklich für Sekunden dahin, dass es so aussah, als hätte ich es verstanden. Doch dann ging alles wieder verloren … Ganz oben in unserer Schule befand sich der Musikraum, in den ich einmal unseren Musiklehrer, der den Schülern immer auf die Finger schlug, einsperrte. Das ganze Schulgebäude war leer, nur im 5. Stock fand noch Musikunterricht statt. Die Stunde ging zu Ende, und der Fascho-Lehrer hatte wieder einmal zwei, drei wehrlosen Kindern sadistisch mit seinem Taktstock auf die Finger geschlagen. Die Schüler waren dabei, das Klassenzimmer zu verlassen, nur der Unhold saß noch drin und ordnete seine Unterlagen. Büßen sollte er. Den Schlüssel zum Musikraum hatte ich mir schon vor dem Unterricht beim Hausmeister vom Brettchen genommen, wohl wissend, dass auch der zur geplanten Tatzeit nicht mehr im Haus sein würde. Nachdem alle den Raum verlassen hatten, schloss ich leise die Tür, steckte den Schlüssel ins Loch, und nach zwei Umdrehungen saß der Mann fest. Im Haus gegenüber hörten die Anwohner ihn schreien und riefen die Feuerwehr. Die kam dann auch und holte ihn aus seinem Gefängnis. Am nächsten Tag stand die Geschichte in der Zeitung. Und alle umjubelten mich, als ich morgens auf den Schulhof kam. Es gab eine Lehrerkonferenz, und mir wurde nahe gelegt, die Schule zu verlassen. Genau das war meine Absicht, denn ich wollte endlich auf die Schauspielschule. Leider stand diesem Plan meine Mutter im Wege: »Nee, mein Freund, so läuft das nicht.«

»Auf der Schule will mich sowieso keiner mehr haben, und außerdem bin ich zu doof.«

»Du bist nur zu faul.«

»Lass mich doch auf die Max-Reinhardt-Schule, da kommt von 100 Bewerbern nur einer rauf.«

Ich war 17, hatte heimlich schon die Aufnahmeprüfung bestanden.

»Nein, du musst einen anständigen Beruf lernen.«

Meine Mutter wollte natürlich nur das Beste für mich, hatte Angst, bei meiner kriminellen Energie würde ich irgendwann im Gefängnis landen. Sie war verzweifelt, begann zu weinen.

»Rolf, du musst doch wenigstens einen Abschluss haben.«

»Wat soll ick denn mit 'nem Abschluss, Mutti, ich will Schauspieler werden.«

Nach dem Rausschmiss wurde ich dann umgeschult. Praktischer Zweig, inoffiziell hieß das nur Idiotenschule, so als wäre jeder Arbeiter oder Handwerker minderwertig. Meine Mutter glaubte zu dieser Zeit noch fest daran, dass ich einmal Abitur machen würde. Im Zeugnis stand immer: »Rolf ist verschlossen und verträumt.« Meiner Mutter sagten sie: »Ihr Sohn ist sehr intelligent, Frau Zacher, der könnte der Beste sein, aber er ist mit anderen Dingen beschäftigt – womit, wissen wir auch nicht so genau.« Richtig wohl gefühlt in einem Klassenraum habe ich mich immer nur dann, wenn kein Lehrer da war und ich vor der Klasse meine Späße machen konnte. Nach unzähligen Debatten mit meiner Mutter gab ich klein bei und erklärte mich bereit, ein ehrenwertes Handwerk zu erlernen.

»Gut, dann werd ich Bäcker.«

»Ja, Rolf, das ist ein schöner und wichtiger Handwerksberuf. Brot braucht man immer.«

»Ja, Mutti.«

Georg, mein Halbfreund aus dem Langensteiner Weg, war anderthalb Jahre älter als ich, hatte seine Bäckerlehre bereits beendet und lernte Konditor. Er hatte mir den Mund wässrig gemacht. Erstens, so Georg, könne man als Bäcker viel Kuchen essen. Zweitens habe man früh Feierabend, und wer früh Feierabend hat, liegt im Sommer um elf Uhr dreißig in der Badeanstalt. Eine bestechende Logik, der ich mich nicht entziehen konnte. Was mich darüber hinaus aber noch faszinierte, war die Sinnlichkeit der Arbeit mit dem Teig, das Formen des Teiges, einem Skulpteur oder Bildhauer vergleichbar. Ja, Bäcker ist ein wunderbarer Beruf, bis auf den Mehlstaub, der sich auf die Lunge legt und jede Pore deiner Haut verklebt, bis auf die Hitze des Backofens mit den drei gusseisernen Türen, bis auf das frühe Aufstehen, mitten in der Nacht um drei Uhr dreißig … Ich wurde Bäckerlehrling in der Bäckerei Richard Krause auf dem Steglitzer Damm. Rechts vom Hintereingang zur Backstube lag das Schlafzimmer der Bäckerstochter, links das der Chefin. Die Chefin war eine groß gewachsene, braunäugige, Respekt einflößende, schlanke Frau mit langen, fast schwarzen Haaren, die sie zu einem Zopf zusammensteckte. Wieder eines dieser heimlichen Erlebnisse, diese unerlaubten voyeuristischen Momente, die meinen Puls höher schlagen ließen. Wie ich es liebe, verbotene Dinge zu tun. Eines Morgens stand die Jalousie einen Spaltbreit auf. Zuerst ängstlich, doch dann unverschämt mutig, ging ich bis zum Fenster, fünf oder sechs Schritte, und ich sah meine Chefin mit ihren wunderschönen, großen, runden Brüsten, wie sie sich gerade anzog. Die langen schwarzen Haare teilten sich im Nacken und fielen schwer über die linke Brust und rechte Schulter. Mich durchfuhr ein heißes Verlangen. Von diesem Morgen an plante ich mein Eintreffen in der Bäckerei so, dass ich etwas sehen konnte. Oft habe ich den richtigen Moment erwischt, und das Erlebnis versetzte mir jedes Mal erneut ein Prickeln, begleitet von dem berauschenden Gefühl, etwas Verbotenes zu tun und dabei vielleicht selbst von jemandem entdeckt zu werden. Mein Meister hatte ja ein Verhältnis mit seiner ersten Verkäuferin, sonst hätte ich da nicht hingeschaut. Manchmal beobachtete ich auch die Tochter. Dann hatte ich das volle Programm.

Direkt unter der Eingangstür zur Bäckerei war der Mehlkeller. Unter den Stiegen habe ich oft gelegen. Ich musste mich ja ausruhen und den anderen dabei zugucken, wie sie die Mehlsäcke hochschleppten. Ein prima Plätzchen auch, um den Frauen ungeniert unter die Röcke zu schauen. Zwei Dinge waren es, die ich zuerst lernen musste: abwaschen und Bleche putzen. Da gab es Töpfe und Tiegel mit klebrigen Massen von Ei- und Teigresten von Baumkuchen, Schokoladenränder von Schokoladenrührkuchen oder gekochte Früchtereste und Gelatine von Torten und Törtchen. In die Bleche und Kesselböden hatte sich Teig eingebrannt und leistete zähen Widerstand. Da war voller Einsatz erforderlich. Dieser Ausbildungsteil musste mit akribischer Genauigkeit ausgeführt werden. Das Blech sollte fast wie neu aussehen, wie mein Meister zu sagen pflegte, der sich mit seinen Überraschungsvisiten bei der Belegschaft in der Backstube höchst unbeliebt machte. Ansonsten war er selten anwesend. Der Ärmste befand sich im Wirtschaftswunderrausch, verdiente sich ’ne goldene Nase. Ein dunkelhaariger, braunäugiger, stämmiger, mittelgroßer Mann mit glatten nach hinten gekämmten Haaren ohne Scheitel, ein energisches Gesicht mit einem schmalen, aber sinnlichen Mund. Ein kleiner Leberfleck unter dem linken Nasenflügel gab ihm etwas Weiches, Schmeichelndes. Seine linke Hand schmückte ein riesiger Goldring mit einem roten Edelstein, und an der rechten prangte ein dicker goldener Wappenring. Er trug stets Zweireiher mit Nadelstreifen. Er hätte auch Zirkusdirektor sein können. Doch er war Bäckermeister, Amateurboxer und Kettenraucher. Nach sechs Wochen beherrschte ich Blecheputzen und Abwaschen perfekt.

Um drei Uhr weckten mich im Sommer die Vögel, die geliebten, die ich bald zu hassen begann. Oft bin ich ja erst um viertel zwei ins Bett gekommen. Aber ich hatte einen Trick, um noch ein wenig weiterschlafen zu können: den rechten Fuß auf dem Kantstein des Bürgersteigs, den linken unten auf dem Fahrweg, bin ich, schlaftrunken, mit geschlossenen Augen am Bordstein tastend entlanggelaufen, immer geradeaus, um noch etwas Schlaf mitzunehmen.

Kurz vor vier Uhr machte ich meist schnell noch Halt an der Kult-Currybude Krasselt, gegenüber der Bäckerei Krause. Dort hielt ich einen kleinen Plausch mit Herrn Krasselt und aß eine Currywurst. Eines Morgens fetzte in einem Affentempo ein Ford Mustang an der Bude vorbei und setzte an, in eine 30 Meter entfernte Nebenstraße zu biegen. Ich dachte nur: »Wie will er denn das schaffen? Ist der irre?« Und in dem Moment krachte es auch schon. Das Auto knallte frontal gegen einen Baum, drehte sich und kam an einem zweiten Baum zum Stehen. Ich rannte hin und fand zwei blutüberströmte GIs leblos im Wagen. Der Fahrer lag kopfüber auf dem Lenkrad, der Beifahrer hing in sich zusammengesackt seitlich auf dem Sitz. Mit dem Kopf hatte er beim Aufprall wohl die Windschutzscheibe eingeschlagen. Ich traute mich nicht, ganz an das Wrack ranzutreten, ich wollte gar nicht so genau hinsehen. Doch das Bild hatte sich bei mir schon eingebrannt und war noch lange in meinem Kopf. Das war meine erste Begegnung mit dem Tod.

Nachdem ich also sechs Wochen Bleche geputzt und Töpfe abgewaschen hatte, betrat ich die Backstube, in der sich das schmutzige Zeug vom Wochenende türmte, und lehnte mich an meinen Arbeitsplatz. Der Geselle Rudi fragte nach einem kurzen Moment: »Wat is'n los? Willste nich arbeiten?« Rolf: »Na klar, aber Bleche putzen und abwaschen kann ich jetzt. Das hab ich sechs Wochen getan, jetzt reicht's!« Nach der Lehrzeit wollte ich sofort zur Schauspielschule gehen. Die reguläre Lehrzeit zum Bäcker betrug drei Jahre. In zwei Jahren wollte ich alles gelernt haben!

»Wir haben alle ein bis zwei Jahre Bleche geputzt.«

»Interessiert mich nicht. Ich will jetzt was Neues lernen.«

»Wenn das der Chef hört ....«

Der Meister war an diesem Tag sauer, da er früh aufstehen musste, weil ein Bäckergeselle krank war. Er stürmte in die Backstube und brüllte mich an. Daraufhin erklärte ich ihm, dass ich die Innung informieren werde. Er mochte mich eigentlich, ich war umsichtig, gewandt und schnell. Aber er hasste mich auch, weil ich mich nicht dauernd für unbezahlte Überstunden ausnutzen ließ und seine wunderhübsche Tochter mir schöne Augen machte. Heimlich trafen wir uns im Park, knutschten dort stundenlang. Der Meister steuerte mit finsterer Drohgebärde auf mich zu, baute sich vor mir auf. »Du putzt jetzt die Bleche!« Ich blieb standhaft: »Nein, Chef, ich will ab heute etwas anderes lernen.« Er rollte wild verzweifelt mit den Augen, schnaufte durch die Nase, brummte etwas Unverständliches. Dann gab er dem Gesellen die Anweisung, mich ab jetzt an die Bearbeitung des Teiges ranzulassen. Oft tauschte mich der Meister, wenn er am Ofen war, gegen den Lehrling aus dem zweiten Lehrjahr ein, der ihm zu langsam arbeitete. Ich musste dann die Brötchen von einem anderthalb Meter langen Brett, das vor dem Ofen aufgestellt wurde, hintereinander auf zwei anderthalb Meter lange und zehn Zentimeter breite Schlagschieber verteilen. Vorher bestreute ich sie mit einer dünnen Schicht Holzmehl. Jeder Handgriff erfolgte in atemberaubender Geschwindigkeit. Das Tempo bestimmte der Meister, der die mit Brötchen belegten Schlagschieber im heißen Ofen platzierte, eine Reihe sauber neben der anderen, ohne einen Zentimeter Platz zu verschenken. Wir zwei waren ein äußerst schnelles und präzises Team. Er nannte nur die Anzahl der Brötchen, die er auf den beiden Schiebern haben wollte. Ansonsten arbeiteten wir stumm. Noch bevor er den zweiten Schieber aus dem Ofen gezogen hatte, legte ich die gewünschte Anzahl der Brötchen auf den ersten Schieber, sodass der Meister beim Brötchenwechsel nie warten musste. Das Spiel, wer ist der Schnellste, war unser Spiel. Wir spielten es professionell und mit viel Ehrgeiz. Der Meister, dem immer eine Kippe an den Lippen hing, wusste dies zu würdigen. In diesen Momenten liebte ich ihn. Meine Lehre schloss ich später mit dem Abschlusszeugnis vom 28. März 1960 (Führung sehr gut, Mitarbeit gut, Schulbesuch regelmäßig) nach nur zwei Jahren vorzeitig ab.

Während meiner Bäckerlehre kam ich zum ersten Mal mit dem Gesetz in Konflikt und durfte einige Zeit im »Café Schönstedt« verbringen. Das war der Spitzname jener unerfreulichen Jugendstrafanstalt, die im Rathausturm Neukölln untergebracht war. Ausgerüstet mit meinem Beutel, der die Arbeitssachen für die kommende Woche enthielt, verbrachte ich vier Wochenenden in dem turmartigen Verließ. Der Grund für der Inhaftierung war Zigarettenklau. Mit Georg zusammen hatte ich einen Zigarettenautomaten komplett ausgeräumt. Man konnte mit zwei Mark den ganzen Automaten leer machen. Ein Polizist, der uns dabei beobachtet hatte, brachte uns geradewegs zur Polizeiwache. Auf dem Weg dorthin dachte ich nur: Die Zigaretten müssen weg. Mit der von dem Polizisten abgewandten Hand griff ich unter meine Jacke, angelte eine Schachtel nach der anderen heraus und ließ sie langsam in meiner Hose das Bein heruntergleiten. Das funktionierte. Eine Zigarettenschachtel nach der anderen ließ ich unbemerkt auf den Bürgersteig fallen, bis eine Schachtel zu laut auf das Pflaster klatschte und der Beamte sich umdrehte: »Nee, mein Freundchen, das haste dir so gedacht. Aber so läuft das nicht. Du gehst jetzt schön zurück und sammelst die alle wieder auf.« Also trottete ich zurück und sammelte Schachtel für Schachtel wieder ein. Meine Mutter hatte es mir oft prophezeit: »In diesem Turm wirst du landen, wenn du schlechten Umgang hast.« Sie hatte ja so Recht, die Gute!

ERFOLG

Zusammen mit Peter Przygodda und Trautbert Erbe gründete ich 1961 das Ein-Groschen-Theater in einem kleinen ehemaligen Buchladen in der Großbeerenstraße, das spätere Forum Theater Kreuzberg. Der ehemalige Verkaufsraum, so schmal wie ein Handtuch, war Zuschauerraum, der hintere Teil, ursprünglich mal Lager oder Küche, wurde unsere Bühne. Im Ein-Groschen-Theater hatten kaum mehr als 30 bis 40 Leute Platz. Wer nicht mehr reinpasste, stand vor dem Laden, besorgte sich Stühle oder eine Kohlenkiste und stellte sich drauf. Tschechows »Möwe« und ein von Peter Przygodda und Trautbert Erbe verfasstes Werk waren im Ein-Groschen-Theater die ersten Stücke, die wir aufführten. Peter hatte damals noch ganz dicke, blonde Locken und sah aus, wie man sich einen Wikinger vorstellt. Am Ende unseres Stückes sangen wir aus Händels »Messias« das Halleluja. Peter stand in der Mitte, in jeder Hand eine Altarkerze, und weinte herzzerreißend in jeder Vorstellung. Nach dem Stück gab ich noch zwei Pantomimen zum Besten, ein Satyrspiel ganz in der Tradition des griechischen Theaters.

Zwischen den Proben zu unseren Aufführungen gingen wir in ein kleines Café am Mehringdamm, das mit Nierentischchen und kleinen Sesseln für diese Gegend ein wenig zu bürgerlich geraten war, aber das Kreuzberg der frühen Sechziger hatte sich ja noch nicht so recht entschieden, ob es ein aufstrebender Arbeiter- und Handwerkerbezirk werden wollte oder der Künstler- und Alternativbezirk, der es dann letztendlich wurde.

Nach den Proben und am Abend nach der Vorstellung, wir spielten nur am Freitag, Samstag und Sonntag, traf man sich im »Leierkasten«. Das war die Kreuzberger Maler- und Künstlerkneipe. Von Kurt Mühlenhaupt bis Kuddel waren hier alle Kreuzberger Szenemaler vertreten, aber auch Dichter und Jazzmusiker. Später kamen Leute wie Ingo Insterburg und seine Mannen hinzu. Kuddel, damals Meisterschüler der Akademie der Künste, war einer meiner liebsten Freunde. Zwei Jahre älter als ich, hatte er schon ein kleines Atelier mit Gärtchen im Innenhof der Akademie. Dort besuchte ich ihn oft. Ich liebte den Duft der Farben, die kreative Atmosphäre. Außerdem war Kuddel der absolute Frauenheld. Das Wilde, das Unbekümmerte, sein unkonventionelles Verhalten, das trieb die Weiber geradezu scharenweise in seine Arme.

Die Art und Weise, wie diese Künstler lebten, war für mich neu und aufregend. Dieses scheinbar leichte Leben, sich nicht um Konventionen scheren, dem Dasein eigene Regeln geben, in den Kneipen sitzen, Leute beobachten, trinken, reden, das war wie eine Offenbarung, eine Verheißung. Und obwohl die Maler ja alle soffen und ich mit der Sauferei nie was anfangen konnte, fühlte ich mich als ein Teil von ihnen, als Künstler und Artist. Hier bahnte sich an, was am Ende der sechziger Jahre in den Kommunen gelebt wurde und Deutschland aus dem Muff der Adenau-

Ein-Groschen-Theater, Berlin 1961

erzeit herausholte, und das hat mich sehr fasziniert und beeinflusst.

Das Schöne an unserem Theaterchen war außerdem, dass wir keine kommerziellen Zwecke verfolgten. Eintritt: ein Groschen. Es war eine Experimentierbühne, wir wollten uns ausprobieren. Das wurde dann auch belohnt. Eines Tages erschien Helmut Kotschenreuter vom »Tagesspiegel« mit seiner hübschen, klugen und sehr viel jüngeren Freundin. Kotschenreuter erinnerte mich irgendwie an meinen »Onkel« Horst, der versucht hatte, mir das Rechnen beizubringen, und dieser Helmut Kotschenreuter schrieb: »... beim Satyrspiel trat Rolf Zacher auf. Den Namen muss man sich merken ...« Den genauen Wortlaut weiß ich nicht mehr, jedenfalls war das für mich die Kritik des Jahrhunderts! Darüber hinaus verguckte ich mich auch noch in seine Freundin Sabine. Ich konnte überhaupt nicht verstehen, wie eine so junge Frau, sie war 22 oder 23, mit einem so alten Mann, Kotschenreuter muss so um die 35 gewesen sein, zusammen sein konnte. Sie mochte mich auch, und wir waren dann wirklich zwei Wochen sehr verliebt. Aber eines Tages sagte sie, hinter mir auf meiner lindgrünen Vespa 125 sitzend, dass sie mich nun also doch wieder verlassen und zu ihrem Kritiker zurückkehren würde. Das traf mich hart, so hart, dass ich gleich einem Ford Taunus 17 M, dieser futuristischen Badewanne auf Rädern, hinten draufsegelte. Ich hatte keinen Führerschein, keine Versicherung, und die Vespa war polizeilich noch nicht einmal zugelassen. Mit Hilfe einer Kartoffel hatte ich alle Stempel gefälscht. So was kann man doch auch nicht machen, mitten in der Fahrt eine solche Hiobsbotschaft. Das war ein harte Schlag für mich, dass sie mir, einem 19-Jährigen, einen so alten Typen vorzog. Sie hat mir das dann erklärt: »Der ist halt interessanter als du, erfahrener, besonnener und weiß viel mehr.« Da wusste ich erst mal Bescheid.

Die gute Kritik im »Tagesspiegel« hatte zur Folge, dass die Leute ins Ein-Groschen-Theater strömten. Irgendwann kam auch ein Assistent von Artur Brauners CCC-Studios. Der bestellte mich in diese wunderbaren Filmstudios nach Spandau. Damals sah man dort noch die ganze Welt der Ufa- und 50er-Jahre-Stars: Heinz Rühmann, O. W. Fischer, O. E. Hasse und die Damen Ruth Leuwerick, Barbara Rütting, Maria Schell, Hildegard Knef, Lily Palmer. Helmut Käutner bereitete gerade mit der Regisseurin Erica Balqué den Film »Zu jung für die Liebe« vor mit Loni von Friedl und Heinz Blau. Ich bekam darin eine kleine Rolle, spielte einen Jungen auf einem Schulhof, der seinen Mantel zur Seite schlägt, zwei andere stehen daneben, und er bietet ihnen ein Kofferradio an. So ein kleiner Radio-Dealer, woher er das hatte, wusste man nicht so genau. Meine erste Filmrolle, und ich spielte gleich einen Kleinkriminellen …

Für meinen ersten Fernsehauftritt bekam ich 2 000 Mark, die ich sofort in mein erstes richtiges Auto investierte, einen Fiat 500. Davor hatte ich ein Gogomobil, das aber gerade einmal drei Stunden gehalten hatte.

Mit dem neuen Wagen fuhr ich, ohne Führerschein, aber mit roter Pan-Am-Ledermütze von meinem Flughafenjob, nach München und besuchte den Sohn von Veit Harlan und Kristina Söderbaum, zu Ufa-Zeiten die Reichswasserleiche der Propaganda-Nazifilme. Christian Harlan hätte eigentlich mein Freund werden können. Er studierte in München Architektur, ich wohnte in seinem Apartment und borgte ihm mein geliebtes Auto, was unserer beginnenden Freundschaft jedoch ein schnelles Ende bereitete. Denn Sohnemann kehrte nach einer Stunde zurück, warf lässig die Wagenschlüssel auf den Tisch und bemerkte mit leichtem Bedauern: »Du, tut mir Leid, ich bin da irgendwo raufgefahren …« Die Front des Wagens war derart eingedrückt, dass die Reparatur genauso viel wie das Auto insgesamt kostete, und dieser Lump wollte das einfach nicht bezahlen. Drei Monate später stürmte ich in seine Wohnung hinein, fasste ihn am Revers und schüttelte ihn fünf Minuten durch. Daraufhin einigten wir uns auf eine Ratenzahlung, an die er sich auch hielt.

Meine Begeisterung für den Schauspielunterricht an der Max-Reinhardt-Schule, dem ich so sehnsüchtig entgegengefiebert hatte, verpuffte schon nach kurzer Zeit. Die Lehrer und auch die Schauspielschüler waren mir viel zu schöngeistig, alles wurde für meine Begriffe überbetont, war zu patherisch und affektiert. Überhaupt nicht mein Ding, länger als eine Woche hielt ich's dort nicht aus. Meine Mutter reagierte entsetzt, denn auf der Reinhardt-Schule gab es Stipendien, für andere Schauspielschulen musste man zahlen. »Na ja, dann geh ich eben arbeiten, da lern ich gleich noch was.« Stanislawski hatte mir das in seinem Buch »Die Arbeit des Schauspielers an sich selbst« sowieso empfohlen. Ich machte dann fast jeden Job, den ich kriegen konnte, pinselte Reklameleisten für sieben Pfennig den Meter, bügelte Hemden in einer amerikanischen Army-Wäscherei, arbeitete als Bauhelfer, Abwäscher und Nachtportier, war Aushilfsfahrer für Herva Mosel, verkaufte Coca-Cola im Sportpalast und Dr.-Scholls-Fußbalsam auf der Straße, belud Transportmaschinen auf dem Flughafen Tempelhof, war Bierfassanstecher in der Berliner Hasenheide, Bananen-, Würstchen- und Zeitungsverkäufer, schippte Schnee, führte Hunde spazieren, und abends ging's in den »Eden-Salon«, Berlins ersten Nachkriegsclub.

Rolf Simon Eden brachte internationale Gäste in seinem Club zusammen. Anita Ekberg, Shirley MacLaine, Jean-Paul Belmondo, Jerry Lewis, Dean Martin. Das Eden befand sich damals noch in der Damaschkestraße in Wilmersdorf. In den labyrinthartigen Räumlichkeiten gab es Musik für jeden Geschmack: Jazz, Rock 'n' Roll, Blues, Chanson, eine Piano-Bar – selbstverständlich alles Live-Auftritte. Ein kleiner Imbissstand gleich neben der Bar war mein Arbeitsbereich. Dort verkaufte ich belegte Brötchen und Bockwürste, nebenbei lernte ich meine Texte. Punkt Mitternacht übernahm für eine halbe Stunde Fredi, der Kellner, meinen Stand, denn um 0 Uhr war Rock-'n'-Roll-Preistanz für die Gäste, viele Touristen aus der Bundesrepublik. Fünf Paare traten an, und die Besucher entschieden jeden Abend aufs Neue über das Gewinnerpärchen. Erster Platz: 100 Mark. Die hab ich sehr oft gewonnen. Gab es Schwierigkeiten mit angesoffenen Gästen, half mir Tinten-Wolfgang, mein Freund, der Maurergeselle. Tinten-Wolfgang war von oben bis unten tätowiert, sein ganzer Stolz war ein Spatz auf seinem Dingdong. Tinten-Wolle war schlank und zäh wie ein Panther und hielt beschützend seine tätowierte Faust über mein Haupt, wenn sich eine Prügelei anbahnte, bei der ich allein den Kürzeren gezogen hätte. Ein echter Höhepunkt unter meinen vielen Jobs war jedoch das Plakatekleben für Little Richard. Sein Konzert fand in der Waldbühne statt, und ich war Konzerthelfer bei dem schwarzen Supermann, ich konnte es kaum glauben! Seine Konzertagentur hatte ihren Sitz am Kurfürstendamm. Ich warf die Plakate hinten in mein Auto rein, brauste los und klebte die ganze Stadt voll Little Richard. Die Freikarten, die ich dafür bekam, verkaufte ich natürlich weiter. Von Rolf Eden wechselte ich zu Raimondo Sheps, dem Millionärssohn und Besitzer einer der ersten Diskotheken Deutschlands. Kellnern im »Big Apple« hieß, volle Tabletts unbeschadet durch 2 000 Leute zu balancieren. War der Laden mal nicht so voll, probte ich beim Servieren meine Slapsticks. Raimondo, der mich dabei beobachtete, fragte daraufhin, ob ich nicht Lust hätte, ein Mal wöchentlich eine One-Man-Show zu machen. Mit diesem Job wurde ich sofort zur Berliner Lokalgröße. Stand mit meinem Mikrophon in der Mitte des spiegelnden Diskoparketts und machte Entertainment. Udo Walz, der Berliner

Starcoiffeur, in dieser Zeit noch jung und unbekannt, einer der Diskodauergäste, sagte mir später einmal: »Damals im ›Big Apple‹, wenn du deine Show hattest, dachte ich, Mensch, aus dem wird bestimmt mal was. Ich hab dich beneidet um den Mut, mitten in dieser Menge zu stehen und die Massen anzuheizen.« Ich wurde sicher, hemmungslos, provozierend, spontan, verschmolz mit der geballten Energie des Publikums, bekam schließlich Anerkennung und war begehrt, vor allem bei den Mädchen.

An meinem Fiat 500, der immer einen Platz direkt vor der Disko hatte, klebten wie an einer Litfaßsäule dauernd Zettel mit Telefonnummern unter den Scheibenwischern, von Gabi, Sabine, Ingeborg, Doris, Christa, Helga, Karin, Elfriede, Monika. Ich rief alle an, bestellte sie im Drei-Stunden-Takt ins Café Kranzler, hübsch verteilt auf die drei Etagen des Cafés. Einen Kakao mit Sahne, ein Stückchen Kongotorte und dann ab in die Kiste. Das Ganze glich einem Rachefeldzug für die jahrelange Missachtung …

Nachdem ich die Max-Reinhardt-Schule also fluchtartig verlassen hatte, bewarb ich mich an der Fritz-Kirchhoff-Schule und blieb dort immerhin fast eineinhalb Jahre. Aber besonders oft war ich auch da nicht, eigentlich nur dann, wenn ich gerade wegen irgendeiner Aushilfsarbeit in der Gegend zu tun hatte, und das passierte so vier oder fünf Mal im Monat. Erschien ich zum Unterricht, wurde ich sofort ins Büro von Frau Kirchhoff zitiert. Ich trat ein und schaute ihr tief in die Augen. Frau Kirchhoff, eine rundliche, energische, aber sehr liebevolle, kluge Frau, sagte zu mir: »Rolf, das unterlass bitte sofort, schau mich nicht so an; nicht mit diesem Blick, dieser treuherzige Hundeblick zieht bei mir nicht.« Aber dieser Blick zog ganz gewaltig. »Ich mach doch gar nichts«, antwortete ich. »Doch, du guckst wieder so, dass man dir nicht böse sein kann. Guck mich nicht so an, bitte.« Ich senkte meinen Blick, nur ab und zu ließ ich ihn sanft in die Augen der geschätzten Frau Kirchhoff gleiten. Nachdem sie eine Viertelstunde auf mich eingeredet hatte, sagte sie nur: »Hätte ich dir bloß nie gesagt, wie begabt du bist.« »Ja, Frau Kirchhoff, Sie haben ja so Recht.« Wir blickten uns tief in die Augen. »Na ja, das hat ja doch keinen Sinn mit dir. Dann bis zum nächsten Mal.« Kurz bevor ich aus der Tür war, holte sie mich mit den Worten zurück: »Pass auf, mein lieber Freund, wirf deine Begabung nicht weg.« Die Schauspielschule hatte für mich immer nur Alibifunktion, sodass ich später sagen konnte, ich war auch mal auf einer Schauspielschule. All diese Trockenübungen, Kleist-Monologe und Sprachexerzitien waren mir zu langweilig. Ich wollte auf die Bühne, wollte Filme machen.

Meinen ersten offiziellen Theaterauftritt hatte ich dann 1962. Auf der Bühne der Akademie der Künste spielte ich eine Pantomime in Kafkas »Strafkolonie«, einer Inszenierung des Schiller Theaters in der Regie von Professor Willi Schmidt. Dabei waren Ernst Deutsch und Klaus Kammer, der sich zwei Jahre später mit knapp 35 Jahren umbrachte. Klaus Kammer trat noch als Affe im »Bericht an eine Akademie« auf. Kammer spielte nicht, er lebte auf der Bühne mit einer Hingabe, einer solchen Leidenschaft, die mir Angst machte und mich gleichzeitig in seinen Bann zog. Welch ein großer Schauspieler. Das wollte ich auch erreichen: das Spiel leben, ein anderer als man selbst sein und doch stets man selber bleiben, die Eigenschaften der Figuren darstellen, als würde man immer so leben. Ich saß ein, zwei Meter entfernt von ihm auf der Bühne, nicht sichtbar fürs Publikum, und konnte fast seinen Herzschlag hören. Ich hatte noch nie Schauspieler so nah beobachten können. Ja, Carl Raddatz und Berta Drews damals im Schlossparktheater, aber da saß ich noch im Zuschauerraum. Klaus Kammer jedoch erlebte ich in Atemnähe. Er hatte Charisma, einen Heiligenschein, eine Intensität, und das löste eine Begeisterung im Zuschauerraum aus, die man spüren konnte und auf die er wiederum reagierte und die ihn anspornte, noch tiefer in die Rolle hineinzugehen, jeden Moment wahr sein zu lassen, hochsensibel, außergewöhnlich, balancierend, immer an der Grenze zum Wahnsinn. Das interessierte mich, das wollte ich auch, jeden Augenblick ausloten, bis ans Limit gehen und immer wieder versuchen, die Wahrheit zu finden. Dieses wunderbare, dieses faszinierende Spiel mit dem Unbekannten, sich spüren im Atem des Publikums, das jeden Abend ein anderes ist, das man sich aufbrechen muss, stets aufs Neue senden und die Schwingungen empfangen und darauf reagieren, damit spielen. Klaus Kammer konnte das. Jeder Satz, jede Bewegung bohrte sich in die Bretter der Bühne. Er riss mich mit, so muss das gehen, das ist auch mein Weg. Alles andere ermüdet und langweilt. Aber ich konnte mich nicht beschweren. Ich war knapp 22 Jahre alt, hatte erfolgreich ein Theater mit begründet, es beim Film zu einigen Nebenrollen gebracht und in einer Inszenierung des Schiller Theaters mitgewirkt. Die Signale standen auf volle Kraft voraus.

Nachdem ich 1963 noch ein paar Wochen im Ufa-Nachwuchsstudio absolviert hatte, um in der Branche sagen zu können, dass ich bei der berühmten Else Bongartz war, bei der auch Hildegard Knef, Horst Buchholz und viele andere gelernt hatten, sprach ich bei Peter Ahrweiler, dem Direktor der Komödie Hamburg am Neuen Wall, vor und wurde engagiert. Ich spielte in dem Boulevardstück »Irma La Douce« mit Klaus Wilke in der Hauptrolle und Evi Kent als Irma einen der Zuhälter. Na ja, die »West Side Story« war es nicht, aber es wurde viel getanzt und gesungen. Das war auch ein Grund, diese Rolle zu spielen, und ich suchte in den Aufführungen nach immer neuen Spielräumen, erfand Aktionen und provozierte spontane Reaktionen bei den anderen Schauspielern. Viele Kollegen hatten damit ihre Schwierigkeiten, aber letztlich entsprach das meinem Theaterverständnis. Man kann ja schließlich nicht verkümmern, weil andere sich nicht weiterentwickeln …

Die Komödie Hamburg war ein Abonnententheater. Freitags und samstags kamen auch die Leute aus den umliegenden Ortschaften, saßen an kleinen Tischchen und aßen und tranken während der Vorstellung, was mich sehr störte. Das klimperte und klapperte, und ich ließ mir oft etwas einfallen, um die vor sich hin mümmelnden Herrschaften aus ihrer Bequemlichkeit zu reißen. Einer meiner Kollegen, so ein feiner Kerl, der jedes Mal ganz behänd, fast überschwänglich temperamentvoll auf die Bühne sprang, stand einmal vor mir in der Bühnengasse, und ich schmiegte mich kurz vor seinem Auftritt ganz nah an ihn. »Ach, Rolf …«, flüsterte er freudig erregt, und ich drückte ihn ein wenig und sagte: »Warte, ich muss dich mal ein bisschen streicheln.« Dabei nahm ich ein vom Schnürboden herunterhängendes Seil, an dem ein Kulissenteil befestigt war, und knüpfte es vorsichtig, ihm dabei den Rücken weiter liebkosend, an seinen Gürtel. Dann hatte er seinen Auftritt. Er schnellte hinaus, das Seil straffte sich, und eine Kulissenwand fiel polternd vom Bühnenhimmel, krachte auf eine weitere und brachte noch eine dritte zu Fall. Der Vorhang fiel, die Dekoration musste neu aufgebaut werden, das Publikum amüsierte sich köstlich. Na ja, das waren so meine kleinen Streiche, um die Aufführungen etwas zu verfeinern.

Jeden Samstag nach der Vorstellung fuhr ich nach Berlin. Meine Mutter war zu dieser Zeit schon sehr krank. Sie litt an einem Gehirntumor. Sooft es ging, war ich bei ihr. Mein Bruder, der sich liebevoll um sie kümmerte, sagte: »Du musst doch auf die Bühne, Theater spielen.« Ich hatte trotzdem ein schlechtes Gewissen, und als meine Mutter tot war, spürte ich, dass ich mich in dieser Zeit eigentlich mehr hätte um sie kümmern müssen. Wenn ich dienstags auf dem letzten Drücker wieder aus Berlin zurückkam, stand im Foyer, schon nervös trommelnd und mit dem Fuß wippend Herr Direktor Peter Ahrweiler: »Das geht aber nicht. Sie kommen schon wieder zu spät.« »Tut mir Leid, Chef, ich hab jetzt keine Zeit zu debattieren. Ich muss schnell auf die Bühne.« Damit war's meist erledigt. Auf der Bühne hatte ich ja Erfolg. Die Leute mochten mich, und ich bekam immer viel Applaus.

In Hamburg wohnte ich für 40 Mark im Monat in einer Pension in der Isestraße. Mein kleines Zimmer lag unmittelbar am Eingang des Hauses. Vom Flur ging eine Tür ab, die führte in einen Raum, der nicht viel größer war als ein Kleiderschrank. Nebenan war die Toilette. Was das heißt, kann man sich ja vorstellen. Alle zehn Minuten diese Geräusche. Mir gefiel die Gegend um die Isestraße, und ich konnte bei meiner Gage auch nicht so viel Geld für Miete ausgeben. Aber bald sollte ich ein paar Leuten begegnen, die mich zu einträchtigen Nebenjobs überredeten. Ich lernte den Maler

Hamburg 1965

und Graphiker Petrus Wandrey kennen, der auf der Rothenbaumchaussee sein Atelier hatte. Zu ihm und seinen Freunden fühlte ich mich bald dazugehörig. Das waren Maler,

Künstler. Und an einem dieser Abende bei Petrus traf ich auch Jil Sander. Ich trug an diesem Abend meine schwarze Lederjacke, in der ich mich fühlte wie eine Mischung aus John Wayne, Marlon Brando und James Dean, und die damals noch relativ unbekannte Jil Sander fragte mich, ob ich ihr diese Jacke verkaufen würde, sie hätte großes Interesse an dem Schnitt, worauf ich nur sagte: »Jil, das ist mein Schnitt, und wenn du die jetzt kaufst, dann haben ja ganz viele solche Jacken, und das will ich nicht.« Wir lachten, und die Jacke blieb ein Unikat. Bei Petrus verkehrten damals auch Leute, die sich durch gerissene Aktionen ihren Anteil aus dem Fundus dieser aufblühenden Gesellschaft, dieser freien Marktwirtschaft holten. So gab es eine Gruppe, die trickste mit Geschäftsannoncen. Sie führten ein enorm verschwenderisches Leben, verdienten am Tag so um die 5 000 Mark nur durch Annoncen, die natürlich niemals gedruckt wurden. Die machten das in ganz Europa, sprachen mehrere Sprachen, gingen in die Büros, immer gut gekleidet, die Jungs, und mit gutem Auftreten, ja, schicke, propere Jungs, und die Sekretärinnen ließen sich natürlich sofort beeindrucken. Zu 99 Prozent bekamen sie gleich den Fuß in die Tür, so angetan und verblendet waren die Damen. Sekretärinnen waren damals noch mit mehr Vollmachten ausgestattet, konnten selbst Dinge im Sinne der Firma entscheiden. Die Damen bestellten eine Annonce und bezahlten cash. Die Jungs haben also gleich abkassiert. Aber es konnte auch passieren, dass sie irgendwo zum zweiten Mal aufkreuzten. Sie führten natürlich kein Buch über ihre Routen. Ein halbes Jahr später kamen sie wieder in das gleiche Büro. Man empfing sie sehr freundlich und bat sie, doch noch einen Moment Platz zu nehmen. »Moment, wir kommen gleich.« Die Sekretärinnen riefen natürlich die Bullen, na und dann gingen die Jungs auch schon mal ab und zu für 'n paar Monate in die Kiste, aber das war eben Berufsrisiko, gehörte mit dazu. Und außerdem gab es da so eine andere Crew, zirka 15 Leute, die mit teuren Limousinen Unfälle fingierten. Ich brachte mich dabei eine Zeit lang als Fahrer ein. Das ist ja jetzt verjährt ... Jugendsünden ... Dadurch lernte ich die Hamburger Szene kennen, dieses Milieu in Sankt Pauli, das gefiel mir, hatte Flair. Im Unterschied zu den Berlinern hatten die Hamburger Stil. Auch die Gesetzesbrecher trugen teure Anzüge, elegante Zweireiher, und fuhren schicke Autos. Das hat mir gefallen und mich auch beeinflusst. Mein Freund Roland, einer von den Annoncenburschen und Autofachleuten, sagte zu mir, als ich mit meinem Ford Taunus 15M de Luxe, dreifarbig, das erste Mal in Hamburg auftauchte: »Was ist das denn? Wir fahren eigentlich nur Mercedes.« Ich wusste das, die Jungs waren ja schon in Berlin vor dem Big Apple mit ihrem 300er Adenauer-Mercedes erschienen, der berühmte fahrende Adenauer-Staatssalon, die Vorzeigekalesche des Wirtschaftswunderstaates. Daraufhin erwiderte ich nur: »Na dann besorg mir mal einen.« Wir fuhren zu Mercedes, wo Roland natürlich sehr, sehr gut angesehen war. Rollten mit dem 300er Adenauer auf den Hof, und die verkauften mir einen Mercedes 190, schwarz mit Schiebedach, ein wunderbares Teil mit verchromtem Hupring im Lenkrad, einer Handschaltung, Handgangschaltung, Lenkradschaltung, auch mit verchromten Metallteilen. Ein Schaltknüppel, elegant wie ein Taktstock, mit dem man in der H-Schaltung die Gänge einlegte, ein sehr sinnlicher Akt mit der Hand am Lenkrad. Alles in allem ein perfektes Auto, Schiebedach, Liegesitze für 350 Mark! Denn Roland war dort sehr guter Kunde ...

Nach einem Jahr Theater in Hamburg hatte ich genug davon. Einerseits war die Atmosphäre an einem Ensembletheater manchmal ganz schön, man fühlte sich aufgehoben, stichelte und frotzelte, sah sich jeden Tag, andererseits habe ich nie wieder so viele Eifersüchteleien, so viel Neid und Missgunst erlebt wie am Theater. Und letztendlich hat mich genau das auch davon abgehalten, am Theater zu bleiben. Ich wollte nicht jeden Abend nach der Vorstellung mit den gleichen Leuten in der Theaterkantine rumhängen, saufen und unendlich lange und sinnlos debattieren über irgendwelche Befindlichkeiten, die eigentlich völlig uninteressant waren.

Ich ging also erst einmal wieder zurück nach Berlin.

1965 drehte Ulrich Schamoni einen Film, der vom Alltag eines jungen Ehepaars mit Kind, »Es« genannt, erzählt. Schamoni gehörte zu den Regisseuren, die in Oberhausen den Anfang des Autorenfilms einläuteten. In dem Streifen spielten die Theaterlegenden Bernhard Minetti und Tilla Durieux mit sowie Sabine Sinjen, der Kinostar der sechziger Jahre, die oft in der Rolle des bürgerlichen Mädchens zu sehen und bekannt war aus Filmen von Wolfgang Staudte oder Helmut Käutner. Peter Geneé, den Produktionsleiter, kannte ich aus meiner Zeit als Kellner. Ihm verdankte ich meine kleine Rolle: ein junger Mann, der, auf einem Treppenabsatz stehend, eine glühende Hochzeitsrede hält. Abgesehen von diesem kleinen Auftritt hatte meine Beschäftigung während dieser zweimonatigen Produktion nichts mit Schauspielerei zu tun. Als Volontär durchlief ich alle Abteilungen, war Assistent des Set-Aufnahmeleiters, half dem Ton, schlug die Klappen, kümmerte mich um Requisiten, ging den Beleuchtern zur Hand, hielt die Kabel, holte die Schauspieler ab und fuhr sie anschließend wieder nach Hause. Durch die Vielzahl meiner Jobs bekam ich eine Vorstellung von Organisation und Ablauf einer Filmproduktion und konnte die Akteure bei ihrem Spiel vor der Kamera beobachten. Eine besondere Ehre war es für mich, die große alte Dame Tilla Durieux im Wagen des Produzenten, einem weißen 230 SL Sportcabriolet, über die Avus, vorbei an der Tribüne, Richtung Wannsee zu chauffieren. Auf dieser Fahrt scherte neben mir plötzlich ein Fahrzeug aus. Meinen linken Arm lässig auf der Tür, bediente ich das Steuer mit zwei Fingern der rechten Hand und überschätzte dabei die leichtgängige Servolenkung. Durch mein abruptes Bremsen geriet der Wagen gefährlich ins Schlingern. Ich war verängstigt, doch Tilla Durieux reagierte mit freudig erregter Stimme: »Junger Mann, großartig, diese unerwarteten Eskapaden ...« Die Gute ahnte nicht, dass wir kurz davor waren, uns zu überschlagen. Als mir eines Tages auch die Ehre zuteil wurde, Bernhard Minetti nach Hause fahren zu dürfen, trug ich ihm selbstverständlich noch seine Tasche an die Tür. Mit den Worten: »Moment, mein junger Freund«, bat er mich ins Vestibül. Aus dem Inneren der großbürgerlichen Villa begrüßte mich eine Frauenstimme. »Sie möchten doch sicher ein wenig frisches Obst?« Einer Geste seiner Gattin folgend, verließ Minetti die Halle in Richtung Garten, von wo er mit einer Gellerts Butterbirne in der rechten Hand und einem Kerne klappernden Cox-Orange in der linken kurz darauf zurückkehrte und mir beide Früchte feierlich als Dankeschön überreichte.

München war die deutsche Filmstadt der 60er Jahre, und die Bavaria suchte für einen deutsch-amerikanischen Spionagefilm einen jungen Schauspieler für die Rolle eines Bäckerjungen. Ich fuhr mit Uli Lommel, den ich auf der Schauspielschule kennen gelernt hatte, nach München, bekam einen Vertrag über drei Drehtage und war plötzlich mitten in einer großen internationalen Produktion. Der Film hieß »Lautlose Waffen«, und Montgomery Clift spielte in der Hauptrolle einen West-Spion auf der Flucht. Regie führte Raoul Levy. Mit einem Bäckerauto leistete ich Fluchthilfe, fuhr ihn an einen Fluss, den er überqueren wollte, wobei er angeschossen wurde. In den Bavaria-Studios hatte man Schlagbaum und Grenzstation aufgebaut. In der Nähe gab es einen Kanal, da wurde die Flucht gedreht, mitten nach Bayern – also ein bisschen die DDR – verpflanzt. Das Aufregende für mich war natürlich die Begegnung mit einem der ganz großen Hollywood-Schauspieler dieser Zeit. Ich hatte Montgomery Clift in »Verdammt in alle Ewigkeit« gesehen, der bis heute einer meiner Lieblingsfilme ist. Und jetzt hatte ich das Glück, diese lebende Legende kennen zu lernen. Seit seinem schweren Autounfall Ende der fünfziger Jahre hatte Montgomery Clift nicht mehr allzu viele Filme gedreht. Sein entstelltes Gesicht musste durch mehrere Operationen wieder hergestellt werden, und die Ärzte gaben ihm Morphium, um seine Schmerzen zu lindern. Danach war er ziemlich drauf, ist ganz schön abgedreht, manchmal auch völlig weggetreten. Ich bekam das mit, obwohl ich selber noch gar keine Ahnung davon hatte. Wusste nur, es gibt da so ein paar Jazzmusiker wie Miles Davis, oder man hörte von Ärzten, die morphiumsüchtig waren und Zugang zu dem Zeug hatten. Jedenfalls war Montgomery Clift während der Dreharbeiten zeitweise regelrecht zugepumpt, konnte die Szenen kaum durchstehen. Beim Drehen redete er wenig, eigentlich nur den Text. Seine Anweisungen nahm er ohne große Reaktion zur Kenntnis. Ich glaube, er war ein sehr scheuer Mensch, sein Blick verriet etwas Zartes, Zerrissenes, in seinen Augen lag so eine Ungewissheit. Ich beobachtete ihn ständig. Er war jemand, der sich nicht hervortat, sondern ganz bescheiden seine Arbeit machte und dann in der Garderobe verschwand, von seinem Freund fast schon gestützt. Ich hatte unheimlichen Respekt vor ihm. Monti war damals mit einem schwarzen Jungen zusammen. Er liebte ja Männer. Sein Freund beschützte ihn. Als meine Drehtage zu Ende gingen, verabschiedete ich mich von Montgomery Clift, und da sagte er zu mir: »Man, you would be a very good actor. You should go to the States.« Mein Puls war auf 180, und ich wollte die Welt umarmen. Montgomery Clift starb am 23. Juli 1966 an einer Überdosis. Der französische Regisseur Raoul Levy erschoss sich kurz nach Fertigstellung des Films. Ich war so froh, dass ich die Chance hatte, mit diesen beiden Künstlern zu arbeiten, und zwar länger als ursprünglich vorgesehen. Raoul Levy hatte nämlich den deutschen Co-Produzenten Conrad von Molo gebeten, meinen Vertrag zu verlängern, und so wurden aus den drei Drehtagen 14 Drehtage. Conrad von Molo gefiel das gar nicht, denn erstens kostete es ihn mehr, und zweitens war da ja noch diese Geschichte mit Beate und dem Porsche. Herr von Molo hatte nämlich eine Tochter, die mich sehr mochte und ich sie auch. Beatchen von Molo hatte einen intelligenten, spritzigen Humor, ein tolles Mädchen, und sie fuhr einen Porsche C 60. Der Wagen gehörte natürlich Papa von Molo, und der sah es nicht so gern, wenn ich damit durch die Gegend sauste. Eines Tages erzählte mir Beate, dass ihr Papa vorhatte, den Wagen neu lackieren zu lassen. Da war ich mit meinen Kontakten gerade der richtige Mann. Beate vertraute mir das wertvolle Stück an, denn durch meine Hamburger Freunde kannte ich mittlerweile in jeder Stadt eine Autowerkstatt beziehungsweise hervorragende Lackierer. Der Mann meines Vertrauens, ein Partner des Designers Colani, bereitete also den Porsche zum Lackieren vor, ganz professionell, das brauchte natürlich alles seine Zeit. Mitten in den Dreharbeiten zu »Lautlose Waffen« erfuhr ich plötzlich, dass in Hamburg für eine Fernsehproduktion jemand gesucht wurde. Wenn ich die Rolle kriegen wollte, musste ich handeln. Fliegen ging nicht, das war zu teuer, aber ich durfte auch keine Zeit verlieren. Also musste ich mir den Wagen schnappen. Hatte natürlich auch diese triebhafte Lust, mit einem Porsche über die Autobahn zu brettern, mich zu testen, ein Rennen gegen mich selbst zu fahren. Ich wollte es besiegen, dieses schnelle Ding. Und da war meine Chance. Ich ging also nachts mit dem Lackierer in die Werkstatt, wo der Wagen bereits zum Spritzen vorbereitet stand. Alles war ausgebaut, die gesamte Innenverkleidung abgeschraubt, keine Fensterheber, keine Stoßstange, die Türen verklebt, da war nur noch so 'n rohes, nacktes Teil. Die Sitze waren auch schon draußen. Wir montierten den Fahrersitz rein, klebten die Scheinwerfer in die Öffnungen, sperrten die Tür auf der Fahrerseite zum Einsteigen auf, alles andere aber blieb, wie es war. So hämmerte ich dann nachts die 1 000 Kilometer von München nach Hamburg, wo ich noch zwei oder drei Tage herumtourte. Herr von Molo wurde schon unruhig, aber das Lackieren brauchte eben seine Zeit. Es sollte ja schließlich kein Pfusch werden. Nachdem ich dann zurückgekehrt war, wurde der Wagen schnell gespritzt, in einem wunderschönen dunklen Flaschengrün. Ich kam in die Werkstatt, war begeistert und wollte das Auto nun schnell zurückbringen. Beate sollte ja meinetwegen auch keinen Ärger bekommen. Der Lackierer war da aber ganz anderer Meinung: »Vergiss es, der muss noch einen Tag stehen. Der Lack ist nicht trocken.« »Ich fahr auch ganz vorsichtig«, erwiderte ich genervt. »Nein!«, fuhr er mich streng an. Doch dann holte ich mir den Porsche ohne sein Wissen einfach raus und bin los. Ja ..., na ja ... , hm ... beim Fahren blieb natürlich jede Fliege im Lack stecken, lauter kleine Fliegenlöcher. Ich versuchte dann vorsichtig, die Dinger abzuwaschen, aber der Lack war überall durchlöchert. Conrad von Molo schaute sich seinen schönen, frontgesprenkelten Porsche an, brüllte hysterisch und bezichtigte mich der Vertrauensunwürdigkeit. Ich war sehr enttäuscht von ihm.

In Berlin im Eden lernte ich den Regieassistenten von Peter Lilienthal, Daniel Schmid, kennen und durch ihn Lilienthal selbst. Drei Filme sollte ich mit ihm machen. »Der Beginn«, »Claire« und »Tramp oder der einzige und unvergleichliche Lenny Jacobsen«, und Peter Lilienthal wurde in dieser Zeit mein geliebter Meister und Vertrauter. Bei ihm lernte ich, dass weniger oftmals mehr ist, dass man die Dinge kommen lassen muss, er lehrte mich, präzise zu agieren und trotzdem authentisch zu bleiben, nicht zu spielen, sondern zu leben. Oft habe ich mich gewehrt wie ein wildes, widerspenstiges, ungeduldiges junges Pferd. Aber er hatte mit seiner Kritik immer Recht. »Beginn« drehten wir 1966 in Berlin am Savignyplatz. Ich stand in einer Gartenkneipe auf einem Tisch und deklamierte, umgeben von Scheinwerfern und Kameras, berauscht davon, ungeheuer wichtig zu sein, um mich herum Statisten und Schaulustige. Mir fiel es schwer, nicht zu übertreiben, die Eitelkeit zu kontrollieren. Aber Peter Lilienthal brachte mich mit seinem unglaublichen Perfektionswahn, aber auch mit seiner Liebe zum Artisten, seiner Geduld und bestimmenden Sanftheit genau auf den Punkt und wieder auf den Boden der Tatsachen – ein Dirigent, der von allen Beteiligten absolute Hingabe und Konzentration verlangte. So verbot er beispielsweise dem Redakteur eines SFB-Fernsehspiels, am Drehort zu erscheinen. Peter Lilienthals Begründung war: Der Mensch würde die Atmosphäre mit seiner nicht vorhandenen Aura verunreinigen. Die Konsequenz, mit der er die Qualität seiner Arbeit sicherte, imponierte mir wahnsinnig. Form entsteht eben nur durch Konsequenz.

Der Film »Claire«, den wir im gleichen Jahr drehten, erzählt die Geschichte einer Mutter, die ihren Sohn nicht loslassen kann. Eifersüchtig auf seine Geliebte, verfolgt sie jeden ihrer Schritte, plant, das Mädchen zu töten. Durch einen Privatdetektiv lässt sie beide beobachten. Die Freundin erfährt von den Mordplänen, versucht daraufhin ihren Geliebten zu überreden, gemeinsam seine Mutter aus dem Weg zu räumen. In der letzten Szene sitzt Boy Gobert, der den Sohn spielt, im Abteil eines Zuges und blickt auf sein Gegenüber. Der Zuschauer erwartet die Freundin, aber es ist seine Mutter, gespielt von Gräfin von Richthofen. Ich hatte die Rolle des Detektivs. Wir drehten in der Schweiz, und Peter Lilienthal, mit dem ich zusammen im Auto dorthin fuhr, schaute mich während der Fahrt an und sagte: »Rolf, deine Haare sind zu lang, zu dicht, das müsste man mal ändern, damit dein Gesicht besser herauskommt, ungeschützt, frei und nicht so eingerahmt. Wenn wir da sind, gehst du gleich zum Friseur.« Ich hatte prachtvolle Haare, gesund und lockig, aber wenn der Meister das sagte … Also ging ich zum Friseur und ließ die Haare bis auf einen Zentimeter abschneiden. Ich

»Claire«, 1966

bekam dazu noch eine Brille, eine runde Nickelbrille, die eine Seite war aus klarem Fensterglas, die andere aus Milchglas, völlig schräg. Nur mit einem Auge sehend, raste ich dann dem Sohn hinterher, per Rolls-Royce durch die Alpen. Irgendwie war das ein ganz grotesker Film.

Die Filme, die ich unter Peter Lilienthal und später George Moorse drehte, wurden alle von demselben Kamerateam begleitet. Das war damals so üblich und hatte natürlich den Vorteil, dass alle aufeinander eingespielt waren, und vor allem: ein gelungenes Zusammenspiel von Kameramann und Schauspieler spart viel Zeit. Gerard Vandenberg, der holländische Kameramann, der für Peter Lilienthal und George Moorse abwechselnd arbeitete, hatte jahrelang zwei Assistenten, die ungefähr in meinem Alter waren. Micki Marton, ein Blonder, Dünner, mit stechenden Augen, total speedy, und Carsten Krüger, ein gemütlicher, molliger Typ. Carsten, ein Fresssack, Micki, 'ne Leseratte. Jede freie Sekunde vertiefte er sich in ein Buch. Hatte er seine Kamera vorbereitet, die Schärfen gezogen, nahm er ein Büchli, das stets griffbereit mit Gafferband am Kamerastativ klebte oder in seiner linken Brusttasche steckte. Carsten war ruhiger, gelassener, ließ die Dinge auf sich zukommen. Ein verschmitzter Kerl mit strahlend hellblauen Augen. Mit beiden hatte ich mich während des Drehens angefreundet.

23. August 1966. Meine Mutter war tot. Ich kam zu spät. Wäre ich eine Dreiviertelstunde früher zu Hause gewesen ..., na ja, wer weiß das schon ... Ich hielt ihren kalten Körper in meinen Armen ..., unfassbar. Mein Herz, mein ganzer Leib erschien mir wie aus Stein. Ich löste mich auf ... tagelang ... dieser Zustand, das Nicht-Begreifen-Können ..., die eigene Mutter, das war so traurig ..., wahrscheinlich der traurigste Tag in meinem Leben. Etwa eine Woche nach ihrem Tod saß ich im Café Möhring am Kurfürstendamm, Ecke Uhlandstraße. Ich war völlig orientierungslos, die vergangenen Tage waren wie in Trance an mir vorübergezogen, ich versuchte irgendwie auf andere Gedanken zu kommen. Plötzlich erschienen die beiden Kameraassistenten Micki und Carsten. Ich erzählte ihnen, was geschehen war, worauf sie sofort sagten: »Weißt du was, wir fahren jetzt nach Spanien, nach Formentera. Peter Lilienthal hat dort ein Haus gemietet, und wir besuchen ihn. Wenn du willst,

dann komm doch mit ...« Ich dachte nicht lange nach. Micki und Carsten kamen genau im richtigen Moment, mich von meiner Traurigkeit und Orientierungslosigkeit abzulenken. Und wenige Stunden später saßen wir drei in meinem dunkelblauen Mercedes 220 S, Baujahr '57, und verließen Berlin. Das tat gut, auf der Piste liegen, neue Dinge sehen. Micki saß hinten rechts und las, während Carsten bei jedem Überholmanöver in tiefes Schweigen fiel, er wagte kaum zu atmen, beide Hände angespannt neben sich in die Polster krallte und mit entsetztem Blick und eingezogenem Kopf ängstlich über den Kühler starrte. Ich fuhr damals noch etwas ungestüm, fast verantwortungslos, auf alle Fälle sehr riskant, jedoch stets kontrolliert. Ich ließ die beiden natürlich auch mal ans Steuer, hielt es aber nie lange aus. Micki fuhr zu schnell, wie ein Pfeil, immer den Fuß auf dem Gaspedal, und Carsten überängstlich. Der eine bremste nur, der andere gar nicht. Also fuhr ich lieber selbst. Außerdem war das Fahren für mich ein gutes Mittel, um vom Grübeln wegzukommen, von dem, was mit meiner Mutter passiert war. In Cannes machten wir einen Zwischenstopp. Micki besuchte dort eine Tante, die in den nahe gelegenen Bergen wohnte und deren Lebensinhalt darin bestand, alte renovierungsbedürftige Häuschen liebevoll zu sanieren und diese nach ein oder zwei Jahren, wenn sie eingewohnt waren, beseelt, könnte man sagen, weiterzuverkaufen. Micki ging also zu dieser Tante und erholte sich von der Fahrt, während Carsten und ich uns einen Platz ganz dicht am Meer, an der schönen, damals noch sauberen Côte d'Azur suchten. Wir schliefen im Wagen, umschmeichelt von den wunderbaren Geräuschen des Meeres, diesem unaufhörlichen Auf- und Abrollen der Wellen. Am nächsten Tag fuhren wir weiter nach Spanien. Das Auto ließen wir in Barcelona in einer großen Garage im Hafenbereich. Eine kleine viermotorige Propellermaschine, von der zwei Propeller stotternd ausfielen, brachte uns nach Ibiza, der berühmten Hippie-Insel der 60er Jahre, wo wir zwei oder drei Tage blieben. Während dieser Zeit saß ich lange am Hafen, ich musste allein sein. Gegenüber der Kaimauer war das Gefängnis, ich schaute hinüber, es lag etwas erhöht an einem Hang, die Sonne knallte unbarmherzig direkt auf die Fenster. Ich empfand tiefes Mitleid mit den Jungs, die da in der glühenden Hitze mit heraushängenden Armen an den Gitterstäben hingen. Damals konnte ich ja noch nicht ahnen, dass ich später auch einmal in einer solchen Situation sein würde … Von Ibiza ging es dann mit einem kleinen Bootchen weiter nach Formentera. Wir tuckerten durchs Mittelmeer, das Wasser glitzerte in der Sonne, als wäre es bedeckt mit unzähligen goldenen Münzen. Ich konnte diesen Moment der Überfahrt nur kurz genießen, denn durch den hohen Wellengang wurde mir so übel, dass ich die meiste Zeit seekrank an der Reling saß, den Blick starr aufs Meer gerichtet. Ziemlich geschwächt, erreichte ich Formentera, ich hielt mich nur noch äußerst wackelig auf den Beinen. Den beiden anderen ging es gut, und wir setzten uns erst einmal in eine Cantina, aßen etwas und tranken Vino Rosso bis tief in die Nacht. Gestärkt machten wir uns auf die Suche nach Peter Lilienthals Finca, was, wie man sich vorstellen kann, nicht so einfach war. Denn die engen sandigen Wege waren kaum oder gar nicht beleuchtet, und wir verloren mehr und mehr die Orientierung. Müde und ziemlich betrunken ließen sich Micki und Carsten in die Sträucher fallen. Mir war das zu gefährlich, ich dachte an Schlangen und Skorpione, sah eine Treppe, die direkt aufs Dach einer kleinen Finca führte, taumelte hinauf und legte mich auf die warmen Ziegel. Schweißverklebt wachte ich irgendwann auf. Es war Tag, die pralle Sonne brannte auf mein Gehirn. Nur der Schornstein warf einen kurzen, schmalen Schatten. Ich kroch hinüber und zwängte mich in den dunklen Streifen, der meine Qualen etwas linderte. Aber die Sonne rückte gnadenlos in meine kleine Schattenkammer, kaum hatte ich mich darin eingerichtet, entwischte mir die angenehme Kühle, und ruhelos folgte ich alle paar Minuten dem immer kleiner werdenden Flecken. Mein Zustand verschlechterte sich. Ich bekam Fieber und Schüttelfrost. Die 40 Grad Hitze gaben mir den Rest. Völlig erledigt, schwarze Schwaden vor den Augen, dachte ich, na gut, meine Mutter Gertrud ist gegangen, also gehe ich gleich hinterher. Ich fühlte mich, als wäre ich vergiftet, halb wach, schwitzend, jammernd, durstend, von der Sonne ausgezehrt und ausgebrannt. So lag ich zusammengekauert hinter diesem Schornstein, als plötzlich ein Engel vor mir stand. Ich öffnete die Augen und erkannte Peter Lilienthal. Dann fiel ich in Ohnmacht und wachte erst im Krankenhaus wieder auf. Das befand sich an einer Lagune, das Meer, 14 Tage mein ständiger Begleiter, rauschte unaufhörlich. Die Wellen brachen sich an den Steinen und verwandelten sich in weiße Gischtfontänen. Allmählich kam ich wieder zu Kräften. Peter Lilienthal besuchte mich jeden Tag, und in dieser Zeit entwickelte sich zwischen uns beiden eine ungeheuer intensive Freundschaft. Auch Peter Lilienthal hatte eine starke Bindung zu seiner Mutter. So jemanden wie ihn zu haben, mit dem man reden konnte und der einen verstand, gab mir unheimlich Kraft. Die Leichtigkeit in mir kehrte zurück, und gestärkt ging es wieder in Richtung Heimat. Die große

Wunde, der Verlust der Mutter hatte mit einem Mal eine andere Qualität. Da war natürlich noch viel zu verarbeiten, aber diese Tage auf Formentera haben mir neue Wege gezeigt, mir Mut gemacht weiterzugehen. Micki, Carsten und ich fuhren zurück aufs Festland, um meinen Wagen abzuholen. Der Mercedes stand aufgebockt in der Garage, die Reifen waren weg. Froh, dass der Wagen als solcher noch da war, kaufte ich neue Reifen, und wir fuhren zurück nach Deutschland, meiner geliebten Heimat.

Ein knappes Jahr später, Anfang Juni 1967, traf ich George Moorse, american man, der nach Deutschland gekommen war, um hier Filme zu drehen. Daniel Schmid, der Regieassistent von Peter Lilienthal, stellte mich ihm vor. Ein amerikanischer Regisseur. Ich war natürlich sehr aufgeregt, man wusste ja, da kommt neues Kino her, zu der Zeit jedenfalls, da drehen die ganz großen Jungs. Ich schloss Moorse auf den ersten Blick in mein Herz. Seine braunen Augen verschwanden beim Lächeln fast, und aus den schmalen Schlitzen blitzte ein Feuer, er hatte eine Figur wie Marlon Brando, dabei so ein amerikanisches Nasengesicht, dunkle Haare wie Leonard Cohen, schmale, aber sinnliche Lippen, behaarte Hände und Arme, aus seinem Hemdausschnitt quollen dichte Haarbüschel. Sehr männlich der Mann, aber eigentlich ein zarter Hase. Insbesondere mit dem Autofahren, mit technischen Dingen überhaupt hatte er es nicht so. Er war ein hochsensibler Mensch, ein sehr, sehr furchtsamer Mitfahrer, trotz seiner Männlichkeit immer ängstlich. Wir drehten dann in der Schweiz, und ich erinnere mich an eine Szene, die in den Bergen spielte, in der Nähe von Sankt Moritz. Wir fuhren mit einem Skilift, einem Kabinenlift, in die Berge, alles war vorbereitet, die Kamera stand drehbereit im

Lift, der Regisseur sollte natürlich dabei sein. Endlich kam er, hüpfte vorsichtig in die Kabine, doch kurz bevor die Tür zuging, sprang er wieder hinaus, schweißgebadet rief er dem Kameramann nach: »Gery, you do it, I'm sorry.« So ein stämmiger Bursche und so eine Angst.

Aber zurück zu unserer ersten Begegnung. Daniel Schmid, Peter Lilienthals Regieassistent, stellte mich also vor. Ich fuhr mit ihm und George Moorse in meinem Mercedes, mittlerweile hatte ich einen 220S, dunkelblau, Baujahr '56, den Kurfürstendamm entlang. George Moorse erzählte von seinem Film »Kuckucksjahre«. Ich wollte die Rolle unbedingt spielen, die erste Hauptrolle, merkte aber auch, dass er noch etwas unentschlossen war, nicht genau wusste, ob er mich haben wollte, vielleicht wusste er es auch schon, brauchte aber noch Bedenkzeit. Wie auch immer, ich fieberte der Entscheidung entgegen und drehte total auf. Berlin flirrte in vorsommerlicher Hitze, ich hatte das Schiebedach geöffnet, sang beim Fahren »You can always get what you want ...«, auch wenn die Rolling Stones ja genau das Gegenteil davon gesungen hatten, und fuhr ein bisschen temperamentvoller. George Moorse saß in sich zusammengesunken neben mir, jeden Augenblick bereit, sich mit den Händen die Augen zu verdecken. Na gut, es gab noch keine Gurte, aber so schnell fuhr ich nun auch wieder nicht, doch er war total verschreckt. Ich streckte meine Beine, setzte mich auf die Rückenlehne des Sitzes, sodass mein Oberkörper aus dem Schiebedach herausragte, und begann, den Wagen mit einem Fuß zu lenken. Ich trug Sandalen, und damit hab ich dann das Auto über den Ku'damm gesteuert. Zum Bremsen ließ ich mich kurz hinuntergleiten. Moorse konnte ja nicht ahnen, dass ich das beherrschte, und ich machte natürlich daraus auch so 'ne Nummer, so 'ne akrobatische. Plötzlich zuckte er und sagte ganz leise: »Nein, bitte nicht so fahren ...«, und ich erwiderte: »Okay, aber nur, wenn ich die Rolle spiele.« »You get the part. I promise you.« Ich rutschte wieder auf meinen Sitz und hatte die Hauptrolle. Jetzt wollte ich's wissen. Der Moment war gekommen, von dem alle Schauspielschüler träumen, ich stand im Mittelpunkt des Geschehens, alles drehte sich um mich. Wer die Hauptrolle spielt, wird behandelt wie ein rohes Ei, im Federbett gehätschelt und getätschelt. Wenn dem Hauptdarsteller etwas passiert, ist der ganze Film im Arsch. Ich durfte auf keinen Fall krank werden und wurde hoch ausfallversichert. Diese Verantwortung war für mich sehr aufregend, konnte mich aber auch übermütig machen. In »Kuckucksjahre« spielte ich einen jungen Schriftsteller, der, unzufrieden und an sich selbst zweifelnd, mit der Welt nicht zurechtkommt. Das war kein Drama im herkömmlichen Sinne, sondern sozialkritisches Kino, wie es damals in ganz Europa aktuell war. Wir drehten in der Schweiz, der Regieassistent war übrigens kein Geringerer als Wolfgang Petersen. Petersen zeichnete sich durch seine besondere Eifrigkeit, ja durch seine Übereifrigkeit aus, womit er das Team oftmals zum Schmunzeln brachte. An einen Drehtag kann ich mich noch besonders gut erinnern: Eine Ballonszene. Auf einer Wiese stand drehbereit ein Fesselballon, Wolfgang Petersen daneben gab aufgeregt noch einige Anweisungen. Ich sollte ihm ein Zeichen geben, wenn er aus dem Bild war. Er musste schnell wegrennen, während die Kamera von einer Nahen auf die Totale zog. Der Ballon stieg langsam in die Lüfte, und Wolfgang Petersen rannte und rannte und rannte. Ich hatte ihm kein Zeichen gegeben. Schon längst nicht mehr im Bild, lief er bestimmt zwei Kilometer und kam völlig außer Atem, aber ohne ein Wort der Empörung zum Set zurück. So beflissen war er. Aber mit dieser Ordentlichkeit, Beflissenheit ist er schließlich bis nach Hollywood gerannt und hat es geschafft, dort Fuß zu fassen.

George Moorse schrieb seine Drehbücher selbst, wie das damals unter den Autorenfilmern üblich war, und konnte dank der Unterstützung durch die dritten Programme auch später noch viele Filme verwirklichen, die heute keine Chance der Finanzierung mehr hätten. Als Moorse dann eines Tages nicht mehr da war, spürte ich, was das für ein großer Verlust war. Man denkt ja immer, die Menschen bleiben, zumindest solange man selber lebt. Aber wenn Leute plötzlich weggehen und dir wird klar, du kannst sie nicht mehr treffen, höchstens in Gedanken, ist das sehr schmerzlich. Man hätte sich öfter sehen können, denkst du, aber irgendwie hat man sich aus den Augen verloren. Das ist ja beim Film oft so, Freundschaften werden ganz schnell geschlossen, weil die Arbeit ein intensives Zusammensein bedingt. Aber man kann sie eigentlich gar nicht pflegen. Schauspieler reisen wie Gaukler von Ort zu Ort, treffen neue Menschen, lassen überall Freunde zurück, die, so glaubt man, auf dich warten … ja, sie warten wahrscheinlich genauso wie ich auf all jene, an die ich des Öfteren denke. Überall, in jedem Land, habe ich zu Menschen, die ich lieb gewonnen habe, gesagt: »Ich komme bald wieder.« Und sie haben sich gefreut: »Ja, wir wissen, du kommst bald wieder. Wir freuen uns.« Natürlich haben wir uns nie wieder gesehen.

François Lalive war bei den Dreharbeiten zu »Kuckucksjahre« als Assistent des Aufnahmeleiters engagiert, und nachdem diese Arbeiten beendet waren, produzierte Lalive, der ein Spross einer einflussreichen und wohlhabenden Genfer Advokatenfamilie war, einen eigenen Film. Das Geld dazu bekam der filmbegeisterte Junge von seiner Mama. Regie führte ein Freund von ihm. Drehort war ein prachtvolles, kleines Schlösschen in der Nähe von Lausanne, in unmittelbarer Nachbarschaft von Charlie Chaplin, in dem der junge Regisseur mit seiner Frau Mutter lebte und nebenbei auch noch ein Verhältnis mit seiner Haushälterin unterhielt. Für »Happening«, so der Titel des Kurzfilms, hatte Lalive den Kameramann von »Kuckucksjahre« Gerard Vandenberg samt seinen Assistenten Carsten und Micki verpflichtet, und ich spielte die Hauptrolle. Die Dreharbeiten ähnelten einem gut bezahlten Urlaub auf einem Schloss, der ganz beiläufig von einer Kamera begleitet wurde. Ein Drehbuch gab es nicht, das war auch nicht vorgesehen. Lalive wollte improvisieren, sich ausprobieren. Das Ganze glich mehr einem Film-Workshop. Jugend forscht, aber die Jungs hatten eben das nötige Geld dazu. Kamen mir Ideen, brauchte ich nur mit dem Finger schnipsen, und die Haushälterin stand mit einem Notizblock bereit. Meist lag ich auf einer majestätischen Sonnenliege im herrschaftlichen Park. Der Duft weißer Gardenien und Rhododendren und das jubilierende Trällern der Singvögel lag über dem Anwesen. Ein Jongleur trainierte mit neun Bällen, ein Feuerschlucker spuckte Flammen in die Sphäre. Neben mir auf dem englischen Rasen räkelte sich vergnügt ein kleiner Löwe, den wir samt Löwen-Au-pair-Mädchen von einem Dompteur aus Clichy geholt hatten. Irgendjemand machte dann den Vorschlag, eine erotische Szene auf der Kühlerhaube eines Rolls-Royce stattfinden zu lassen. Dafür wurde ein blondes Mädchen gesucht. François Lalive ließ zwölf Modelschönheiten aus Genf zum

Casting kommen. Wie Perlen aneinander gereiht, saßen sie eines Tages um eine große Tafel und erwarteten ihr Vorsprechen. Unter diesen Schönheiten war auch Marianne Blomquist, ein schwedisches Mädchen. Ich saß am Kopfende des Tisches, sie mir gegenüber. Wir sahen uns an, und mir wurde augenblicklich klar, das wird meine Partnerin. Es war dieser Moment des Blitzens, des Aufeinandertreffens zweier Flammen. Wie sich herausstellte, hatten wir beide auch noch am selben Tag Geburtstag. Bevor das Casting überhaupt begann, gab ich dem Regisseur zu verstehen, dass ich mit Marianne drehen wollte. In dem Film spielte ich einen Fotografen, der sich über die auf der Kühlerhaube posierende Schöne beugt und sich natürlich Hals über Kopf in sie verliebt. Nach dem Dreh brachte ich Marianne von Lausanne zurück nach Genf. Am Ufer des Genfer Sees liebten wir uns auf den Sitzen meines dunkelblauen Mercedes. Marianne Blomquist lebte zu dieser Zeit mit einem italienischen Starfriseur in Genf, einem Sizilianer, glaube ich. Sie wollte weg von ihm und bat mich inständig, sie aus den Fängen dieses eifersüchtigen Figaros zu befreien, was schließlich einer Entführung gleichkam. Le Figaro befand sich zur Tatzeit in seinem Salon, fünf Minuten entfernt von der gemeinsamen Wohnung. Überstürzt packte Marianne ihr Hab und Gut, samt Kanarienvogel mit Käfig. Ich hatte meinen Wagen unten geparkt und wartete in einem Lokal. Endlich kam sie, wir tranken schnell noch einen Kaffee und brachen auf. Als wir ins Auto einsteigen wollen, springt plötzlich der Figaro mit gezücktem Stilett hinter einem Baum hervor und geht auf mich los. Nun beginnt eine groteske Rundjagd um meinen voll gepackten Wagen. Der wild gewordene Betrogene will mich wirklich abstechen. Marianne hält schützend ihre

Hände über den hysterisch kreischenden Kanarienvogel. Ich versuche, den Mann irgendwie zu beruhigen, denn Marianne will mich ja auch. In seinem Eifersuchtswahn tut er mir Leid. Wir nutzen eine kleine Atempause, springen ins Auto und entkommen dem Verzweifelten. Wir fahren von Genf nach Berlin, von der Avus direkt zum Ku'damm. Über der Filmbühne Wien mein Gesicht, groß wie ein Sonnenschirm, angeleuchtet von den Lichtern der Großstadt. »Kuckucksjahre« wird angekündigt. Wir sitzen lange im Auto, bevor wir nach Hause in den Langensteiner Weg fahren. Bei der Filmpremiere von »Kuckucksjahre« trägt Marianne ein perlenbesticktes Secondhandkleid aus durchsichtigem Seidenstoff, dazu aus demselben Material einen Kopfschmuck. Sie ist meine Königin des Abends: zartes Gesicht, volle Lippen, breite Wangenknochen, schwedisches blondes Haar, strahlende, grünblaue Augen, ein wenig schüchtern, kokettierend, auch mit ihrem Schamgefühl. Die Premiere war wunderschön, aber bei mir war auch ein Gefühl der Wehmut und Traurigkeit. Meine Mutter konnte diesen Augenblick nicht mehr miterleben. Sie hätte sich so gefreut. Ihr Leben lang musste sie sich wahnsinnig abplagen. Als Dank hätte ich ihr das gerne geschenkt. Der Film lief auf sämtlichen europäischen Festivals, und ich hatte plötzlich Kontakt zu allen möglichen Filmleuten. Das war es doch, was ich wollte. Die Kritik urteilte sehr wohlwollend, und ich sah mein Bild auf vielen Filmmagazinen. Ich erinnere mich noch gut daran, dass in der Vitrine der Buchhandlung Marga Schöller am Kurfürstendamm die Zeitschriften »Film« und »Filmkritik« auslagen, auf beiden Blättern, ganz groß, mein Bild. Ich lief um die Vitrine rum, dann kurz mal wieder weg, guckte mir das von weitem an und bin wieder hin, stundenlang schlich

ich da rum und ergötzte mich an mir selbst. »Kuckucksjahre« brachte zwar nicht den ganz großen kommerziellen Erfolg, wie so viele andere Filme aus der Zeit des Neuen Deutschen Films, wurde aber von einem interessierten Publikum sehr gut aufgenommen. Finanzielle Erfolge waren damals auch gar nicht so wichtig. Die so genannten Jungfilmer wollten mit den Konventionen des alten Kinos brechen. In den Filmen wurden andere Erzählweisen ausprobiert, experimentelle Gestaltungen, und die Themen wurden mit einem unbedingten Ernst behandelt. Die Unruhe der sechziger Jahre fand Eingang in diese Filme. Und da es damals genügend Fördergelder gab, brauchte man auch keine Kompromisse einzugehen, keine Zugeständnisse an ein Publikum zu machen, das andere Sehgewohnheiten hatte.

Mein Zusammenleben mit Marianne Blomquist gestaltete sich ziemlich temperamentvoll. Marianne war großartig, aber wir waren beide unter dem gleichen Sternzeichen geboren, zwei Widder. Wir glichen zwei Jungen, die sich stritten, miteinander kämpften und wieder vertrugen, aber doch sehr biegsam waren und nicht mit dem Kopf durch die Wand wollten. So einer bin ich eigentlich gar nicht. Ich will nicht alles besser wissen, na ja, gut … vielleicht doch … manchmal steckte auch ein Horn in der Tapete, aber nur, wenn Marianne wieder einmal einen Porzellanteller meiner verstorbenen Mutter gegen die Küchenwand geschleudert hatte. Ach ja, diese Machtspielchen … wer hat Recht, wer ist der Beste, wer ist der Schnellste? Hinterher mussten wir immer darüber lachen. Nach einem längeren Streit sprach dann jeder in seiner Muttersprache, also sie nur schwedisch und ich deutsch. Sonst verständigten wir uns auf Englisch, wobei sie das bessere Englisch sprach. Denn Marianne hatte, als ich sie kennen lernte, in Genf als Sekretärin einer internationalen Investmentfirma gearbeitet. Ihr Vater war ein ganz abgefahrener Typ, seine Lebensphilosophie: viel Bewegung an der frischen Luft, gesund und unabhängig bleiben. Der Mann trug Zeitungen und Reklame aus, die Familie lebte am Waldrand von Stockholm von der Hand in den Mund. Dadurch war Marianne auf einer ganz ähnlichen Schiene wie ich, nur völlig verträumt. Manchmal war sie für mich unerreichbar. Ich kam einfach nicht in ihre Welt. Dass zwei Menschen, die zusammenleben, auch ihre Freiräume brauchen, konnte ich damals überhaupt nicht begreifen. Ich musste erst lernen, den anderen allein zu lassen mit seinen Träumen, seinen Launen und nicht immer gleich nach Ursachen für sein Verhalten zu suchen, mich schuldig zu fühlen oder eifersüchtig zu sein. Marianne war es scheinbar gleichgültig, sie verhielt sich gelassen, ließ sich durch meine Eifersüchtelei gar nicht beeinflussen, was mich oftmals noch misstrauischer machte. Wir gingen jeden Tag spazieren, das brauchte ich in der Großstadt, das hatte ich schon durch meine Mutter gelernt. Ich zeigte Marianne den Grunewald, den Wannsee, fuhr mit ihr an die Glienicker Brücke, die einstige Sektorengrenze und dann Staatsgrenze, an der so viele Spionagefilme gedreht wurden. Der Glienicker Park war unser Familienpark, und Marianne gehörte ja jetzt dazu. Damals wurde er von den Leuten noch so gut wie gar nicht besucht. Er lag schon zu weit draußen, an der Mauer, am Ende Berlins. Wir schlenderten durch den Park, vorbei am Schloss, das nach den Angriffen auf Berlin auch eine Art Heim war für kriegsgeschädigte, ausgebrannte, allein stehende Frauen mit Kindern. Wir zogen unsere Kreise, turtelten an einen Baum gelehnt oder im Gras liegend. Ich schnitt ein Herz mit den

Marianne Blomquist, 1967

Buchstaben M und R in eine Buche, oder war's eine Eiche? Und während wir da so lustwandelten, wurde natürlich auch viel diskutiert. Diskussionen, die manchmal in eine Sackgasse führten. Dann lief sie einfach weg, ich stand völlig verdutzt da und sah zu, wie sie rannte und rannte und dann nach einer Weile stehen blieb. Ich konnte nichts anfangen mit solch einer Reaktion, dass plötzlich einer wegrennt, damit musste ich erst lernen umzugehen. Wenn wir nicht umherschlenderten, uns liebten oder stritten, malte Marianne recht viel, kochte unheimlich gut oder schrieb Gedichte. Wir lebten als Pärchen im Langensteiner Weg, in der Wohnung meiner Mutter, was auch okay war, aber allmählich verlor es seinen Reiz. Die Wohnung schlug mir aufs Gemüt, ich wollte weg aus dieser Straße, aus dieser Gegend, weg aus Berlin.

West-Berlin ähnelte nach dem Mauerbau einer Scooterbahn. Man fuhr nur noch im Kreis, bumste sich gegenseitig an, klatschte an die Banden, grinste blöd überlegen und kullerte zurück in die Arena. Die Leute waren auch im Kopf schon ziemlich eingekreist, hysterisch. Ich konnte es nicht mehr ertragen, wollte raus aus dieser eingemauerten Stadt, umgeben von Inselbekollerten. Auch der Quälerei der Brüder aus dem Osten war ich so überdrüssig. Langsam entwickelte ich eine regelrechte Schlagbaumpsychose. Erreichte ich die Grenze, hieß es jedes Mal, nachdem ich von den wachhabenden Grenzkontrolleuren als verdächtig eingestuft wurde: »Fahr'n Se bitte rechts ran!« Ich habe mich all die Jahre gefragt, warum immer ich? Die andern durften durchfahren, die Bürger, die so 'n Kissen auf der Ablage hatten mit eingesticktem Nummernschild oder 'ne umhäkelte Klopapierrolle oder 'n Wackeldackel. Da zeigte sich auch, was das für ein spießiger Verein war da drüben, ebenso spießig natürlich wie hier, aber in der DDR hatte diese Haltung zudem etwas ganz hinterhältig Militantes, das war so 'ne Gulaschkanonenmentalität. Bei allem Mitgefühl, diese Triezerei von den Jungs an der Grenze, ich konnt es nicht mehr ertragen. Einmal passierte ich bei Michendorf den Grenzübergang, der wachhabende Vopo kontrollierte mich, die anderen

Jungs machten sich eifrig an meinem Wagen zu schaffen, die konnten ja im Auto schalten und walten, wie sie wollten. Plötzlich überreichte ihm sein Kollege diensteifrig einen ungeöffneten Brief, den er wohl irgendwo unterm Beifahrersitz hervorgefingert hatte. Dieser Brief war adressiert an meine Freundin, ich fuhr aber schon wochenlang damit umher, hatte ihn vergessen oder wollte ihn auch gar nicht mehr abschicken. Der Vopo hielt mir das Kuvert vor die Nase und sagte nur: »Machen Se den Brief bitte uff.«

»Nein, den Brief mach ich nicht uff, der ist an meine Freundin adressiert und geht niemanden was an.«

»Das interessiert mich überhaupt nicht, machen Se den Brief uff.«

»Nein, den mach ich nicht uff.«

»Den machen Se jetzt uff.«

»Nein, ich mach ihn nicht uff.«

»Se werden den Brief jetzt bitte uffmachen.«

»Nein, ich werde ihn nicht uffmachen.«

»Hören Se uff, mich nachzuäffen.«

»Ich äff Se ja gar nicht nach.«

»Dann machen Se den Brief jetzt bitte uff.«

Diesen Dialog kostete ich so 15 Minuten aus. Die umstehenden Vopos, seine Kollegen, nahmen das sogar belustigt zur Kenntnis. Unsere geistvolle Konversation endete, indem ich endgültig erklärte: »Nein! Ich mache ihn nicht auf! Der Brief geht niemanden etwas an!« und er gelassen, mit einem kalten überlegenen Blick antwortete: »Doch, Se machen ihn uff.« Ich ließ eine kurze Pause und sagte mit leichtem Grinsen: »Okay, mein Freund, jetzt mach ihn auf.« Ich öffnete langsam den Brief und reichte ihn großmütig rüber: »Da …, kannst ihn lesen«, worauf er mich hämisch dienstbeflissen ansah: »Danke, ich will ihn nicht lesen, ich wollte nur, dass Se ihn uffmachen.« Da hätt ich ihm fast in die Fresse gehauen, aber ich ließ davon ab, denn ich sah mich schon in Bautzen bei Graubrot in Ketten. Zur Entlastung meiner Brüder und Schwestern im Osten muss ich allerdings sagen, dass ich im Westen, als die Baader-Meinhoff-Bande gesucht wurde, auch bei jeder Straßenkontrolle herausgeholt wurde, mit dem Bauch an die Autotür gepresst, wie im Krimi, Beine auseinander, die Hände auf'm Dach durchsuchten sie mich nach Waffen. Irgendwie schien man mir immer alles zuzutrauen …

Ab also nach München, auf der Adolf-Hinkel-Bahn durch die DDR. Transitstrecke Berlin-Hof. Das waren die längsten 300 Kilometer meines Lebens. Jedes Schlagloch lebendiges Erbe. Was machten die eigentlich mit den Transitgebühren, wohin wanderte das ganze Geld, fragte man sich. An die Bürger und Bürgerinnen dieses ersten Arbeiter-und-Bauern-Staates auf deutschem Boden wurde es jedenfalls nicht verteilt. Die holperten mit ihren Plastikbombern mühsam durch jedes Loch und wurden zu allem Überdruss auch noch von ihren Brüdern aus dem Westen ausgelacht.

Ende der Sechziger zog es ja jeden Schauspieler, jeden Regisseur nach München. München war Filmstadt, da ging's ab, da saßen die Filmfirmen, wohnten die Regisseure, da gab es Arbeit. Meine nächsten Filme waren bereits vorbereitet oder in Planung. Ich glaube, zwei Jahre waren komplett durchgeplant, und ich brauchte mich eigentlich um nichts zu kümmern, keine besorgten Gedanken an die Zukunft zu verschwenden. George Moorse bereitete einen Fernsehfilm vor, und Peter Lilienthal wartete auch schon. Das ging so ab, ich befand mich im Steilflug … Marianne und ich hatten ein

Einzimmerapartment in der Holbeinstraße bezogen, in der Nähe des Arabellahochhauses mit den berühmten Arabellatonstudios, die damals zu den besten Studios in Europa zählten, in denen sogar die Rolling Stones eine ihrer Platten aufnahmen. Unter uns wohnte der Theaterschauspieler Rolf Boysen mit seinen zwei Söhnen, einer gerade 18 Jahre alt und total verliebt in Marianne, was ich natürlich gar nicht gut fand. Diese Eifersucht ... Alle Männer liebten Marianne, waren sofort begeistert, überhaupt alle Menschen verliebten sich in sie. Ihre offene Art und dieses Lachen, damit schloss sie sich die Herzen auf, für mich hieß das natürlich, ständig auf der Hut zu sein, aufzupassen, dass niemand mir wegnimmt, was ich gerade erst gefunden hatte. So besuchten wir eines Tages einen Schüler des Malers Ernst Fuchs. Der Mann war bei unserem Besuch sofort Feuer und Flamme für meine schwedische Göttin, buhlte und umgarnte sie. Sie ließ ihn gewähren, sonnte sich in seiner Bewunderung, und dann bot er ihr an, sie zu malen, jetzt sofort. Dabei sollte es nur ein kurzer Besuch werden. Ich gab vor, über der Sache zu stehen, täuschte Souveränität vor und schaute mir das Spielchen eine Weile an. Er malte. Sie genoss. Ich litt. Unfähig, mich in dieser Situation weiter zu beherrschen, ging ich raus in die Natur, spazieren. Das Haus befand sich am Rande eines Feldes auf einer leichten Anhöhe. Es war Winter, und vor mir lag eine riesige weiße Fläche. Zunehmender Mond ließ den Schnee glitzern. Ich lief über das verschneite Feld. Eisige Kälte schlug mir entgegen. Langsam wurde mein Kopf wieder freier, und mir wurde bewusst, dass ich mich einmal mehr in einen Eifersuchtswahn hineingesteigert hatte. Man kann einen Menschen nicht besitzen, das war mir klar, und ich wollte natürlich nicht so handeln und denken wie unsere Elterngeneration: mein Mann, meine Frau, mein Kind, mein Besitztum. Das wollte ich auf gar keinen Fall, aber immer wieder brach genau das doch in mir durch. Nach zwei Stunden kehrte ich zum Haus des Malers zurück. In der Dunkelheit sah ich schon von weitem die gelb leuchtenden Fenster. In dieser winterlichen Landschaft strahlte das Haus Gemütlichkeit und Wärme aus. Vor Freude, gleich bei Marianne zu sein, wurde ich schneller, ungeduldiger. Plötzlich schoss etwas Dunkles auf mich zu. Ich erkannte, dass es ein Hund war, ein ausgewachsener Rottweiler. Er war keine fünf Meter von mir entfernt, wollte zum Sprung ansetzen, mich mit seinem Gewicht umwerfen, wollte mir an die Kehle. Ich brüllte, so laut ich konnte, mit meiner Bauchstütze, die ich als Schauspieler beherrsche. Wenn ein Tier dich anfallen will, musst du brüllen, brüllen, so laut es geht, das hatte mir einmal jemand gesagt, und das tat ich nun mit aller Kraft. Der Hund blieb vor mir stehen, ich versuchte, ihn zu beruhigen, redete auf ihn ein, doch er knurrte mich mit gefletschten Zähnen an. Sobald ich eine Bewegung machte, grollte er böse. Nach einigen Minuten, für mich waren es Tage, kam sein Herrchen, ein ganz lässiger Bayer, des Wegs und erwiderte auf meine Empörung: »Na, Sie haben ja hier auch nichts zu suchen.«

»Ich bin zu Besuch bei dem Maler da drüben.«

»Ach so, na ja, da haben Sie noch mal Glück gehabt, weil Sie sich gut verhalten haben bei dem Hund.«

Er zog den Hund weg, und ich ging zu den beiden ins Haus. Der Rottweiler katapultierte mich irgendwie in die Realität zurück. Wie ein Sinnbild meiner Eifersucht erschien mir diese wütende Bestie.

Als wir das Atelier verließen, nahmen wir zwei kleine

Kätzchen mit. Sie lebten von da an mit uns zusammen, und man kann sich vorstellen, was bei uns los war. Wie im Tollhaus hingen die Katzen an den Tapeten. Aber Marianne war mindestens ebenso hingerissen von den beiden, wie der Maler entzückt war von meinem Kätzchen.

»Der Griller« wurde in München gedreht. Regie George Moorse. An meiner Seite Franziska Oehme, Angelika Bender und Nikolas Dutsch. Die Rolle eines ominösen Kommissars spielte Willi Semmelrogge, der Vater von Martin Semmelrogge. Ich war ein Hähnchengriller aus einem Wienerwaldlokal. Ein Typ, der ständig müde war und sich überwiegend von Tabletten, irgendwelchen Koffeinpillen, ernährte. In seiner Wohnung hatte er bis auf eine alte Luftmatratze kein anderes Möbelstück. Jeden Tag pumpte er das Ding auf, das war seine Macke, oder vielleicht hatte die auch ein Loch, das weiß ich nicht mehr. Ein anderer Tick bestand darin, sich aus jedem Kaugummiautomaten Gummitiere, solche spinnenartigen Wabbelteile, zu ziehen. Die verstaute er dann in sämtlichen Taschen und spielte damit. Na ja, wie man sich eben so einen Hippie vorstellte, das war ja die Zeit damals. Luftmatratze, Sonnenblume, Stereoanlage, Gummitiere und zwei Frauen, peng – Ende.

Wenn ich mir rückblickend viele der Drehbücher aus der Zeit des deutschen Autorenkinos vor Augen führe, ist mir klar, warum daraus nichts werden konnte, aber es hat einen Riesenspaß gemacht, und wir dachten, wir würden mit diesen Filmen die Gesellschaft verändern. Na ja …, besser als vieles, was heute in Deutschland gedreht wird, war's allemal.

Marianne war bei den Dreharbeiten zu »Der Griller« immer dabei, was ich sehr mochte, denn sie gab mir Power, aber empfing eben auch diese lodernden Blicke der anderen

Männer, und man begann sich für Mariannes schauspielerische Fähigkeiten zu interessieren. Sie sollte vor die Kamera. George Moorse fragte sie während der Dreharbeiten zum »Griller«, ob sie da nicht auch einmal mitspielen möchte. Das tat sie dann auch, zwar noch etwas schüchtern, aber trotzdem ganz effektvoll.

Ein paar Monate später, der Film war gerade im Fernsehen gelaufen, fuhr ich kurz nach Berlin zu einer Drehbuchbesprechung und Kostümprobe für die nächste Produktion. Es war ein schwülwarmer Großstadttag, die Klamotten klebten mir an der Haut, Abgaspartikel bohrten sich in die Poren. Ich fuhr über den Kurfürstendamm, plötzlich stieg aus dem langen schönen Kühler meines dunkelblauen Daimlers eine Qualmwolke. Der Kühler dampfte, das Wasser brodelte. Schnell ging ich in ein schickes Restaurant gegenüber der Bäckerei Krumme, lief an den Gästen vorbei gleich durch in Richtung Küche, wo ich um Wasser bitten wollte. Fünf oder sechs Köche hantierten geräuschvoll mit Töpfen, Pfannen und Kesseln, sahen mich hereinkommen und riefen wie aus einem Munde, »Mensch, der Griller«. Der Film hatte also gesessen. Ich war auf dem Wege, auch die Herzen der Fernsehzuschauer zu erobern.

Das Apartment in der Holbeinstraße wurde uns bald zu eng. Ich hatte keinen Raum, um meine Texte zu lernen. Die Katzen bekamen Junge. Aus zwei Siamkatzen wurden vier. Außerdem verdiente ich jetzt genug Geld. Wir zogen um in eine Villa in München-Bogenhausen. Die gehörte einem Schriftsteller, der sich die meiste Zeit am Mittelmeer aufhielt, wo er ein weiteres Anwesen besaß. Nebenan wohnte Michael Holm und ringsherum die Schönen und Reichen. Das Haus hatte zwei Etagen mit herrlich großen Zimmern.

Ich mietete die untere, das Souterrain, was den Vorteil hatte, dass die Mäuse direkt von der Wiese zu uns ins Wohnzimmer kamen und Rock 'n' Roll tanzten. Nun waren ja mittlerweile vier Katzen im Haus, das nützte aber gar nichts. Diese Siamkatzen waren so unglaublich dekadent. Ich lag auf dem Teppich und hörte Musik, Jimi Hendrix, rechts und links die Boxen. Plötzlich sah ich eine Maus quer durchs Zimmer tänzeln. Zwei meiner Katzen spielten Domino, die dritte saß und trocknete sich ihre lackierten Krallen, die vierte blätterte erschüttert in der »Bunten«. Die Maus wusste genau, was da abgeht, die beeilte sich gar nicht. Die Katzen haben nicht mal im Traum daran gedacht, ihr auch nur den kleinsten Schrecken einzujagen, geschweige denn, sie zu fressen. Das sprach sich natürlich rum in Bogenhausen, klar, es war ja schön weich und warm bei uns, solche Katzen hatte ich. Zu unserer Wohnung gehörten noch drei weitere Zimmer, eine große Terrasse, Garten und ein Swimmingpool. Im oberen Stockwerk der Villa war die etwas kleinere Wohnung des Hauseigentümers, in der Garage stand ein roter Cadillac, Baujahr '58, und da sich unser verehrter Hauseigentümer, wie gesagt, vorwiegend im Süden aufhielt und Liebesromane schrieb, habe ich ihm seinen Cadillac abgeschwatzt, und als der kommende Film- und Fernsehstar hatte ich auch keine Probleme, das Ding zu bekommen.

Für meine nächste Produktion ging es nach Jugoslawien. Dort sollte ich »Tramp oder der einzige und unvergleichliche Lenny Jacobsen« unter der Regie von Peter Lilienthal mit Vadim Glowna an meiner Seite drehen. Ich fuhr mit meinem Auto zum Drehort, in dem wie immer alle wichtigen Sachen lagen: Gegen Regen hatte ich Regenzeug dabei, gegen Schnee Schneezeug, gegen zu viel Sonne ein Schirmchen und eine Liege, und war es windig, gab es eine Windjacke. Alles war im Auto, auch Marianne, mein schwedisches Mädchen. Wir befanden uns ja noch auf dem Höhepunkt unserer Liebe. Es war erst ein knappes Jahr her, dass wir uns begegnet waren.

Von München fuhren wir über den Brenner, es war wunderbar, die gewundenen Straßen hochzupirschen und sich beim Herunterfahren in die Kurven fallen zu lassen. Sobald wir auf der italienischen Seite ankamen, war die Luft schon ganz anders, viel weicher, viel sinnlicher, wir hatten den Cappuccino-Duft in der Nase und freuten uns auf den ersten Halt und die erste Tasse Kaffee. Es ging vorbei an Treviso, durch Triest mit seinem melancholischen Charme, über die jugoslawische Grenze und schließlich zu einer kleinen Bucht, in der Nähe von Opatija. Ein verträumtes Fischerstädtchen, ganz alt, nur ein einziges modernes Hotel direkt unten am Hafen. Von Anfang an hatte ich es bei Dreharbeiten vorgezogen, anderswo als das Team zu übernachten, auch wenn die Produzenten darüber nicht gerade begeistert waren. Ich bat immer darum, mir etwas Schönes zu suchen, wollte in keinem großen, neuen Luxushotel einquartiert werden. Abgesondert wohnte ich meist in kleinen Häusern, Hotels oder Apartments; hier in Jugoslawien war es eine 70 Jahre alte Holzvilla mit wenigen Räumen, geschmackvoll in ein Hotel verwandelt. Mein Zimmer hatte Meerblick und eine große überdachte Veranda aus Holz. Auf dieser verbrachten wir die Abende, schauten aufs Meer in die untergehende Sonne. Durch die Freundin des Kameramanns Gerard Vandenberg, die bekannte Schlagersängerin Dunja Raiter, hatten wir während der Dreharbeiten engen Kontakt mit den Einheimischen. Sie kam aus Zagreb, und jeder erkannte sie auf der Straße. Das war eine schöne Bereicherung, denn durch Dunja lernte ich in den Kneipen und Cafés interessante Menschen kennen, ich genoss es, mit ihnen zusammen zu sein, gemeinsam zu essen, zu trinken und radebrechend, gestikulierend herauszufinden, was der andere meinte. Aus Höflichkeit musste ich mit den Jugoslawen immer Slibowitz trinken, die Strafe ereilte mich dann am nächsten Morgen, denn Alkohol habe ich nie vertragen und entsprechend auch nie viel getrunken.

Die Dreharbeiten fanden im Spätsommer statt, Ende August, und wir filmten fast nur in der Natur oder in alten Häusern aus großen Feldsteinen. Einmal saßen Vadim und ich auf einer fünf oder sechs Meter hohen alten Eckmauer, die ein Waldstück von einer Straßenkreuzung abgrenzte. Der Drehort befand sich direkt auf der Kreuzung. Kameraschienen wurden gelegt, die Scheinwerfer eingerichtet, es dauerte, und wir saßen rauchend auf der Steinmauer, entzündeten Streichhölzchen, ließen sie ins Unterholz segeln und warteten darauf, dass eines der Flämmchen bis hinunter auf den trockenen Waldboden brennen und sich dann dort langsam ausbreiten würde. Endlich, nach einer Viertelstunde, gelang es uns: Ein Streichholz hielt durch, und das Feuer begann zu glimmen. Es schwelte ein wenig, etwa auf fünf Quadratmetern, aber das Team hatte noch nichts mitbekommen. Die anderen waren zirka 50 Meter entfernt und schwer mit den Drehvorbereitungen zugange. Allmählich vergrößerte sich die Brandstelle auf 20 Quadratmeter, war jedoch verdeckt durch die Mauer, auf der wir saßen. Immer noch fanden wir das ganz lustig, bis der Produzent plötzlich mit wildem Gebaren und schreiend mit einem Feuerlöscher aus seinem Opel Senator sprang, unser schönes kleines Feuerchen löschte und uns wie zwei dumme Schüler verwarnte. So ähnlich hatten wir uns zwar benommen, aber mit ein bisschen mehr Humor hätte man das Feuer bestimmt auch löschen können …

Während der Dreharbeiten hielt sich natürlich Marianne Blomquist oft am Drehort auf. Peter Lilienthal, der mich sehr mochte, war ein wenig eifersüchtig auf Marianne, besetzte sie aber in einer kleinen Rolle als Krankenschwester in einem psychiatrischen Klinikum. Seine Eifersucht ließ er an mir aus; bei diesem Film hatte ich zum ersten Mal den Eindruck, dass er mich quälen wollte. Er hatte mir zwar viel beigebracht und war ein großer, großer Meister, aber irgendwann hatte ich dann doch mal die Schnauze voll. Wie ein Skulpteur meißelte er an mir rum. »So, jetzt heb mal den Arm noch zwei Zentimeter nach oben«, und dann griff er an mein Kinn und schob es einen Zentimeter nach links. Kaum fingen wir an zu drehen, kam er wieder und schob das Kinn zwei Zentimeter nach rechts, und genau so eingerichtet sollte ich spielen. Aber in dieser Körperhaltung konnte kein Mensch spielen. Außerdem nörgelte er an meinem Text rum. Ich sagte nur: »So, Peter Lilienthal, jetzt reicht's! Du kannst Vadim meinen Text geben, der kann den sprechen.« Das passierte allerdings erst nach einer Stunde. So lange hatte ich mich schon quälen lassen, aber dann, bei allem Respekt, war's mir doch zu dämlich, und ich verabschiedete mich vom Dreh, zog mich in mein kleines Hotel zurück und ließ mich erst nach einer guten Weile wieder dazu bewegen weiterzudrehen. Von da an war Peter Lilienthal ein bisschen weniger kritisch, vielleicht auch ein bisschen weniger eifersüchtig. Nach Beendigung dieses Films ging es zurück nach München. Es blieb nicht viel Zeit, denn George Moorse steckte schon mitten in den Vorbereitungen zu dem Streifen »Liebe und so weiter«, den ich noch im selben Jahr, 1968, drehte. Vadim Glowna hatte mich in Jugoslawien darum gebeten, ihn mit George Moorse, der inzwischen mein Freund geworden war, bekannt zu machen, denn er wollte gerne einmal in einem Kinofilm mitspielen. Glowna kam vom Theater und hatte außer ein paar Filmen mit Peter Lilienthal noch nicht viel gedreht. Ich machte die beiden also bekannt, und Vadim brachte zu der Verabredung auch gleich Vera Tschechowa mit, die er gerade kennen gelernt hatte. Im nächsten Film gab es vier Hauptrollen, Vadim und ich übernahmen die männlichen Parts, und Vera Tschechowa bekam eine der weiblichen Rollen. Vera und Vadim, beide sehr verliebt, spielten dann auch im Film ein Liebespaar, ein ganz bürgerliches Pärchen, das passte genau. Ich spielte einen Revoluzzer mit Bart, meine Partnerin war Claudia Bremer, die Frau des Münchner Filmproduzenten Rob Houwer. Eigentlich war sie keine Schauspielerin und wollte auch gar keine sein, hatte bisher nur einen oder zwei Filme gemacht. Aber sie spielte großartig. Hans W. Geißendörfer, später Erfinder und Produzent der »Lindenstraße«, war unser Regieassistent. Jahre danach spielte ich unter seiner Regie in der Zauberbergverfilmung.

Eines Tages rief mich Dirk, einer meiner Freunde aus der Autobranche, an. Ihn kannte ich noch aus meiner Schauspielschulzeit in Berlin. Damals war er Verkäufer und Betreuer der französischen Automarke Peugeot und arbeitete in einem Autosalon am Kurfürstendamm. Der Knabe war im Sternzeichen Skorpion geboren, immer triebhaft, glücklich verheiratet und hatte zudem eine Geliebte. Ich hatte ihm und seiner Freundin oft meine Berliner Wohnung im Langensteiner Weg überlassen und als Gegenleistung seinen Porsche Super 90 bekommen, dunkelblau mit hellgrauen Ledersitzen. Während er sich mit seiner Geliebten in meiner Wohnung amüsierte, tourte ich vergnügt durch die Stadt, fuhr vorüber an Szenekneipen, Cafés, Diskotheken, mitten durch die interessanten Viertel in Kreuzberg, kurvte immer schön langsam vorbei an den Ecken und Plätzen, wo im Sommer Leute standen und guckten, reine Angebertour eben. Aber ich bin mir sicher, ich hatte mindestens so viel Spaß mit dem Wagen wie Dirk mit seiner Geliebten.

Dirk rief mich also an und sagte: »Du, ich hab den ganz neuen Porsche 911, rot, Schiebedach, der, mit dem ich schon zwei Rennen gefahren bin. Wenn du ihn haben willst, komm ganz schnell vorbei, sonst ist er weg.« Dieses Modell war erst seit ein paar Wochen im Handel und fast wie ein Rennwagen getunt, mit breiten Reifen und Schiebedach und zu diesem Zeitpunkt mein Traumauto schlechthin. Es gab davon nur ganz wenige in Deutschland. Ich hatte ein bisschen Geld verdient und dachte: Dann lass ich's jetzt mal krachen, steckte eine größere Anzahlung ein, so ungefähr die Hälfte, den Rest würde ich später zahlen. Ich wusste, dass ich bei meinem nächsten Film, der in Spanien gedreht wurde, einen Sportwagen fahren sollte, und dachte natürlich sofort daran, den Wagen an die Produktion zu vermieten, was dann auch klappte, denn die waren wahnsinnig heiß auf das Auto. Zwei Tage später hatte ich dieses Vieh, diese rote Hornisse, unterm Arsch und prügelte das Tier innerhalb der folgenden fünf Tage, 1 000 Kilometer jeden Tag, von Berlin nach Stockholm, weiter über Hamburg, Hannover, Aachen, Köln, Paris, Biarritz, San Sebastian nach Madrid, wo man mich schon erwartete. Dort sollte ich die Hauptrolle in der deutsch-spanischen Produktion »Cantando a la vida« (1968) spielen. Mein ehemaliger Nachbar aus dem Langensteiner Weg in Steglitz, Manfred Durniok, der inzwischen seine eigene Filmproduktion hatte, war Co-Produzent. Gedreht wurde in Madrid und Muchacca an der Costa del Sol, unweit von Almeria. Ich, im Porschefieber, zog die Baskenmütze in die Stirn über die vielen langen Locken, und ganz in Leder, in meiner geilen schwarzen Motorradjacke aus Hamburg-Pöseldorf, die mir Jil Sander damals abschwatzen wollte, mit Turnschuhen und leichtem Reisegepäck ging es mit dem funkelnagelneuen Porsche auf Tour. Erst mal Richtung Schweden, denn Marianne war krank und ließ sich zu Hause in Stockholm von ihrer Mutter kurieren. Um meine Fähre zu erreichen, musste ich das erste Rennen mit dem Wagen fahren. Das Fährschiff hatte schon begonnen, den Anleger zu heben, die Plattform senkte sich aber noch einmal, und wie so 'n Stuntman in einem Actionfilm gab ich Gas und landete in letzter Sekunde auf der Fähre, bevor die Rampe endgültig nach oben ging. Die Passagiere applaudierten und bestaunten mein rotes Autowunder. In Schweden ging es im gleichen Stil weiter. 130 km/h Höchstgeschwindigkeit, die von jedem Skandinavier auch strikt eingehalten werden, bescherten mir freie Bahn, und ich flog 220 km/h auf der Autobahn, verfolgt von Hubschraubern der schwedischen Polizei. Doch jedes Mal, kurz bevor sie mich erreichten, bremste ich mit den Gängen ab, und wenn sie genau über mir dröhnten, war ich runter auf 130 km/h. Die Hubschrauber kreisten dann noch eine Weile auf gleicher Höhe, drehten dann ab, und ich natürlich sofort volle Flamme, bis sie sich von neuem näherten. In Stockholm nahm ich meine schwedische Prinzessin in die Arme, sprach ihr Mut zu und begab mich am folgenden Tag wieder auf die Piste.

Auf dem Weg zurück nach Deutschland fuhr ich kurz runter von der Autobahn, hielt an einem der kleinen Seen, setzte mich ans Ufer und genoss die Ruhe. Neben mir im Gras der Porsche, um uns herum das Zirpen der Grillen, das Zwitschern der Vögel, das lüsterne Surren der Mücken – eine unvergessliche Rast, aber lange konnte ich's nicht aushalten, die rote Rakete dampfte und glühte und tickte. Ich musste weiter … fahren, fahren, fahren. Von Hamburg ging es dann im Direktflug nach Paris. Die gefährlichen Kampfhandlungen deutscher Autobahnkrieger hinter mir lassend, konnte ich mich in Frankreich ganz dem Fahrvergnügen widmen. Die spontane Reaktion der Franzosen auf diesen Porsche war echte Bewunderung. Ich war im Land der Racer: Bernard, dessen Todesflug über die steile Nordkurve der Avus ich miterlebt hatte, dann Jean Alesi, Alain Prost, Jacques Lafitte, und wie sie alle heißen. Schließlich kamen aus Frankreich auch die berühmten Kaskadeure, Autoartisten, die überall in Europa auftraten, in vielen Filmen ihre halsbrecherischen Autokunststücke vollführten. Die Franzosen, ein Volk von Autobesessenen. Hielt ich an Tankstellen, bildeten sich immer Pulks Interessierter, denn dieses Porschemodell war ja ganz neu, und die Menschen umringten begeistert, schwärmend und voller Freude mein rotes Auto. In Paris angekommen, fuhr ich kurz zu meinem Freund Roland, einer von den eleganten Gesetzesbrechern aus Hamburg, der inzwischen hier lebte. Er war verheiratet mit der Tochter eines brasilianischen Kaffeeplantagenbesitzers, eine zickige, schwerreiche Partie, aalte sich im Mammon und tat nichts weiter, als die Wünsche seiner zickigen, schwerreichen Frau zu erspüren. Jahre später traf ich ihn wieder, er wohnte noch immer in Paris, war inzwischen aber mit einer Französin verheiratet, zwei Kinder, zwei Herrenboutiquen. Von Paris ging es weiter über Bordeaux nach Biarritz. An den Dorfausgängen erwarteten mich immer schon die Jungs mit ihren frisierten Renaults, Peugeots oder Simcas, bereit für ein Rennen bis zur nächsten Ortschaft, zur nächsten Tankstelle. Diese kleinen Rennen waren ein Hochgenuss. Die Jungs spielten mit mir, ich spielte mit ihnen. Sie fuhren vor, ich holte sie mir, ließ sie wieder rankommen, überholen, folgte ihnen, sie waren im Vorteil, kannten die Strecken, die Kurven, aber ich hatte das schnellere Auto mit den besten Bremsen. Dieser Wagen war eine Droge, faszinierend die Kraft und Elastizität des Motors, dieses schnelle Ineinandergreifen der Gänge, berauschend diese Perfektion. Das Adrenalin kochte ständig oben am Deckel, brodelte. Nachts kam ich in Biarritz an. Eine wunderschöne Luxusstadt, eine Stadt der Reichen und Schönen, mit Palmen, Fontänen, prunkvollen Villen, eleganten Geschäften, dazwischen das südliche Treiben in Caféhäusern. Biarritz war noch ganz groß zu dieser Zeit und hatte nicht diesen Pauschaltouristencharme. Verzaubert von der Stimmung des Lichts, dem Plätschern der Brunnen, den jammernden Zikaden, fuhr ich ins Hotel »Ritz«. Vergnügt registrierte ich die Reaktion des Portiers, der mich freundlich, zurückhaltend erwartete, als ich die prächtige Auffahrt zum Hotel hinauffuhr. Er öffnete mir die Wagentür und taxierte etwas verwirrt mein Outfit, während ich über den weichen Teppich zur Rezeption schritt, als hätte ich mein Leben lang nichts anderes gemacht. Ich bezog eine kleine Suite mit Blick auf Park und Swimmingpool, schlief eine traumhafte Nacht in seidener Bettwäsche, frühstückte fürstlich auf meiner großen Terrasse, nahm ein ausgiebiges Bad, veredelt mit Mandelblütenöl, verstaute die für mich typischen Souvenirs, ein Badetuch, Badelatschen und einen Bademantel mit der im Brustbereich filigran eingestickten Aufschrift »Ritz«, in meiner Tasche und setzte ausgeruht die Fahrt in Richtung Madrid fort.

Spanien war zu jener Zeit noch fest in den Händen Francos. Direkt hinter der französischen Grenze spürte ich schon die unangenehme Atmosphäre, die Diktaturen verbreiten, überall wimmelte es von Polizei. Bis Madrid fuhr ich nur einsame Landstraßen, keine Autobahnen, ich durchquerte verlassene Gegenden, rechts und links Sierra, glühende Hitze, Trockenheit, wenige Pflanzen, keine Bäume, struppige Büsche im staubigen Sand. Die Fahrt ähnelte mehr einem Wüstenritt. Am Weg lag das Dorf, in dem Pablo Picasso, der große Maler, einige Jahre gelebt und gearbeitet hatte. Von außen wirkte es hässlich, unscheinbar. Ich fuhr hinein: ein kleiner Dorfplatz, in der Mitte ein Brunnen, drum herum Häuser mit Schatten spendenden Laubengängen, Arkaden, versteckt dahinter die Eingänge zu Lokalen, kleinen Geschäften, alles aus Holz, uraltem Holz, von der Trockenheit gezeichnet. Die alten Platanen auf dem Platz spendeten eine ungeheure Kühle. Noch nie hatte ich eine so konzentrierte Hitze erlebt, der Körper ausgetrocknet, nach Flüssigkeit schreiend, nur meinem Porsche ging es gut, Kühlwasser brauchte der nicht. Das Ziel rückte näher, die letzte Etappe lag hinter mir, und ich erreichte Madrid. Wie immer, wenn ich eine Stadt nicht kenne, ließ ich ein Taxi vorfahren und folgte mit meinem Wagen. Wir fuhren zur Filmproduktionsfirma, die ihr Büro unweit des Apartmentturms Torre de Madrid hatte. Der Taxifahrer, der mir diesmal half, war besonders lustig. Bei jeder Frau, die er rechts oder links auf dem Bürgersteig erblickte, begann er ein wildes Hupkonzert. Er verlangsamte die Fahrt bis zum Stillstand und rief den Frauen zu: »Hola guapa!«, »Hola bonita!«. Ich, hinter ihm, schaute mir die Frauen auch an und bekam Lust auf ein Weib, Tapas und einen Café lecche. Die ersten Nächte in Madrid verbrachte ich in einem hochherrschaftlichen, hundert Jahre alten Fünfsterneluxushotel, in dem die Produktion für mich eine Suite gemietet hatte. Mein Porsche wurde in die Box geführt, erschöpft fiel ich in die Wanne. Das in den breiten Rand meiner Marmorwanne eingelassene Telefon klingelte. Ich hob den Porzellanhörer von der goldenen Gabel, und es meldete sich Ricardo: »My name is Ricardo.« Ricardo war Spanier, sein Vater der spanische Regisseur de Herredia, was mir später noch helfen sollte. Für die Zeit der Dreharbeiten war Ricardo mein Dolmetscher. Massiel, meine spanische Filmpartnerin, sprach Englisch. Also wurde in Englisch gedreht. Deutsch konnte niemand, der Regisseur Angelino Fons ohnehin nicht. Der sprach außer Spanisch nur drei Worte Englisch: »Ai lakk itt.« Ich bat Ricardo, nach oben zu kommen, und als er vor mir stand, schmunzelten wir uns an und waren sofort Amigos. Ricardo wurde mein Übersetzer, Fremdenführer, Kumpel und Medizinmann, er begleitete mich durch Madrid, zeigte mir die interessanten Plätze und überraschte mich mit wunderbaren, frischen spanischen Heilkräutern.

Am nächsten Tag ging es in die Produktion. Ricardo, ich und mein roter wilder Hengst. Das Auto war etwas Besonderes, ganz Madrid stand Spalier für den Wagen. Nur der Neid, der ab und zu durchschimmerte, war mir unangenehm, den hatte ich nicht erzeugen wollen. Von der Produktion ging es zum Friseur, ein kleiner, gemütlicher, alter Salon, wenige Stühle, vier Spiegel, schon leicht angelaufen. Der Friseur schien wie aus der Oper »Der Barbier von Sevilla«. Seine Oberlippe dekorierte ein fein gezwirbeltes Menjoubärtchen, die letzten schwarz getönten Haare, die der Mitte seines Hinterkopfes entsprangen, hatte er mit Haarwachs und duftenden Essenzen zu einer feinen langen Schnur gesponnen, die, gegen den Strich gelegt, das große spanische Schädeldach streng in zwei schöne polierte Hälften spaltete und in einer schwungvoll gedrehten Locke endete, die steif gewachst mitten auf seiner ausdrucksvollen Stirn klebte und seinem operettenhaften Antlitz den i-Punkt aufsetzte. Flink und meisterlich kürzte er mir das Haar, so schnell, dass ich erschrak. Das tat schon weh, meine schönen langen schwarzen Locken auf den alten gemusterten Kacheln des spanischen Friseurs liegen zu sehen, doch das Drehbuch wollte es so.

Massiel, meine spanische Filmpartnerin, Siegerin des Grand Prix Eurovision de la Chanson 1968 mit ihrem La-La-La-La-La-La-La-La-La-La-La-La-La-La-La-La-La-La-Lied, wurde nach dem Wettbewerb im ganzen Land als Riesenstar gefeiert. Angelino, mein Regisseur, Drehbuchschreiber von Carlos Saura, immer politisch engagiert, mochte sie nicht so sehr, ja empfand sie sogar als Fehlbesetzung, aber die Produktion hatte sie ihm ihres Marktwertes wegen aufgezwungen. Er wollte einen Film machen, der in die Herzen ging und nicht nur die Kassen füllte. Der Streifen handelte von der Aufdeckung eines Nazi-Syndikats, in das die weibliche Heldin verstrickt war. Anfangs noch ziemlich kritisch und mutig, schlug sich Massiel während der

Filmarbeiten mehr und mehr auf die Seite des spanischen Produzenten, der aus Angst vor der Filmzensur immer vorsichtiger wurde. Angelino hatte eigentlich den Anspruch, gewisse Zustände in seinem Land zu zeigen, war sich dabei der Gefahr bewusst, als Regisseur nicht regimekonform zu sein. Er wurde ausgebremst, und am Ende kam dann doch nur einer der üblichen Eiapopeia-Filme heraus. Auch das Team stand ziemlich unter Druck, jeder war vorsichtig, darauf bedacht, was er sagte, was er tat. Nicht immer drohte die Verhaftung, aber jeder wusste um das Risiko, den Arbeitsplatz wegen einer kritischen Bemerkung zu verlieren. Ich merkte das in vielen Situationen. Als wir eines Abends eine Drehpause einlegten, weil eingeleuchtet wurde, saß ich entspannt und stolz in meinem Porsche, schaute in den Sternenhimmel und ließ den Text durch meinen Kopf gleiten. Plötzlich höre ich das Rieseln eines Wasserstrahls am rechten Kotflügel. Der Kameraassistent, ausgerechnet der mit dem langen Zopf, dieser offene, tolerante Typ, pinkelte gegen mein Auto. Die Herumstehenden lachten, dachten wohl, jetzt steigt der Deutsche aus und schreit rum. Aber den Gefallen tat ich ihnen nicht. Ich startete, fegte vom Platz und ging irgendwo in Madrid, in einem der zahllosen Nachtcafés, einen Kaffee trinken, fuhr zur Tankstelle und spülte die spanische Pisse ab, und irgendwann, nach gut einer Stunde, fuhr ich dann wieder zurück zum Set. Ich wusste, alle waren sicher total aufgeregt, denn wenn der Produzent davon erfuhr, hätte das Konsequenzen gehabt. Als ich zurückkam, bemerkte ich, wie unterdrückt die Leute waren, wie verhuscht sie sich verhielten aus Angst, den Job zu verlieren. Der Typ entschuldigte sich viel zu devot, und alle waren erleichtert, dass auch ich über den Vorfall lachen konnte.

Nach zwei Wochen Dreharbeiten hatten wir unsere Aufnahmen in Madrid beendet. Das Team war total übermüdet, trotzdem sollten wir gleich weiter zum nächsten Drehort, die Produktion wollte Zeit sparen. Wir stiegen also in die Autos, und nachts ging es in Richtung Almeria, zirka 300 Kilometer südlich von Madrid. Der Drehort hieß Muchacca, nur wenige Kilometer von Almeria entfernt, direkt an der Küste. Ricardo saß neben mir und grummelte, weil er mein Auto fahren wollte, aber nicht durfte, denn ich war viel zu gierig, das Ding selber zu chauffieren. Mein Porsche war mein Hengst, niemand durfte ihn reiten. Wir fuhren mit geöffnetem Schiebedach durch die spanische Nacht. Ricardo drängelte ab und zu, aber ich ließ mich nicht darauf ein, wenn einer den Porsche kaputtfahren musste, wollte ich das selber sein. Ich spürte die Müdigkeit, es war schon weit nach Mitternacht, die Straßen waren leer. Rechts und links im Lichtkegel der Scheinwerfer rötlich steiniger Boden, die Fahrbahn ganz eben, hingestreckt, wie in die felsige Umgebung gemeißelt und mitten auf der sonst glatten Geraden eine Kurve, eine Linkskurve, die durch einen riesigen Felsen führte. Mit gut 140 km/h steuerte ich in die Kurve, kein Problem, der Wagen lag satt auf der Straße. Doch plötzlich, mitten in der Kurve, ein Eselskarren ohne Rücklicht. Ich riss das Lenkrad herum, verriss es, kam von der Straße ab, drehte mich einmal um die eigene Achse, wollte erst in die Gegenrichtung zurück, wie ich es gelernt hatte. Von dort sah ich aber zwei Autoscheinwerfer näher kommen, riss das Auto also noch einmal herum, ließ es praktisch fliegen und knallte mit dem Heck, in dem ja beim Porsche der Motor sitzt, an die Felswand. In der Drehung nahm ich noch zwei Kilometersteine mit und landete schließlich halb in einem kleinen

Wassergraben, der sich parallel zum Berg entlangzog. Der Motor war zur Hälfte herausgerissen, aber Esel und Bauer gerettet … Ich hörte das leise Sprudeln von Benzin, die Benzinleitung war irgendwo gebrochen. Da ich das Auto etwas verkantet hatte, um nicht frontal gegen den Felsen zu knallen, ließ sich die Tür auf meiner Seite nicht mehr öffnen. Ricardo hing stumm vornüber, den Kopf auf der Brust. Mein erster Gedanke war: Genickbruch! »Ricardo, was ist passiert? Geht's dir gut, ist dir was passiert?« »Alles okay, aber my head, my head …« Puh, er hatte sich nur den Kopf angeknallt und eine leichte Gehirnerschütterung. Wir hatten uns ja nicht überschlagen, nur gedreht, ich spürte in meinem Rücken, unten an der Wirbelsäule, ein leichtes Stechen, aber in dem Moment war das unwichtig. Wir mussten schnell raus aus dem Auto, die Gefahr, dass der Wagen sich entzünden konnte, schoss mir blitzartig durch den Kopf. Ich krabbelte über Ricardos Schoß und versuchte, die Tür aufzudrücken. Ricardo konnte sich nicht bewegen, stand noch zu sehr unter Schock. In diesem Moment kam hinter uns der Wagen zum Stehen, dessen Scheinwerfer mich daran gehindert hatten, den Wagen in die entgegengesetzte Richtung zu lenken und ihn damit zu retten. Wer erschien? Der Kameraassistent, der Pisser, der inzwischen mein Freund geworden war. Er half sofort, zog Ricardo aus dem Wrack, und wir fuhren in seinem Wagen ins nächste Dorf zur Polizei, die mich dann sogar wieder laufen ließ. Das war nicht selbstverständlich zu dieser Zeit, aber immerhin war ich irgendwie ein Filmstar aus Deutschland, und meine Partnerin war Massiel, der Star aus Spanien, die auf allen Titelseiten der bunten spanischen Klatschblätter abgebildet war, und auch Ricardos Name half. Sein Vater war schließlich ein berühmter Regisseur. Ziemlich benebelt ging es dann im Auto des Assistenten weiter nach Muchacca, ein kleiner Ort, wie angeklebt an einen riesigen Felsen. Durch die schnellen Drehungen und harten Aufschläge an der Felswand war ich total durchgeschüttelt und nur bedingt einsatzfähig. Die ersten Tage trugen mich zwei starke spanische Filmmänner auf einer Bahre durch den Ort zu dem jeweiligen Platz, wo gedreht wurde. Mir war noch tagelang schwindelig, und ich hatte beim Laufen starke Gleichgewichtsstörungen. Dieser Unfall sollte mein Leben verändern, aber das wusste ich in diesem Moment noch nicht.

Nach Ende der Dreharbeiten flog ich zurück nach München. Der Porsche war im Arsch, nicht mehr zu retten. Das Wrack holte der ADAC nach Deutschland. Genau zur richtigen Zeit rief mich dann Petrus Wandrey, mein Freund aus Hamburg, an. Er hatte einen 220 SE Coupé, Baujahr '56, hellblau mit grauen Ledersitzen, ein wunderschönes Exemplar, der aber leider nur noch einen halben linken Kotflügel hatte. Ein Scheinwerfer hing lose herunter, drum herum war das Blech eingedellt, nach innen gebeult, nicht mehr funktionstüchtig. »Komm her, den kannste gleich mitnehmen«, meinte Petrus. Also ab nach Hamburg. Er überließ mir den Wagen sehr billig, da er sich gerade ein Porsche Cabriolet gekauft hatte und den Mercedes schnell loswerden wollte. Zurück nach München fuhr ich über Berlin. Im Kofferraum meine Tüten mit all den wichtigen Sachen, die ich immer mit mir rumtrage, unter anderem eine große Rolle Gafferband, ein Klebeband, das die Bühnenmenschen beim Film, die Beleuchter und Kameraassistenten benutzen. Ein echter Allroundkleber, und alles zu kleben war ja schon immer eine Marotte von mir. Es wurde langsam schummrig, und ich machte eine kurze Pause auf einem Rastplatz, als sich ein Streifenwagen mit zwei Beamten meiner annahm: »Na, was machen Sie denn jetzt mit diesem Fahrzeug?« »Ja, eigentlich, ich meine ...« »Wenn Sie jetzt weiterfahren, dann halten wir Sie an und ziehen den Wagen aus'm Verkehr.« Ich sagte nur: »Ja gut, mir wird schon was einfallen.« Im Kofferraum lagen noch ein paar Tageszeitungen, und so formte ich einen halben Kotflügel aus Hamburger Abendblättern, füllte mit Papierballen die eingebeulten Stellen aus und überklebte alles mit Gafferband. Zum Schluss setzte ich die Lampe ein, die sogar brannte, zwar mit kürzerem Ausfallwinkel, aber es funktionierte. Zu meiner großen Freude fand ich noch eine Lackdose in passender Farbe, Petrus Wandrey musste wohl auch schon mit dem Gedanken gespielt haben, das Auto zu reparieren. Ich nahm die Dose und besprühte den Kotflügel, die Farbe war gerade aufgetragen, da rollte die Polizei wieder an. »Ja, wie denn, wie haben Sie das denn gemacht, das is ja grrrooooßartich.« Ich erklärte ihnen meine Bastelarbeit, die beiden beglückwünschten mich zu meinem reparierten Wagen, ich fuhr weiter nach Berlin und einige Tage später zurück nach München in meine Bogenhausener Villenetage, in der Marianne, die genesen aus Stockholm zurück war, schon sehnsüchtig auf mich wartete.

Im gleichen Jahr, 1968, unternahm ich mit der Verfilmung des Romans von Eric Malpass »Morgens um sieben ist die Welt noch in Ordnung« einen Ausflug in Opas Kino. Der Regisseur war Kurt Hoffmann, einer der großen Unterhaltungsmeister der 50er und 60er Jahre, bekannt unter anderem durch Filme wie »Spukschloss im Spessart« mit Liselotte Pulver und den beiden Komikern Wolfgang Neuss und Wolfgang Müller. Ich spielte einen Studenten mit Bart, und daran erinnere ich mich noch sehr genau, denn ich hatte bis zu diesem Zeitpunkt in meinen Filmrollen erst zwei Mal einen Bart getragen. Mit meiner damaligen Kollegin Diana Körner tourte ich im Citroën 2CV durchs Bild. Werner Hinz und Agnes Windeck spielten auch mit. Während eines Aufnahmetags wurde mir plötzlich bewusst, dass ich nicht gut war. Ich war vollkommen aus dem Rhythmus, bremste und unterbrach. Für gewöhnlich darf sich das bei Dreharbeiten nur der Regisseur erlauben. Alle starrten mich entsetzt an: Wie konnte ich das wagen, ein Schauspieler, ein Eleve noch … Kurt Hoffmann sah mich an. »Warum unterbrechen Sie die Aufnahme?« Und ich: »Ja haben Sie das denn nicht gemerkt, ich war völlig daneben.« »Ach so«, sagte er, »beim Jungfilm ist das jetzt wohl so üblich.« Worauf ich erwiderte: »Ja, ich weiß nicht, ob man das da so macht, aber ich weiß auf jeden Fall, dass ich es mache, wenn ich schlecht gespielt habe … und ich gucke auch durch die Kamera, um zu sehen, wo ich da stehe, um mich zu informieren, um zu lernen …« Das ganze Team hielt den Atem an. Kurt Hoffmann aber reagierte ganz anders, als alle es erwartet hatten. Er sagte nur leise: »Na gut, dann probieren wir das jetzt mal anders, und Sie versuchen, Ihren Rhythmus wieder zu finden.« Von da an durfte ich auch bei ihm unterbrechen, wenn es nicht gut war. Eine neue Errungenschaft in den alt eingefahrenen Gepflogenheiten.

Die Filmarbeiten fand ich sehr spannend und auch lustig, und geschadet hat es mir überhaupt nicht, im Gegenteil, wieder etwas dazugelernt. »Wenn süß das Mondlicht auf den Hügeln schläft« war der Titel des zweiten Teils, in dem ich auch mitspielte, diesmal unter der Regie von Wolfgang Liebeneiner. Mein Ausflug ins Unterhaltungskino wurde mir

»Wenn süß das Mondlicht auf den Hügeln schläft«, 1969

von den so genannten Jungfilmern natürlich sehr übel genommen, mich jedoch interessierte das nicht weiter. Die Leute wollten mich haben, und ich lernte dazu. Schließlich war ich ja mit solchen Filmen aufgewachsen, hatte mich in meiner Absicht, Schauspieler zu werden, daran orientiert. Heinz Rühmann mochte ich sehr, Carl Raddatz, Grete Weiser, Werner Fink, Barbara Rütting, Nadja Tiller, Johanna von Koczian, Gert Fröbe, Horst Franck, Rudolf Platte, O. E. Hasse, und wie sie alle heißen. Tolle Schauspieler.

Im Winter 1778 zieht der junge Dichter und Dramatiker Jacob Reinhold Lenz in die Vogesen, um beim Landespfarrer Oberlin Ruhe und Besinnung zu finden. Lenz befindet sich in einem schizophrenen Zustand, aber Pfarrer Oberlin kann die in ihn gesetzten Erwartungen nicht erfüllen. Im Winter 1968/69 drehte George Moorse im tiefen Schnee, bei eisigem Wind nach der Novelle von Georg Büchner den Film »Lenz«, in der Hauptrolle Michael König als Lenz, Monica Maurer als seine Braut, Louis Waldon spielte den Landespfarrer Oberlin und ich den Freund von Lenz. Louis Waldon, ein Andy-Warhol-Star, hatte in drei seiner Filme große Rollen gespielt. Auf mich machte das schon einen gewissen Eindruck, und ich war gespannt, den Warhol-Schauspieler persönlich zu treffen, denn Warhol war Kult. Er hatte sich Sachen getraut, die sonst niemand machte, ähnlich wie später in Deutschland Rainer Werner Fassbinder. Ich wurde von Waldon nicht enttäuscht. Mit ihm zu drehen war eine große Bereicherung. Er war gnadenlos, in jeder Hinsicht, ein absoluter Egomane, aber ein großartiger Darsteller. Ich stieß erst etwa zwei Wochen nach Beginn zu den Filmarbeiten, wir drehten in einem tief verschneiten Wald, ich sah dem Team zu und ließ die Szenerie auf mich einwirken.

»Lenz«, mit Louis Waldon, Michael König, Monica Maurer, 1970

Mein erster Eindruck: lauter traurige, weinende Mädchen. Waldon hatte gewütet, hatte sie alle gehabt, ihnen das Herz gebrochen. So konsequent, wie er spielte, lebte er auch, er praktizierte gnadenlos sexuelle Freiheit. Einmal während des Drehs beobachtete er mich eine Weile, und plötzlich war seine Stimme in der Stille des Waldes zu hören: »Yeah man! I don't like that actor in the mean part, you know. He got just blond hair, but you are much much better!« Ich war überrascht, als Louis Waldon mir gleich ein so großes Kompliment vor die Füße warf und mich dadurch natürlich noch mehr in seinen Bann zog, seine Konsequenz, ja Radikalität imponierte mir. Ich befand mich gerade in einer etwas zerrissenen Phase. Mit Marianne Blomquist probierte ich das Leben zu zweit und war mit meinen Gedanken sehr viel bei ihr, andererseits hinderte mich das, meinen Job als Schauspieler noch intensiver, noch ehrlicher, noch wahrer zu machen. Louis Waldon war für mich in der Situation wie so ein Lotse, der dich aufruft, einen anderen Weg zu versuchen, auch wenn du nicht weißt, wohin er führt. Keine Sorgen, genügend Arbeit, genügend Geld, eigentlich war zu dieser Zeit alles ideal. Aber genau da ging es los: Marianne Blomquist erhielt die ersten Angebote, und plötzlich kam das Angebot für eine Hauptrolle in »Ich liebe dich, ich töte dich« unter der Regie von Uwe Brandner. Sie wurde die Partnerin von Hannes Fuchs, den ich aus München kannte, gut aussehend, ein bisschen wie Prinz Eisenherz, blaue Augen, dunkle Haare. Ich fand ihn zwar etwas leblos, aber sehr attraktiv war er schon. Marianne bekam das Drehbuch, ich schaute ihr beim Lesen über die Schulter und sagte: »Nach diesem Film, wenn ihr da fünf oder sechs Wochen zusammen seid in so besinnlicher Atmosphäre, da kann es schon passieren, dass ihr euch verliebt.« Der Film wurde mitten im Sommer gedreht, ausschließlich in der Natur, auf dem Land, in kleinen Dörfern. Und während des Zusammenseins mit einem Partner, mit dem man jeden Tag spielt, geschieht oft, was auch mir am Anfang meiner Filmerei regelmäßig passierte: Ich fuhr während der Zeit des Drehs ganz schön auf meinen Partner ab. Das erzählte ich ihr, und sie sagte: »Nein, das wird mir niemals passieren.« Und ich ganz cool: »Du, wenn es so kommen sollte, dann lebe das auch, aber tu mir einen Gefallen und behandle das sauber und fair.« So weit war ich schon mit meinem Hippiebewusstsein. Und schließlich muss man ja nicht gleich Haus und Hof verlassen, weil man sich während des Films in jemanden verguckt hat. Marianne Blomquist drehte den Film unweit von Passau, ein idyllisches Plätzchen mit einem wunderschönen Gasthaus in der Nähe. Ich bereitete mich in der Zwischenzeit für meine nächste Rolle in »Jaider, der einsame Jäger« vor. Der Film befand sich noch in Vorbereitung, das Drehbuch hatte ich bereits. Bis zum Drehbeginn blieben mir noch zwei bis drei Wochen, also fuhr ich zu Marianne. Zu der Zeit hatte ich bereits Kontakt zur Kommune 2 in München, in der sich unter anderen Uschi Obermeier und Reiner Langhans aufhielten. Die besuchte ich des Öfteren und begegnete dort Mascha Rabben, einem rothaarigen, theatralischen Luder, mit der ich später in dem Film »Harlis« zusammenspielen sollte. Jede Begegnung steigerte unser Verlangen. Aber ich hatte ja Marianne, meine Freundin, und wir wollten uns treu sein. Doch als ich zu Mariannes Set kam, bestätigte sich meine Vorahnung. Marianne und Hannes saßen einträchtig Hand in Hand auf einer bayrischen Holzbank mit geschnitztem Herzchen in der Rückenlehne und lächelten sich leicht blöd verzückt an. Na siehste, Rolf-Dieter, sagte ich zu mir, wieder mal Recht gehabt, nun aber schnell zu Mascha!

»Jaider, der einsame Jäger« (1969/70), produziert von der Bavaria, Regie Volker Vogeler, Drehbuch Ulf Miehe, war die Geschichte eines bayrischen Wilddiebs. Jaider mit seiner Diebesbande war der Gute, Baptist Meyer, Büttel des Grafen, der Böse, der Verräter, bekannt dafür, dass er gerne mal von hinten schoss, beide aus demselben Dorf, groß geworden unter gleichen Bedingungen. Gottfried John spielte in der Titelrolle, ich als Baptist Meyer, Krischa Huber als Braut des Jaider, und Louis Waldon war als Kriegsveteran mit zwei bis an die Oberschenkel amputierten Beinen dabei. Mit seinem eckigen Körper, roten schulterlangen Locken, fuchsfarbenem Bart saß er im Holzkarren, brüllte und peitschte, während er von vier Schäferhunden durchs Dorf gezogen wurde. Auch Claus Theo Gärtner spielte mit, mittlerweile seit Jahrzehnten Privatdetektiv in »Ein Fall für zwei«, erst mit Günter Strack, dann mit Reiner Hunold. Sie alle kamen vom Theater, der »Volksbühne am Halleschen Ufer« in Berlin, wo damals die Jungs, die neue Wege suchten, zu Hause waren. Der Film wurde in Jugoslawien gedreht, oben in den Bergen, in Kranska Gora. Wir kampierten mitten in der Pampa, in einem kleinen Dorf, um das herum die Motive verstreut waren.

Jaider war Gottfried Johns erste Hauptrolle, als Bühnenheld konnte er zwar schon brillieren, aber Filmerfahrung hatte er bislang keine. Er war ein Schauspieler, der das Leben und auch das Spiel anders handhabte als ich, er nahm es ernster, überlegter, strategischer, nicht wie ich aus dem Bauch heraus. Diese Gegensätze machten die Arbeit langwierig, aber interessant.

Einmal saßen Gottfried und ich auf der Holzveranda des Blockhauses, in dem Jaider wohnte, wie in einem Wildweststreifen auf Schaukelstühlen, die Beine auf dem Holzgeländer. Das Set wurde eingerichtet, wir bereiteten uns auf unsere nächste Szene vor, unser Regisseur Volker Vogeler fummelte ganz aufgeregt an einer alten Wincester 73 rum, und es hatte den Anschein, dass er sich sehr gut damit auskannte. Er demonstrierte seiner Regieassistentin, die ihm jedes Wort von den Lippen ablas, wie das Gewehr funktionierte. Er wähnte es in nicht geladenem Zustand, legte an, drückte ab, und die Kugel zischte haarscharf an der Nase seiner Assistentin vorbei, schlug in einen Baum ein und brachte krachend einen Ast zu Fall. Nur Gottfried und ich hatten das gesehen und erzählten es natürlich niemandem. Die Assistentin, die diesem Mann verfallen war, hatte jetzt ihren großen Moment, sie konnte ihn schützen.

In einer kurzen Drehpause kam Mascha zu Besuch. Ich holte sie von einem kleinen jugoslawischen Bahnhof ab, und wen hatte sie dabei? Ihre Zofe. Eine mit großen braunen Augen und einem Gesicht wie aus einem Fellini-Film. Eine Woche war sie unsere ständige Begleiterin, auch eine ganz neue Erfahrung für mich. Ich brachte beide dann zurück zum Bahnhof, der Zug setzte sich in Bewegung, beide winkten mir zu, bis die Köpfchen immer kleiner wurden und schließlich aus dem Bild verschwanden. Die Arbeit ging weiter. Wir drehten die Szene, in der ich die Frau Jaiders mit ihrem Kind im Arm von hinten erschoss. Ich war ein ganz übler Mensch, holte alles Böse, das in mir war, für die Kamera heraus und brach mir dabei den linken Knöchel. Meine Rolle musste komplett umgeschrieben werden, ich stand fortan nur noch oder saß, etwas anderes war nicht mehr möglich. Die wahnsinnigen Schmerzen der ersten Tage und diese Situation brachten mich noch tiefer in die Figur. Ich legte meine Wut über die Behinderung, die reduzierte Bewegungsmöglichkeit, meine üble Laune in die Rolle und tyrannisierte dabei das ganze Team. Im Umkreis von zwei, drei Metern ließ ich keinen mehr an mich ran, da war nichts zu machen. Es gab mir ein ganz starkes Gefühl von Macht, wenn ich tun konnte, was ich wollte, und die Leute Rücksicht nahmen, weil sie wussten, das gehört jetzt zum Job. Solche Momente können auch therapeutische Wirkung haben, wie eine Art Wiedergutmachung für all die Unterdrückung, die man als Kind erfahren hat und verkraften musste.

Eines Nachts waren wir mit meinem 220 SE Coupé in der Gegend unterwegs, es war eine dieser hell erleuchteten Mondnächte. »You need love ...«, Led Zeppelin tönte aus dem A-Track, Megasound, tolle Anlage. Ich fuhr trotz Gipsfußes. Das Gaspedal war mit einer Holzkonstruktion verlängert, die mir die Bühnenleute angefertigt hatten. Eine Schlaufe am Knie benutzte ich, um das Bein zum Kuppeln in die richtige Position zu bringen. Gottfried saß mit Krischa Huber hinten, die beiden hatten sich ineinander verliebt, es war eine schöne Atmosphäre. Im Dunkeln fuhr ich eine u-förmige Straße entlang, die vom Feld abzweigte und durch unseren Wald führte. Ich schaltete die Scheinwerfer aus, das Mondlicht leuchtete durch die klaffenden Wipfel der Tannen, zum treibenden Rhythmus der Musik nur die Signale der Lichthupe, aufblitzende Baumsilhouetten, schimmernde Asphaltschneisen, und Gottfried schrie vor Angst, Krischa in seinen Armen versuchte, ihn zu beruhigen.

Die Bande um den Jaider wurde eine richtige Familie, die auch abends nach dem Drehen noch zusammensaß, auf ein paar Bier oder was auch immer. Ich sonderte mich da oft ein bisschen ab, ging raus, spazieren, guckte mir die Gegend an, fuhr mit dem Auto rum oder setzte mich einfach nur in den Wagen und hörte Musik oder Radio. Eines Abends, alle anderen waren in der Hotelkneipe, saß ich allein im weißen Landrover unseres Architekten, der Regen prasselte aufs Dach, wurde immer stärker, ein richtiger Gebirgsregen, ich hatte Gefallen daran, hörte Radio, und dann die Nachricht: Jimmy Hendrix ist vor einer Stunde gestorben. Es regnete ohnehin, mein Anteil an Tränen kam noch hinzu, das passte gerade … Jimmy Hendrix tot. Ich war fassungslos; er war viel zu jung gestorben, die Drogen hatten ihn umgebracht. Die Jungs, die ganze Bewegung, die Musik waren vielen damals zu stark geworden, die Kids haben sich sehr daran orientiert. Und nach Hendrix' Tod wurde dann alles auf die harten Drogen geschoben, es hieß, dass den Kids das Zeug unter die Nase gerieben wurde, damit bloß keiner auf die Idee kommt, bewusstseinserweiternde Drogen zu nehmen, Trancezustände ganz bewusst herbeizuführen und dabei zu erkennen, dass mehr hinter all den Dingen steckt, als wir mit unseren dressierten Sinnesorganen wahrnehmen können – ich habe das ja auch selber gemerkt. Es soll ja keiner lernen, mit Drogen umzugehen wie die Naturvölker, die einmal im Monat oder einmal in der Woche ihre Drogenfeste feiern, und allen geht's gut, sie tanzen, machen Musik, treffen ihre Ahnen, reden mit ihnen, und dann kehren sie wieder zurück an die Arbeit, kümmern sich um ihren Lebenserhalt. Es war September 1970, Jimmy Hendrix war gestorben, der Himmel weinte, und ich weinte mit …

Zu Hause in München kam ich nicht mehr in meine Bogenhausener Villenetage. Marianne wohnte inzwischen mit ihrem Freund im Garten, die beiden hatten sich ein Zelt aufgebaut, waren ganz schräg abgefahren. Die Möbel standen beim roten Radler, einer Aufbewahrungsstätte in München, die Miete war nicht bezahlt, und Marianne hatte in ihrem neuen Lebensabschnitt der Selbstbefreiung die Wohnung sausen lassen. Ich holte mir die Möbel zurück, bezahlte die Miete und zog wieder ein. Für ein paar Monate wohnte ich nun dort in einer Wohngemeinschaft mit einem netten, intelligenten Mädchen aus München, der dicken Dorle, einer Freundin mit hübschem Gesicht. Dann holte ich dummerweise meine Katzen ab, die inzwischen auf einem Bauernhof lebten, und lernte kurz darauf den damaligen Manager von Amon Düül kennen, der mir erzählte, dass seine Jungs gerne ein paar Katzen hätten. Sie bewohnten ein Herrenhaus mit 25 Zimmern, nebenan lebte ein verarmter Graf in einem alten Schloss mit Schlossgarten. Die Jungs hatten in dem Haus alles, was sie brauchten, um Musik zu machen, Instrumente, einen großen Übungsraum, genügend Platz für jeden. Musik interessierte mich, spielte in meinem Leben immer die zweite Geige, also nahm ich drei Katzen, packte sie ins Auto und fuhr Richtung Landshut. Zehn Kilometer davor lag Kronwinkel, dort wohnten die Amon Düüls. Jonny, der Gitarrist, wollte die Katzen haben, wir waren uns beide sehr sympathisch, es entwickelte sich eine spontane Freundschaft, und ein Zimmer war auch noch frei. Weil ich sowieso mal wieder Musik machen wollte, kam mir das gerade recht. Raus aufs Land, das schien genau richtig.

Jonny lud mich also ein, ich zog um, gab die Wohnung in Bogenhausen auf und platzte gleich mitten in einen Riesenstreit. Amon Düül waren zerstritten, jeder kämpfte gegen jeden, es war völlig neurotisch, und ich versuchte, sie wieder zusammenzutrommeln, was mir auch gelang. Ich stieg bei der Band ein, war jeden Tag im Proberaum, ging mit auf Tournee durch die kleinen Städte in Bayern, fühlte mich befreit, endlich nicht immer nur vor der Kamera zu stehen und ständig Texte zu wiederholen, merkte: Hier geht's für mich erst mal weiter. Es waren gerade einmal drei oder vier Wochen vergangen, und wer stand vor der Tür? Meine kleine Schwedin, meine blonde Prinzessin. Marianne war ziemlich verzweifelt, aber ich konnte sie einfach nicht mehr um mich haben, sie zeigte so viel Reue, das war gar nicht angebracht.

Im Grunde habe ich das doch verstanden, ich hatte ja auch meinen Seitensprung mit Mascha, während Marianne mit Hannes im Garten zeltete. Aber ich dachte, wir halten zusammen, erhalten unsere Gemeinschaft, man muss schließlich nicht immer gleich alles verlassen. Jetzt wollte sie wieder zurück zu ihren Eltern, und ich brachte sie zum Zug nach München. Marianne saß im Abteil, am Fenster, ich stand draußen, sah nur den Ausschnitt, das Gesicht mit diesem schwedischen blonden Haar, den traurigen blauen Augen. Sie war so schön in dem Moment, so voller Wehmut, als sich der Zug langsam in Bewegung setzte und gen Schweden aus der Bahnhofshalle rollte, ein wunderschönes Abschiedsbild, das geblieben ist … Mein Leben mit der Band ging weiter. Sie hatten alles, was man sich vorstellen kann, ein Riesenstudio, Verstärkeranlage, teure Instrumente. Die Jungs waren erfolgreich, und plötzlich wurden sie übermütig und spielten einfach nicht mehr. Was wäre ein Tennisprofi, der nicht jeden Tag übt? Bald kein guter Profi mehr. Genauso ist das mit Musikern. Ich war gierig danach zu singen. Aber die Amon Düüls stritten sich und hatten bald kein Geld mehr, die Miete konnte nicht bezahlt werden, es gab kein Öl mehr zum Heizen, und es wurde langsam Winter. Eines Abends saßen wir in einem Raum mit Rotlichtlampen, zehn oder fünfzehn Rotlichtlampen, und ich kam auf die Idee, eine Bank zu überfallen. Vor Landshut gab es eine kleine Filiale, zirka zwei, drei Kilometer vor der Stadt, ein Holzhäuschen mit zwei Bankangestellten: ein junges, dünnes Männchen, sehr schüchtern, mit einem ganz spitzen kleinen Näschen und einer randlosen Brille und eine ältere rundliche Dame, die Bewacher des Geldes, das sich ohne große Absicherung auf einem Tisch befand, eigentlich nur hinter einer Holzbarriere in einer Kasse. Ich plante den Überfall. Zur Mittagszeit, wenn es am wenigsten Kundenverkehr gab, der ohnehin sehr gering war, wollte ich da rein. Ich hatte mir ein Mofa besorgt, das nicht mehr angemeldet war, eine Kreidler Florett, ein schnelles Teil von irgendeinem Bauerssohn aus der Gegend. Ich dachte es mir so: rein in die Bank, das Geld nehmen und wegfahren bis zu dem Ort, wo mein zweites Fluchtfahrzeug, ein 750er-BMW-Motorrad, stand. Die Maschine gehörte Veit von Fürstenberg, der Regisseur war und später einer der Bavaria-Bosse wurde. Er hielt sich zu der Zeit gerade für eine längere Tour in Indien auf und hatte das Motorrad in München gelassen. Mit dem Gefährt wollte ich also die zweite Etappe meiner Flucht bestreiten. Die Maschine lag unter Büschen versteckt. Alles war organisiert, die Nacht vor dem geplanten Überfall konnte ich kaum schlafen und ging in Gedanken jeden Punkt noch einmal durch. Am nächsten Morgen klingelte das Telefon, und Silvie Winter, ein Mädchen aus München, das vorwiegend als Fotomodel arbeitete, war am Apparat und sagte: »Hallo, Rolf Zacher, ich bin ja ein absoluter Fan von dir, und ich produziere da einen Film, der Klaus Lemke führt Regie, und wir spielen.« Silvie war ein kluges Fotomodel, und ihr damaliger Freund, der Regisseur Klaus Lemke, war ein kluger Regisseur. Er versuchte, mit kleinen Budgets Filme zu machen, sodass ihm keiner reinreden konnte. Ich hatte Silvie bis dahin nur auf Fotos gesehen und mal ein Interview gelesen, fand sie sehr attraktiv, ja, sie gefiel mir außerordentlich. Sie besaß eine Selbstsicherheit, die damals die kleinbürgerlichen Normen ganz schön ins Wanken brachte. Lebte offen und freizügig nach dem Motto »Wer zwei Mal mit demselben pennt …«. Neben Uschi Obermeier war sie eines der ersten Models, die sich oben ohne ablichten ließen. Ich bekam also von ihr dieses Angebot und verabschiedete mich noch im selben Augenblick von dem Plan, die Landshuter Bank zu überfallen.

Wir drehten zusammen den Film »Liebe, so schön wie Liebe«. Die Motive wurden rund um Kronwinkel gesucht, verstreut auf dem Land. Der Film handelte von einer Gruppe junger Leute, die zu einem Besuch aufs Land fahren, dort bleiben und bunt durcheinander leben und lieben. Er war auf eine besondere Art erfrischend, alles war so authentisch, und Silvie und ich, wir verliebten uns während des Drehens ineinander. Klaus Lemke hatte auch eine Freundin und fand das ganz normal, jedenfalls tat er so. Nach den Dreharbeiten sagte Silvie, dass sie vorhätte, für eine Weile nach New York zu gehen, worauf ich gleich erwiderte: »Ja, dann komm ich hinterher, da war ich noch nie.« Sie lachte nur und meinte: »Das machst du sowieso nicht, Zacher.« Ich besorgte mir schnell Ticket und Visum, und eine Woche später flog ich ihr hinterher, und das fand Klaus Lemke dann nicht mehr so normal …

New York ist eine Stadt, die dich aufsaugt, dir nicht einen Moment Ruhe lässt, 24 Stunden Geräusche, rastlos, der Verkehr stop and go, lange Häuserschluchten, Taxis, die sich ihre Wege bahnen. Eine Stadt der Extreme, die Reichsten und die Ärmsten, Gegensätze, die schockieren. Silvie wohnte in dem berühmten, oft besungenen Chelsea Hotel, dem Beat-Hotel der 68er. Das Flair dieser Zeit hatte sich dort eingegraben, man spürte es, einige Rocklegenden, Musiker, Schauspieler stiegen da auch jetzt noch ab. Leonard Cohen sah ich in der Cafeteria und Julie Felix, die englische Popsängerin, die ich durch George Moorse kannte und die in einem unserer Filme einen kurzen Auftritt hatte. Ich überredete den Concierge mit einem guten Trinkgeld, mich in Silvies Zimmer zu lassen. Er öffnete mir die Tür, leise schlich ich hinein, Silvie schlief, und ich weckte sie mit einem zarten Kuss. Völlig perplex ist sie aus dem Bett raus und im Zimmer umhergesprungen, ganz aufgeregt, vor Freude hin und her gehüpft. Während sie so rumtanzte und um Fassung rang, sah ich auf dem Dach des Nachbarhauses einen Hubschrauber landen. Drei oder vier Männer mit wichtigen Gesichtern und Koffern stiegen geschäftig gestikulierend aus dem Helikopter. Das waren die ersten Eindrücke von New York. Der irrsinnige Verkehr, die Abgase, der Lärm, diese enorme Hitze, 35 Grad, die Anspannung, Nervosität und Überreizung der Sinne trieben mich täglich nach zwei Stunden Aufenthalt in den Häuserschluchten weg von den Straßen in den Central Park. Reiche Damen führten dort ihre Hundchen aus, auf den Bänken saßen zeitungslesende Geschäftsleute, Musiker hingen rum, Trommler, Sänger, immer am selben Platz. Dort habe ich irrsinnig schöne Konzerte erlebt von schwarzen Jungs, die sich oft spontan zu einer Band gruppierten und zusammen spielten und improvisierten. Ich sang und rauchte mit ihnen ein kleines Friedenspfeifchen, fühlte mich geborgen. Zwischen diesen Menschen tauchte plötzlich Polizei auf, obwohl die Musik niemanden gestört hat, im Gegenteil, die Jungs waren so gut drauf, das führte die Menschen zusammen und gab ihnen Power. Aber überall war dieser Rassismus, diese kalkulierte Provokation, so lange, bis einer der Jungs ausflippte und die Polizisten einen Grund hatten, draufzuschlagen, sie auseinander zu treiben. Ich sah, wie einer tanzte, nur tanzte. Ein Polizist hoch zu Ross wollte ihn wegjagen, aber der Junge tanzte weiter, stellte sich vor das Pferd und tanzte. Der Bulle, ein Typ wie ein Geldschrankknacker, eckig von oben bis unten, auch Kopf und Gehirn eckig, wartete nur darauf, attackiert zu werden, das Funkgerät einsatzbereit in der rechten Hand. Eine falsche Bewegung, ein Schritt zu nah, und er würde Verstärkung herbeirufen und den Burschen dann so richtig vermöbeln. Der Schwarze schnaufte, wollte schon losstürmen, ich spürte das, packte ihn am Arm und hielt ihn fest: »Man, be careful, he expects it …« Der Junge sah mich mit zornigem Gesicht an, kurz davor, mich anzuspringen, erkannte dann aber, dass ich Recht hatte. So etwas passierte ständig auf den Straßen, überall dort, wo Schwarze zusammenkamen, sich trafen, redeten, musizierten, trieben die Bullen sie sofort auseinander. Erschreckend war auch diese diskriminierende Art, wie viele Weiße sie anschauten. Als Antwort bekamen sie natürlich zornige Gesten, feindselige Blicke. Bei aller Lebendigkeit, Kreativität, Exotik, bei allem Weltstadtgefühl, an jeder Ecke war dieser Hass zu spüren.

Alle Warnungen missachtend lief ich in die Bronx. Randgruppen der Gesellschaft mischten sich dort, viele Alkoholiker, Junkies, getretene, verachtete, misshandelte Menschen, aus Armut zu Verzweiflungstaten Getriebene. Die Straßen waren leer, höchstens alle fünf Minuten kam mal ein Auto, das sich dahin traute oder verirrte. Überall verwahrloste, verfallene Häuser, es dämmerte, wurde allmählich dunkel, meine Warnlampe im Kopf blinkte, das bedeutete: umkehren. Ich blieb stehen, da torkelten mir auch schon in Grüppchen ein paar dieser Elenden aus einem Hauseingang entgegen, dann bereits die nächsten. Zu spät. Zwei von ihnen lösten sich aus der Gruppe, schwankten auf mich zu, der eine rempelte mich an, fiel dabei hin, der andere brüllte etwas Unverständliches, ich rannte los, und, wie ein Bienenschwarm aufgescheucht, alle hinter mir her. Ich dachte nur, gleich schlagen sie mich tot, lief um mein Leben, da kam vor mir aus einer Seitenstraße noch eine Bande. Zurück konnte ich nicht, vorwärts ging es auch nicht weiter, es wurden immer mehr, ich war eingekesselt. In der Nähe befand sich nur eine sechsspurige Straße, beide Fahrbahnseiten waren durch einen hohen Drahtzaun getrennt, der sollte Passanten wohl davon abhalten, die Straße zu überqueren. So viel Verkehr tagsüber herrschte, so wenig war nachts los, eine total verlassene Gegend. Panik überfiel mich, ich spürte die ersten Fäuste an meinem Arm und rannte Richtung Straße, auf die Fahrbahn, auf den Zaun zu, ich wollte rüberklettern, hätte das aber sowieso nicht geschafft, weil er viel zu hoch war. Auf der rechten Fahrbahnseite tauchte plötzlich ein Yellow Cab auf. Es hielt direkt auf mich zu, verlangsamte das Tempo, fuhr ganz dicht an mich heran, die hintere Tür flog auf, »Get in!«, hörte ich den Fahrer schreien. Mit einem Hechter sprang ich in das angebremste Taxi, landete halb auf den Rücksitzen, halb im Fußraum, der Fahrer, ein langhaariger Typ, gab Gas, der Fahrtwind ließ die Tür zuknallen – gerettet. »Man, you are a lucky guy«, sagte mein Engel und dass er diese Gegend normalerweise nachts meiden würde, aber an diesem Abend hätte ein Gast, eine schöne Rothaarige, ihn zu dieser Tour überredet. Wie viele Berufe sich doch im Taxigewerbe vereinen. John, mein Retter, war eigentlich Fotograf, hatte aber, wie viele, viele andere auch, keine Arbeit. Wir befreundeten uns, und er bot mir an, für eine Weile bei ihm zu wohnen, in der 28. Straße, im Blumenviertel, die ganze Gegend war ein Meer von Blumen, Großhändler, Kleinhändler, diese Düfte überall, traumhaft schön. Ich ging in die Kneipen, Cafés und kleinen Imbissbuden, die von ganz unterschiedlichen Leuten frequentiert wurden, Müllmännern, Fleischern, Blumenhändlern, Schornsteinfegern, Mary Poppins und My fair Lady ... Jede Zunft hat in New York ja ihre eigene Gegend, da waren die Stoffe, hier die Fleischer, dort die Obsthändler, Gewürzhändler ... Mit meiner Super 8 drehte ich wie ein Verrückter, New York rauf und runter, die Straßen, die Häuser, die Hochhäuser. Ein großer Teil meines Urlaubsgeldes ging nur für Filmmaterial drauf. Filmend überquerte ich auch die Grenze zu Harlem, beobachtete eine Gruppe jugendlicher Schwarzer, so etwa zehn Jungs, die verteilt auf zwei, drei Bänken saßen und mir die Rücken zugekehrt hatten. Es war ein schwülwarmer Spätnachmittag, New York tauchte schon in leicht rötliches Licht, nur noch paar Stunden bis Sonnenuntergang. Einer der Jungs, Jimmy, bemerkte mich plötzlich, spürte, wie ich sie filmte, drehte sich zu mir um, ein starker schwarzer Körper, sprang hoch, kam mit gespielter Empörung auf mich zu, ganz cool eigentlich. Ich erzählte, warum ich das tue und dass ich Schauspieler bin, das erste Mal in New York, und Lust hatte, mal ein bisschen selber zu drehen, Menschen, die mir gefallen, Situationen, Bilder. »You're really an actor, how interesting«, meinte er und dass er so gern auch Schauspieler wäre und ob ich nicht Lust hätte, mitzukommen zu ihm nach Hause, ich sollte seine Geschwister, seine Eltern kennen lernen. Ein ganz offener Typ. Ich ging mit. Wir tranken irgendwo unterwegs noch einen Kaffee, näherten uns langsam der Grenze zu seinem Viertel mitten in Harlem, um mich herum wurde es immer schwärzer, ich als Weißer dazwischen, ganz käsig, verloren, fragte, ob es nicht doch zu gefährlich sei. Er beruhigte mich: »Du bist ja bei mir, und ich bin schwarz, was soll dir also passieren.« Na okay, dachte ich, dein Wort in Gottes Ohr. Die Grenze zu Harlem war eigentlich ablesbar am Verfall der Häuser, aber zugleich hatte das Viertel eine kaputte Romantik, etwas Idyllisches. Hier gab es keine hohen Häuser, sondern mehr so klassisch amerikanische Häuschen, Bürgerhäuser mit zwei Stockwerken, der typischen Vortreppe und einem Vorgarten, jeder kennt diese Häuser aus amerikanischen Filmen, irgendwie ganz gemütlich, nur heruntergekommen, vernachlässigt. Ratten huschten durch Müllberge, aus alten zerbeulten Chevys dröhnte Musik, die Jungs schoben sich darin durch die Gegend. Alle Leute, die ich dort sah, waren gut drauf, so viel Kraft und Lebensfreude. Kinder schrien und spielten, die merkten am wenigsten von all der Armut. Sie schraubten an einem Hydranten rum, das Wasser schoss in einer riesigen Fontäne quer über die Straße, keiner scherte sich darum, und es sah toll aus in der Abendsonne. Die Menschen blickten mich an, teils fragend oder verachtend, aber mein Freund war ja dabei, und sowie die Situation ein bisschen prekärer wurde, raunte er nur kurz: »Eh man, he's my friend, be nice to him …«, und das Pöbeln verstummte. Seine Eltern lebten ganz einfach, in einer kleinen Wohnung, die liebevoll eingerichtet war. Selten habe ich so warmherzige Leute erlebt. Ich musste zum Abendbrot bleiben und merkte, dass Menschen, die wenig besitzen, ganz andere Ventile geöffnet haben. Sie sind trotz allen Elends viel aufmerksamer, lebendiger, herzlicher. Später gingen wir raus auf die Straße, so wie Kinder nach dem Abendbrot noch einmal rausdürfen. Die Sonne war am Abtauchen hinter der New Yorker Steinwüste, sie suchte sich ihren Weg, versank in irgendeiner Häuserschlucht, der Himmel war rot, ein Feuerrot, das sich allmählich abschwächte. Eine Helligkeit blieb, Lichter blitzten auf, Passagiermaschinen wie Sternchen über New York. Der extreme Flugverkehr beängstigte mich, ich wartete eigentlich nur darauf, dass zwei Maschinen ineinander krachten, dazu kamen noch die Hubschrauber, die von einem Hochhaus zum anderen flogen. Ich lief mit Jimmy, seinen Jungs und Mädels durch die Straße, erzählte ihnen, dass ich wieder nach Deutschland fliegen würde, dass ich da einen Job hätte. Die Jungs beneideten mich um das Gefühl, Arbeit zu haben, und dann noch als Schauspieler, ich spürte die Gegensätze und fühlte mich ganz elend. Ein paar brachten mich zur U-Bahn, Jimmy, Tränen in den Augen, drückte mich, ich hielt ihn fest und wusste, wir sehen uns nie wieder …

Silvie hatte eigentlich vor, in Amerika zu bleiben. Sie sagte: »Du, pass mal auf, wir bleiben erst mal hier in New York, ziehen ’n bisschen durch die Gegend. Ich arbeite, verdiene genug, das reicht für uns beide.« Für mich war das eine ganz neue Situation. Klaus Lemke, der ja so cool war und immer alles unter Kontrolle hatte, vor allem seine Eifersucht, war doch sehr überrascht, als er davon hörte, und redete schließlich so lange auf Silvie ein, bis sie nachgab und noch vor mir nach München zurückflog. Sie ließ mich allein zurück, völlig aufgewühlt, aber wahrscheinlich wäre ich sowieso zu feige gewesen, mich auf ihr Angebot einzulassen. Schließlich hatte ich ja einen unheimlich guten Start in Deutschland, und demnächst sollte ich mit Robert van Ackeren »Harlis« drehen, auch George Moorse plante einen weiteren Film mit mir. Da mein Ticket ohnehin noch länger gültig war, blieb ich noch eine Weile in New York, bis zum nächsten Drehbeginn. Silvie rief einen Tag nach ihrem Abflug von München aus an und erzählte mir von einem Typen,

Peter Walk, den sie im Flieger kennen gelernt hatte und der mir anbot, sein Apartment zu nutzen. Er war Autor und hatte eine kleine Wohnung zwischen all den Bars und Geschäften in Greenwich Village. Dort hingen überall Leuchtreklamen und außen an den Häusern die berühmten Feuerleitern, die ganze Gegend erinnerte an die West Side Story, Musik wehte aus den Bars, die Autos fuhren langsamer, suchend, flanierend, das war ein besonderes Leben, eine besondere Stimmung. Ich holte mir den Schlüssel mit schönen Grüßen von Peter Walk beim Hausmeister ab und ging in die Wohnung, die wie eine Scotchbar aussah. Auf dem Tisch stand zu meiner Überraschung ein ganzes Marmeladengläschen voll mit Heilkräutern. Ich fühlte mich sofort wohl, brühte mir einen Kräutertee, schaltete den Fernseher an, und es kam Humphrey Bogart, den ich bis dahin noch nie im Original gehört hatte. Eine Atmosphäre war das, dazu noch diese Außenkulisse, die Leuchtreklamen, deren Licht zuckend an den Wänden reflektierte, und die Geräusche, die von unten heraufdrangen, verschiedene Klänge aus den Bars, Cafés, Rhythmen, die pure, knisternde Erotik in der Luft …

Bei den Amon Düüls hatte ich zwei Maler und zwei Musiker kennen gelernt, die in Europa unterwegs waren, in München, Amsterdam und anderswo Haschisch besorgten und das Zeug dann in Plastiken oder Bilder einarbeiteten. Ihre »Kunstgegenstände« schickten sie ganz offiziell per Frachtbrief nach New York an eine bestimmte Galerie, dort pulte man die Objekte vorsichtig auseinander und holte das Haschisch heraus. In einem Szenecafé, wo all die Schauspieler und Musiker und auch Andy Warhol verkehrten, traf ich einen dieser Jungs wieder, einen Maler, der die Plastiken und

Bilder präparierte, ein Typ wie Marlon Brando. »Man, if you like, you can come to San Francisco or L.A.« Er war gerade auf dem Weg dahin und, typisch amerikanisch, lud mich gleich ein und meinte, dass für mich ein Ticket bereitliege. Gemacht habe ich das dann nicht, irgendwie doof, treudeutsch. Ich dachte an meine Heimat, an meine Jungs, ich konnte die doch nicht im Stich lassen. Mir fehlte der Mut, der Pioniergeist. In demselben Lokal, bei dieser Gelegenheit machte mich der Maler mit einem New Yorker Fotografen bekannt. Der wollte sofort Fotos von mir, ich bin also mit in sein Studio, ein Riesenatelier, ein 300 Quadratmeter großes Loft. Ich erzählte ihm, dass ich Schauspieler bin, und er sagte: »Du hast 'ne interessante Fresse, ich stell dich Andy W. vor ...« Aber ich musste ja meine Verträge erfüllen, war zu artig. Ich wollte in Deutschland weiter Filme machen und Musik, New York war nur eine Zwischenstation. Ich merkte, dass das Leben in Amerika zwar interessant ist, aber auch unruhig, gefährlich, und selbst das Angebot dieses Fotografen, mich mit so genannten einflussreichen Leuten bekannt zu machen, genügte mir eigentlich schon als Idee, wie so oft in meinem Leben: Möglichkeiten bedeuten mir mehr als ihre Umsetzung.

Mit einer gewissen Wehmut verließ ich New York. Auf der Fahrt zum Flughafen kam ich noch einmal am Empire State Building vorbei, auf dessen Plattform ich mit Silvie am dritten Tag meines Aufenthaltes gestanden hatte. Allein schon die Fahrt nach oben im Fahrstuhl, die unzählig vielen Stockwerke, dauerte ewig, und ich war völlig berauscht vom Hochfahren. Dann dieser Moment da oben mit Silvie, der Geliebten, wir glühten, jeder auf einer Seite der Plattform, zwischen uns eine starke Spannung, unvergesslich, wie der

Blick auf diese Stadt. Mit diesen Gedanken ließ ich New York hinter mir und flog zurück nach München. Nach diesem Hexenkessel erschien mir München wie ein kleines Kuhdorf, die Leopoldstraße, diese prächtige Straße, die Gegend um die Feldherrenhalle, die königlichen Gebäude glichen einem wohl behüteten kleinen Dörfchen, dazu bimmelte eine Glocke. Was für Gegensätze.

Zurück in München, rief mich Peter Przygodda an: »Du Alter, ich bin gerade mit Peter Sellers im Vorführraum. Der schaut sich ›Liebe, so schön wie Liebe‹ an. Eigentlich nur, um Silvie zu sehen, aber der Sellers brüllt sich kaputt, wenn du auf der Leinwand erscheinst.« Peter Sellers war blondinensüchtig. Blond und schlau, so wollte er die Frauen. »I'm crazy about blond women.« Nichts wie hin. Peter Sellers, der große Komödiant, ich liebte ihn, sein sensibler, feiner Humor faszinierte mich. Dieser verdorbene Gentleman hatte wegen Silvie den Film angeschaut, weil ihm zugetragen wurde, wie intelligent, humorvoll und sexy sie sei. Ich glaube sogar, dass sie es selbst arrangiert hatte. Sie war eine Meisterin darin, sich selbst zu verkaufen. Das Licht des Vorführkinos ging an, Peter Sellers drehte sich zu mir um und sagte mit einem großen Lachen im Gesicht: »You are wonderful. You're a comedian.« Er kam mit ausgebreiteten Armen auf mich zu, als wären wir alte Freunde. Wir gingen dann zusammen zum Italiener, und ich war richtig happy, Peter Sellers, the great, sagte, ich sei great. Ich zweifelte nur kurz und beschloss dann, dem Meister zu glauben. Bevor wir das italienische Lokal betraten, lud er mich zu einer Friedenspfeife ein, was für ein abgefahrener Typ.

Kaum in München angekommen, ging es nach Venedig, denn unser Film »Liebe, so schön wie Liebe« wurde zum

Filmfestival eingeladen. Er lief zwar nur im Nebenprogramm, außer Konkurrenz, aber wir waren auf dem Lido, dieser wunderschönen Insel, wohnten im Hotel de Bar, dem berühmten, alten, durch Viscontis »Tod in Venedig« zum Mythos gewordenen Hotel. Die ganze Filmelite lief in der Stadt herum, und ich lernte einige Leute aus Rom kennen, unter ihnen auch einen Manager, ein junger Typ, der großes Interesse daran hatte, mich zu vertreten. Er gab mir seine Karte und meinte, ich solle unbedingt in seine Agentur nach Rom kommen. Silvie war natürlich auch da, inzwischen wieder mit Klaus Lemke vereint, aber das Feuer zwischen uns brannte noch, und in einer glänzenden Vollmondnacht stahlen wir uns aus dem Hotel und legten uns ans Meer, und nur der Mond und die glitzernden Sterne waren Zeugen …

Meine Bleibe, mein Zuhause hatte ich noch bei Amon Düül, aber die Band löste sich langsam auf, und in Berlin wartete der Film »Harlis« mit Ulli Lommel und Mascha Rabben auf mich. Produzent war der Synchronkönig Wenzel Lüdicke. Er hatte eine Riesenvilla an der Hundekehle, der feudalsten Gegend im Berliner Grunewald. Alles in dem zweistöckigen Haus war aus Glas und Holz, es gab eine Sauna, einen Kamin, einen Salon, ein riesiges Wohnzimmer, eine Treppe hinauf zur Galerie. Zur Seeseite hatte die Villa eine breite Glaswand. Wenzel Lüdicke gehörte zu denjenigen, die ihren Freunden, ihren Männern gegenüber sehr großzügig sind. Er war auch einer der schwulen Männer, die wirklich stilvoll gelebt haben. Immer waren dort große Partys im Gange, auf denen ich ab und zu war. Dort traf man Leute wie Rudolf Nurejew, Margot Fontaine, Hans Werner Henze, den großen deutschen Komponisten, oder Werner Schwiers, den alten deutschen Schauspieler und Autor vieler

»Harlis«, mit Ulli Lommel und Mascha Rabben, 1971/72

Stummfilme. Robert van Ackeren war der Regisseur des Films »Harlis«. Eines Tages während der Dreharbeiten tauchte ein neues Scriptgirl namens Martina auf, eigentlich Gisela-Martina. Martina war braunäugig, dunkelhaarig, lieblich, intelligent und sehr gerissen. In einer Drehpause sah ich sie herzzerreißend weinen. Ich bin zu ihr hin, habe sie, die nur darauf gewartet hatte, wie sie mir später erzählte, tröstend in die Arme genommen. Die dazugehörige Zwillingsschwester Jutta, die sich meistens in ihrer Nähe aufhielt, war wenig später auch zur Stelle. So lernte ich die zukünftige Mutter und die Tante meiner Tochter kennen, eineiige Zwillinge, die sich frappierend ähnlich sahen. Beide waren im

Filmgeschäft ziemlich engagiert, beide auch schon mal verheiratet. Jutta war immer noch die Frau von Adolf Winkelmann, einem verrückten Filmemacher aus Dortmund, der unter anderem die Ruhrgebietskomödie »Die Abfahrer« drehte. Die zwei nahmen mich also in ihre Mitte und gleich mit nach Hause. Eigentlich hatte ich ja ein Auge auf Jutta geworfen, als die mir aber sagte, dass Martina diejenige sei, die großes Interesse an mir habe, dachte ich: auch gut. Ich war frei und nicht interessiert daran, mich zu binden. Hatte noch keine neue Wohnung, fühlte mich wohl und leicht, doch eh ich mich versah, war ich dann auf einmal ganz eng mit Martina zusammen. Das ging alles ganz schnell, sie trennte sich von ihrem Freund, in dessen Wohnung wir uns schmusend in den Armen lagen, wobei er uns überraschte, aufgebracht aus dem Haus rannte und mit seinem VW-Bus blindwütig auf meinen Mercedes 220 SE Coupé donnerte. Aber ein Mercedes ist ja bekanntermaßen ein stabiles Auto, und der Arme zerbrummte sich in seiner Verzweiflung das ganze VW-Vorderteil, die Schnauze, die Scheinwerfer, er fuhr zigmal gegen die Stoßstange meines Wagens, der jedoch nur leichte Dellen davontrug. Nach den Dreharbeiten ging's gleich in die Flitterwochen, auch ohne Heirat. Die Hochzeit fand ein knappes Jahr später statt, in einer Drehpause, ganz unromantisch, wie Heiraten nun einmal ist.

Wir fuhren an die italienische Adria. Das war im Februar 1972. In Rimini war nichts los. Großartig! Nebelbänke hingen melancholisch über dem Meer, am Strand nur ein paar Hunde, Seevögel, nicht eine Menschenseele. Der Frühling begann, ganz zaghaft seine Fühler auszustrecken. Wir fuhren am Meer entlang, suchten und fanden ein kleines, separat stehendes Hotel direkt an der Strandpromenade, handtuchschmal, mit vier Stockwerken, auf jedem nur zwei Zimmer. Unten in der Gaststube brannte Licht, alle anderen Stockwerke waren dunkel. Es war schon spät, als wir ankamen. Ich ging rein. »Tut mir Leid«, sagte der Wirt, »aber wenn Sie hier wohnen wollen, müsste ich ja das ganze Hotel heizen.« »Also gut, okay, dann miete ich eben das ganze Hotel«, sagte ich, und wir nahmen die beiden Zimmer im obersten Stockwerk, unsere Hochzeitssuite sozusagen. Draußen stürmte es, wilde Wassermengen wälzten sich donnernd an den Strand, zerschlugen an den Steinen. Die Liebe glühte. Meine Tochter Anna wurde in einem Moment der absoluten Liebe gezeugt. Ich gab alles, was ich zu der Zeit geben konnte. Martina erzählte mir später, dass ihr mein Begehren, mein Verlangen nach wilden Umarmungen eigentlich viel zu viel war; sie ließ es über sich ergehen. Ich dagegen hätte am liebsten nur im Bett gelegen und mich in Zeugung geübt. In den Pausen brachte sie mir Pokern bei, und widerwillig bin ich auch mitgekommen zu den berühmten Grotten ganz in der Nähe von Rimini. Der Hausherr bewirtete uns fürstlich mit Pasta und Früchten, er und seine Frau brachten uns die schönsten Sachen nach oben. Es gefiel ihnen, dass wir die meiste Zeit im Zimmer verbrachten. So verlebten wir wunderschöne Tage in Rimini. Nach einiger Zeit befielen Martina dann starke Zwillingssehnsüchte, völlig aufgelöst und hektisch konnte sie es nicht mehr ohne ihre geliebte Schwester aushalten. Also schepperten wir über Bochum, wo Jutta ihrerseits völlig aufgelöst und hektisch wartete, wieder nach Berlin. Bochum war damals eine rote Zelle, besonders natürlich in den Arbeitergegenden. Überall übten sich die Leute im Kommunismus, Linksorientierte, KB, KBW, KPDMLAO und wie diese Splittergruppen alle hießen. Meine Zwillinge waren in der Szene stark involviert, beide Parteimitglieder, und der Freund von Jutta, den wir in Bochum trafen, ein besonders fanatischer. Er sah mich teils mitleidig, teils beleidigend an, als ich mit meinem 15 Jahre alten Mercedes vorfuhr. Seine Aversionen gegen kapitalistische Gebrauchsgegenstände und auch gegen Kleidungsstücke konnte er nur schwer verbergen. Im Sinne seiner politischen Grundsätze wäre ich wohl besser auf einer Vespa sitzend in Bochum eingeritten. Immer sagte ich diesen Leuten: »Ihr müsst nicht so dogmatisch sein, sozial denken ist ja wunderbar, aber der Kapitalismus ist nun mal da, und man muss ihn nutzen.«

Bei dem alten 220er Coupé, das ich fuhr, war der TÜV abgelaufen, und einige Dinge mussten gemacht werden, aber der selbst gebastelte Kotflügel hielt noch immer. Ich stellte den Wagen in Berlin-Mariendorf bei Peter, einem meiner vielen Autoschlosser, ab, und durch meinen Automann Dirk, der inzwischen bei Alfa Romeo arbeitete und mich fragte, ob ich Lust hätte, Autos zu überführen, wurde ich eine Art Einfahrer für neue Wagen. Ich probierte auf diese Weise die ganzen Alfa-Modelle durch, einmal ein Sportcoupé oder ein Alfa Romeo Julia Super. Meistens kamen die Wagen direkt vom Transporter, hatten null Kilometer auf dem Tacho, und ich fuhr sie ganz vorsichtig ein, erst mit 60 km/h auf der Autobahn und langsam immer mehr, immer schneller. Ich holte die Modelle von Frankfurt nach Berlin oder umgekehrt, je nachdem, was gerade geordert wurde. Bei Dirk kaufte ich mir dann einen 1750er Alfa Bellina, ein großbürgerlicher Schlitten, natürlich rot, Alfa-rot, und fuhr damit nach Rom, da ich ja immer noch die Visitenkarte des Agenten hatte, der mich in Venedig inständig gebeten hatte, mich vertreten zu dürfen. Martina und Jutta sollten später nachkommen, Martina war mittlerweile im vierten Monat schwanger. Ich richtete mich darauf ein, längere Zeit dort zu bleiben, und das hieß, vortasten, Wohnung suchen, in die Agentur gehen, den ganzen Vorlauf erledigen und dann meine Familie gebührend empfangen. Aber natürlich kam alles wieder anders. Mit meinem roten 1750er Bellina kam ich in Rom-Trastevere an, ein wunderschönes Arbeiter- und Zigeunerviertel. Am Piazza Trastevere empfing mich Peter Berling, ein Freund aus München, Schauspieler und Autor, später auch Produzent, der in Rom lebte und in Trastevere direkt an dem Platz eine kleine Terrassenwohnung hatte, ein kleines, feines, entzückendes Teil. Peter begrüßte mich mit den Worten: »Pass bloß auf, hier wird viel gestohlen, hier werden am helllichten Tag Autos aufgebrochen.« Ich glaubte ihm das zwar, nahm es aber nicht besonders ernst. Wir gingen erst einmal essen, ich parkte den Wagen keine 30 Meter von der Trattoria entfernt, wo er Stammgast war, und behielt ihn, wenn auch leicht unscharf durch die Butzenscheiben, die ganze Zeit über im Auge. Wir hatten unsere Mahlzeit beendet, kamen raus, und ich entdeckte sofort deutliche Zeichen eines Einbruchs: offene Fenster, ein aufgebrochener Kofferraum, aus dem viel von meinem Gepäck fehlte. Wenig später aber sollte ich 80 Prozent davon zurückbekommen, denn ich lernte einen der Chefs der zwei Gangs kennen, die in Trastevere das Sagen hatten, die Touristen ausnahmen und Autos knackten. Das waren Profis, Zigeunerkinder, die keine andere Arbeit finden konnten, keine Chancen hatten. Fernando, einen der beiden Könige, traf ich in einem großen Café am Piazza Trastevere. Ich hatte gerade eine Riesenbirne, mein Lieblingsobst, vor mir auf dem Tisch liegen. Neben mir saß eine vollbusige Blondine. »E questo per me?« »Ja, die Birne könn' wir uns teilen.« Mit meinem Buschmesser teilte ich die Frucht, bot ihm eine Hälfte an, und von da an waren wir Freunde. Wie in einem Western. Mit Fernando begann für mich eine tolle Zeit in Rom. Seine Jungs nahmen mich nachts mit in ihre Welt, zeigten mir Ecken, die ich sonst nie gesehen hätte, natürlich kannten sie jeden Winkel, jede kleine Gasse, alle Schleichwege, und die Polizei war ständig hinter ihnen her. Mein Auto aber wurde in Trastevere nicht mehr angefasst.

Die schöne Blonde hatte ich bei dem Agenten, der mich nach Rom gelotst hatte, kennen gelernt. Eine schwedische Schauspielerin, Typ Anita Ekberg. Sie war eine richtige Sexbombe, interessant, witzig, intelligent und eines von diesen hoch erotischen Frauenzimmern mit vielen Beziehungen. Sie lud mich gleich auf eine kleine Insel ein, wo sie Freunde hatte und einige Zeit mit mir verbringen wollte. Natürlich ging das nicht, ich erwartete ja meine beiden Frauen, aber andererseits waren die Zwillinge schon so weit von mir weg, und mein Herz stand wieder einmal in Flammen. Genau gegenüber der Brücke, die über den Tiber führt, am Piazza dei Fiori ging ich mit dieser Erotikgöttin in ein Dreisterneluxushotel. Das Zimmer lag direkt zum Platz, und man hörte die ganze Nacht Geräusche, Geschirrklappern, das Lachen der Leute, Mandolinenspieler, die von Lokal zu Lokal zogen, Mofas, die aufheulend durch die engen Straßen fegten. Das Mädchen lag in meinem Schoß und hielt mich sanft, sehr intensiv bis in den Morgen. Was für eine Nacht … Während ich im Halbschlaf über dieses zärtliche Wesen wachte, wurde unten zum zweiten Mal mein Auto aufgebrochen und die paar Sachen gestohlen, die ich noch dringelassen hatte. Ich befand mich am Piazza dei Fiori, und der gehörte eben nicht zu der Zone, über die mein Schutzpatron Fernando herrschte. Nach ein paar Tagen musste ich mich allmählich von meiner schwedischen Anita verabschieden, mit der ich eine gnadenlos schöne Zeit verbracht hatte, denn Martina, die ein Kind unter ihrem Herzen trug, rechnete mit mir, und ich konnte sie nicht einfach wieder nach Hause schicken, obwohl ich manchmal mit dem Gedanken spielte.

Martina und Jutta trafen in einem alten VW-Bus in Rom ein, samt Mexi, einem Freund aus Kassel, dem das Ding gehörte. Er sah aus wie ein Mexikaner, hatte lange schwarze Locken, speckige Lederhosen, ein bunt gemustertes Hemd, ein ruhiger, gemütlicher Hippie. Dass plötzlich die ganze Familie um mich herum war, daran musste ich mich erst wieder gewöhnen. Ich hatte noch immer keine Wohnung, und das Geld, das ich mitgenommen hatte, wurde immer knapper. Wir lebten also zunächst ganz billig in einem einfachen, kleinen Hotel, dicht am Piazza Trastevere. Das Leben in Rom war sehr teuer, und da die Zwillinge nichts hatten, trug ich die Verantwortung. Auch mit meinen italienischen Verbindungen lief es nicht so, wie ich gehofft hatte. Es war Sommer, alle waren verreist und die Studios geschlossen. Zu der Zeit trieb ich mich oft in den Arbeitergegenden rum, lernte dort interessante Menschen kennen, und manchmal übernachteten wir ein paar Tage bei Leuten, mit denen wir uns angefreundet hatten. Die schliefen dann bei ihren Verwandten. In Deutschland passiert so etwas ja eher selten. Eine Zeit lang wohnten wir im jüdischen Viertel von Trastevere, dort lebten die ganz armen Familien. Schmale Häuser, dicht aneinander gepresst, zwischen den gegenüberliegenden Regenrinnen höchstens fünf Meter Abstand. Man konnte ge-

In Italien mit Martina (Mitte) hochschwanger
und Zwillingsschwester Jutta, 1972

nau sehen, was vis-à-vis passierte, hörte die Leute bei all ihren Verrichtungen. Die Hitze wurde unerträglich. Selbst in der Nacht herrschten 30 Grad. Kein Wind stricht durch diese Gassen, kein Lüftchen wehte durch die Wohnung. Ich lag hinter Martina, die sich unruhig hin und her wälzte, konnte nicht einschlafen. Ich legte die Hand auf ihren Bauch, auf Annas Köpfchen und spürte, wie das kleine Püppchen sich bewegte, ich brachte es zur Ruhe, und wenn beide schliefen, ging ich leise noch mal vors Haus und genoss die Ruhe der Nacht.

Martina, Jutta und ich, wir drei, alle mit dunklen Locken, dunklen Augen, alle dasselbe Sternzeichen, Widder, waren wie eine Feuerwand, die durch Trastevere schlug. Allmählich kannte man uns: Ich war der Typ mit den beiden Frauen. Wie so ein Zigeunertrio zogen wir durch die Gegend. Einmal kam uns in der Nähe des kleinen Hotels in Trastevere, in dem wir gewohnt hatten, an einer Kirchenmauer entlangschlendernd, kurz vor dem Platz, eine Zigeunerin entgegen. Mit großen Gesten steuerte sie direkt auf uns zu, schaute der Reihe nach jeden an. Martina links, in der Mitte ich, rechts neben mir Jutta. Dann kehrte sie mit dem Blick zu mir zurück und sah tief in meine Augen. Ich fühlte mich wie durchleuchtet, aber mit positiver Energie. Sie bat um meine Hand, fragte, ob sie darin lesen dürfte, schaute eine Weile hinein und mir dann wieder tief in die Augen und sagte: »Amigo, jetzt werde ich dir was erzählen. Du wirst bald Probleme haben, große Probleme, bald. Riesenärger, dein ganzes Leben wird nicht so laufen, wie du's dir vorstellst. Aber du wirst lernen, und du wirst wachsen.« Na ja, dachte ich, die kann mir viel erzählen. Aber sie war noch nicht fertig. »Die nächsten zehn Jahre Pechsträhnen, du wirst im Gefängnis sitzen, du wirst ganz tief in den Abgrund schauen, und nach diesen zehn Jahren wirst du weitere zehn Jahre brauchen, um das wieder loszuwerden, aber das wird dich auch stark machen.« Das sagte sie mit einer Sicherheit, ohne zu wanken. Ich war beeindruckt und irgendwie auch beängstigt, gab ihr etwas Geld, und wir gingen weiter und lachten erst einmal darüber …

Kurz darauf fuhren wir zu viert aufs Land, Richtung Toskana. Freunde aus Rom hatten dort ein einfaches kleines Haus in einem Dorf, zirka 100 Kilometer nördlich von Rom. Ein schöner Garten gehörte dazu, eine halbhohe Mauer aus Feldsteinen umgab das Grundstück, daneben italienische Weinbauern. Die guckten schon skeptisch, als wir ausstiegen, registrierten unser Ankommen nicht gerade wohlwollend. Mexi, der Freund der Mädels, sah ziemlich hip aus, die beiden Schwestern trugen leichte Sommerkleidchen, und eine von ihnen war auch noch schwanger. Richtige Hippies waren wir zwar nicht, nur etwas anders gekleidet als die meisten um uns herum, für die Katholiken hier eben nicht gerade anständig. Am nächsten Tag fuhr ich noch einmal zurück nach Rom, erledigte einige Sachen in Trastevere, und genau an der Stelle, an der uns eine Woche zuvor die Zigeunerin begegnet war, exakt an derselben Stelle war eine kleine Straßensperre aufgebaut. Zwei oder drei Polizeiwagen hielten die Durchfahrt blockiert, sie suchten wohl irgendjemanden. Straßensperren waren zu dieser Zeit an der Tagesordnung, da überall Terroristen vermutet wurden, besonders natürlich in solchen Vierteln. Ich wurde gestoppt mit meinem roten Alfa Bellina, meiner italienischen Großbürgerlimousine. Ich, in Jeans und mit langen Haaren, stieg aus, zeigte meine Papiere und war gerade wieder im Begriff, einzusteigen und weiterzufahren – die beiden Polizisten hatten mich wohl für nicht verdächtig befunden –, als plötzlich ein ganz dienstbeflissener, spitznasiger Bulle mit leicht verbissenem Gesichtsausdruck und ungeheuer wichtigem Getue heraneilt und die Tür hinten rechts öffnete. Unter einem Pullover lag dort mein Pumamesser, mein kleines Buschmesser, zirka 30 Zentimeter lang mit einer breiten Seitenklinge, ein echtes Qualitätsmesser, mit dem ich mein Obst schnitt. Der Polizist nahm dieses Messer heraus, zog es aus der Lederscheide und betrachtete es von allen Seiten. Dann steckte er das Ding wieder in die Scheide, schaute mich missbilligend an und sagte nur »Subito al Officio!«. Sofort auf die Wache. Die beiden anderen Jungs waren plötzlich gar nicht mehr freundlich. Sie stiegen zu mir ins Auto, und ich durfte sie auf den römischen Polizeihof chauffieren. Meine Weste war rein, ich hatte nichts zu verbergen, und dieses Messer, Geschenk von einem Requisiteur, gehörte seit Jahren zu meinem Reisegepäck. Nun gab es aber in Italien eine Bestimmung, dass ein Messer bloß eine bestimmte Länge haben darf, darüber hinaus ist es meldepflichtig, gilt als Waffe und muss bei der Polizei registriert werden. Das wusste ich nicht und stand nun auf dem Polizeihof, um mich herum Beamte, die mich behandelten wie einen Schwerstverbrecher. Ich passte nach deren Vorstellungen auch nicht rein in so ein Bonzenauto. Sie öffneten den Kofferraum, und dort hatten meine beiden Genossinnen Zeitschriften und Bücher liegen gelassen. Die Zwillinge hatten hier Gleichgesinnte getroffen, die ihren Schwestern aus Deutschland Material geschenkt hatten, das vom Kampf der italienischen Kommunisten gegen den Kapitalismus kündete. Die Lektüre wurde sofort beschlagnahmt, ich festgenommen und abgeführt ins Gefängnis von Trastevere. Mitten in diesem wunderschönen alten Viertel gab es einen Knast, und für die nächsten zwei Wochen sollte mein Wohnungsproblem geklärt sein. 35 Grad im Schatten, die Sonne brannte mir auf die Birne, mein Italienisch reichte gerade, um das Notwendigste zu klären. Mein italienischer Agent war nicht zu erreichen, ein Boss von RAI, einer der Chefs vom italienischen Fernsehen, den ich am letzten Tag in Venedig auf den Filmfestspielen kennen gelernt hatte und der mir seine Nummer gegeben hatte, war auch verreist. Es war Urlaubszeit. Und ich hing in diesem römischen Stadtgefängnis, und jedes Mal, wenn die Klappe aufging und der Wärter etwas sagte, das ich nicht verstand, rief ich »Scusi, scusi, Signore ...«, aber schon war die Klappe wieder zu. Ich kam gar nicht zu Wort. Ich stand im Verdacht, ein Politischer zu sein, und so behandelten sie mich auch, abfällig und diskriminierend. Voller Angst brütete ich vor mich hin, dachte an meine Mädels, meine Freunde, zuerst natürlich an meine schwangere Martina, die mittlerweile im 7. Monat war und einen richtig runden Kugelbauch hatte. Es gab keine Möglichkeit, sie zu verständigen.

Besonders einprägsam die Atmosphäre in diesem Gefängnis: ganz spartanisch, in den Zellen keine Liegen, nur Schlafbretter, auch keine Decken oder Kopfkissen, nur ein dünnes Tuch. Aus den Fensterlöchern sah man im Hof die Einzelgangzellen, wie Tortenstücke, durch hohe Mauern voneinander geteilt, obendrauf Maschendraht, damit die Gefangenen nicht rüberkletterten. Wie in einem Raubtierkäfig liefen sie gerade mal drei oder vier Meter auf und ab.

Auf der meinem Fenster gegenüberliegenden Seite des Gebäudes, im obersten Stock, befand sich die Wohnung des

Gefängnisdirektors mit dazugehöriger Dachterrasse. Umgeben von einer Blumen- und Pflanzenpracht hatte die Gattin des Gefängnisdirektors dort oben ihren Sonnenplatz. Stehend zog sie sich aus, immer so, dass man gerade ihren Hals, die Schultern, die Arme und den Ansatz der Brüste sehen konnte, mehr nicht. Dann tauchte sie ab und sonnte sich. Nach einer Weile kam sie wieder zum Vorschein und stellte sich genau so hin, dass die gesamte Seite des Gefängnistraktes ihr dabei zusehen konnte, wie sie frivol ihr Hemd über Schultern, Arme und Brustansatz gleiten ließ. Dann ging sie weg. Nach einer Weile kehrte sie zurück, und die Show begann von neuem. Fünf-, sechsmal am Tag zog sie sich aus und an, genoss es, die Männer zu quälen, holte sich ihren Kick, wenn die hinter den Gitterstäben johlten und brüllten. Am 13. Tag öffnete sich meine Zellentür, und einer von diesen Wärtern führte mich dem Richter vor, ein sehr sympathischer, rothaariger, sommersprossiger Italiener, der mich nur fragte, ob ich nicht gewusst hätte, dass solche Messer in Italien verboten seien. Wusste ich nicht. Daraufhin fragte er, ob ich denn das Messer wiederhaben wolle und was der Grund meines Italienaufenthaltes sei. Das Messer wollte ich nicht zurück, und nach Rom war ich gekommen, weil ich Schauspieler bin und auf dem Filmfestival in Venedig Leute getroffen hatte, unter anderen den Chef vom RAI, die mich eingeladen hatten. »Ah gut«, sagte er und fragte noch mal, ob ich das Messer denn wirklich nicht zurückhaben wolle. »Und was passiert, wenn ich jetzt rauskomme und bei der nächsten Straßensperre wieder angehalten werde und die das Messer sehen?« »Ja«, sagte er, »dann kann es gut sein, dass man Sie gleich wieder verhaftet und dann eventuell sogar verurteilt.« Ich verabschiedete mich also von meinem

Buschmesser, er entließ mich, ohne die Lektüre in meinem Kofferraum auch nur mit einem Wort zu erwähnen. Wieder in Freiheit, fuhr ich gleich zu meinen Mädels aufs Land, wo sich meine innere Unruhe bestätigen sollte. Die Fenster des Hauses waren mit Brettern vernagelt, und ich wurde völlig aufgelöst empfangen. Die Nachbarn hatten die drei mit Steinen beworfen, beschimpft, verflucht, weil sich Martina und Jutta oben ohne im Garten gesonnt hatten. Das war nicht im Sinne der katholischen Kirche, Martina noch dazu hochschwanger. Der VW-Bus von Mexi war im Arsch, sie konnten nicht weg, von mir fehlte jede Spur, und Geld hatten sie auch nicht. Ich fand also drei ziemlich verstörte Kids vor, lud sie ins Auto und fuhr mit meiner Familie wieder nach Rom. Noch immer hatten wir keine Wohnung, alles war zu teuer. Nach kurzem Zwischenstopp ging es von Rom aus ans Meer, nach Sperlonga, einer Stadt ähnlich wie Muchacca an einem Felsen erbaut. Eine Künstlerkolonie, Maler, Musiker, Literaten verbrachten hier ihre Sommer. Louis Waldon lebte dort mit seiner italienischen Frau und der achtjährigen Tochter. Seiner Frau gehörte ein Geschäft. Wir campierten auf dem Geschäftsdach der Waldons, das nur provisorisch gegen Regen geschützt war, mehr wie eine überdachte Terrasse. Eines Tages kam ein Gewitter mit Blitz- und Donnerschlägen, wie ich sie vorher nie erlebt hatte. Plötzlich ein Riesengetöse, das Wellblechdach löste sich, flog durch die Gegend, zwei Meter an Martina und mir vorbei. Wir standen ineinander festgekrallt, duckten uns und glaubten für einen Moment, vom Blitz getroffen worden zu sein. Wir fühlten uns schon sterben, guckten uns an und stellten erleichtert, hysterisch lachend fest, dass wir noch lebten. Der Blitz war nur wenige Meter von uns entfernt ins Holzdach des Nachbarhauses eingeschlagen. Am nächsten Tag herrschte wieder brütende Hitze. Martina und Jutta lagen die meiste Zeit am Strand, ich hielt es dort nicht lange aus. Ziemlich genervt, fast ohne Geld, erdrückt von dieser Familiensituation, spürte ich, trotz aller Zuneigung zu Martina, dass es mir doch sehr, sehr schwer fiel, mich den bürgerlichen Regeln zu fügen und den allgemeinen Erwartungen zu entsprechen. Die Monogamie und dass jeder doch heimlich um die Ecke guckt, zu einer anderen Frau, zu einem anderen Mann, das konnte ich nicht einfach so akzeptieren. Dieses Weglügen der Begierde, dieses Heimlichtun. Gerade in der Zeit, da Martina hochschwanger war, gerade in diesem Moment, wo man ja eigentlich ganz stark mit jemandem verbunden sein müsste, spürte ich trotz allen Respekts vor den anderen Umständen eine so starke Triebhaftigkeit. Dazu kam Martinas Eifersucht, die zur Folge hatte, dass ich noch verlogener mit meinen Gefühlen umging, nur um niemandem wehzutun. Dabei fand ich es toll, offen zu zeigen, dass mir ein Mensch sympathisch ist, zu flirten, spielerisch miteinander umzugehen. Martina und ich stritten uns. Mir machte das alles sehr zu schaffen, und ich hielt es in der Situation für das Beste, allein zu sein. Also ließ ich die beiden noch eine Weile in Sperlonga und fuhr zurück nach Rom. Dort hatte ich einen Typen aus der Filmbranche kennen gelernt, einen Deutschen, der mir anbot, seine Wohnung anzumieten. Er wohnte bereits eine Weile in Rom, ich hatte früher schon einmal bei ihm übernachtet und betrat frohen Mutes sein Haus, wo mir ganz aufgeregt die Nachbarin entgegenkam und mir nur bedeutete, dass ich schnell verschwinden solle. Die Polizei war da, hatte den Typen mitgenommen, und ich wusste, dass auf seinem Tisch ein Zettel mit meinem Namen lag. Ich bekam Panik. Vielleicht wurde ich jetzt auch gesucht? War wieder einmal in etwas hineingeraten, ohne die geringste Ahnung, womit der Typ was zu tun hatte und warum sie ihn abholten. Ich fühlte mich verfolgt, hatte ja gerade erst 14 Tage Knast hinter mir und war nun vollkommen paranoid. In Sperlonga hatte ich bei einem geselligen Beisammensein die Nichte Albert Einsteins kennen gelernt, und diese zauberhafte, zarte, ganz vergeistigte, zurückhaltende, schüchterne Dame war verheiratet mit einem Psychiater, der in Rom seine Praxis hatte und wie jeder gute römische Psychiater natürlich ein Doppelleben führte. Ein völlig durchgeknallter Typ, gut aussehend, mit lang gewachsenem, nach hinten gekämmtem Haar, ein Frauentyp, der aber wie abwesend durch die Gegend rannte. Ich beobachtete ihn lange, wie er meine Zwillinge anmachte, war teilweise belustigt, teils auch verärgert. Gerissen verbarg er seine Geilheit hinter psychoanalytischem Interesse. Aber jetzt, in meiner Situation hier in Rom, dachte ich zuerst an ihn. Ich suchte ihn in seiner Praxis auf, und er bot mir eine Übernachtungsgelegenheit an, merkwürdigerweise nicht ein Zimmer in seiner Wohnung, sondern seine Couch. Die Couch im Behandlungszimmer, die berühmte Psychiatercouch. Angeblich wurde die Wohnung gerade renoviert. Was blieb mir also anderes übrig. Ich musste mich erst wieder sortieren, und so eine Schlafgelegenheit hatte ja auch etwas. Wer kann schon von sich behaupten, dass er auf der Psychiatercouch des Mannes der Nichte von Albert Einstein geschlafen hat, auf der übrigens auch Fellini gelegen und seinen Film »Julia und die Geister« (1965) unter überwachter Drogeneinnahme erträumt hatte. Und ich muss sagen, auch mich überkamen in diesen Nächten wüste Phantasien …

Inzwischen war mein italienischer Manager aus seinem Sommerdomizil zurück und empfahl mir, unbedingt mein Image zu ändern, am besten sofort. Dazu gehörte auch: Show up every day, zeige dich bei den branchenüblichen Partys und Empfängen. Mich interessierte das nicht, so wollte und konnte ich nicht leben, noch dazu in einem fremden Land, der Sprache unkundig, mit leerer Kasse, obendrein zwei Frauen im Schlepptau, von denen die eine schwanger, die andere in Trastevere mittlerweile geächtet war, weil sie zwei Brüdern das Herz gebrochen hatte. In dieser Situation kam aus Berlin ein Rollenangebot, und so entschloss ich mich, wenn auch mit einer gewissen Wehmut, zurückzufahren.

Eines ist mir klar geworden in meinem Leben: Die Frauen suchen sich die Männer aus und nicht umgekehrt. Und entsprechend hatte Martina zugeschlagen. Ich saß in der Falle. Wollte ich wirklich eine Familie? Aber das Ding war nun mal eingefädelt. Wir bezogen eine große Wohnung in Berlin-Neukölln, Sonnenallee 122. Das Renovieren bereitete mir anfangs sogar eine Riesenfreude. Dann reiste Martinas ganze Familie aus Kassel an. Tagelang wurde umgeräumt, dekoriert, geputzt. Kam ich vom Drehen nach Hause, war ich völlig überrumpelt, alles wieder anders, die ganze Wohnung umgestellt, ohne mich zu fragen. Das gefiel mir gar nicht. Ich drehte in dieser Zeit den Film »Wir wollen die weißen Indianer Europas sein« und verknallte mich total in meine Filmpartnerin Angelika Kulessa, genannt Geli. Ich war mal wieder wie geblendet, völlig verzaubert von einer neuen Frau. Was sollte ich machen? Ich war so zerrissen. Eigentlich hatte ich ja eine Frau, und die erwartete sogar ein Kind von mir, aber schon in Rom hatte ich gemerkt, dass dieses Feuer gar nicht mehr brannte. Martina, kurz vor der Entbindung, spürte das und dachte sich wohl, da hilft nur noch eins: heiraten. Also Glockenläuten. Ich habe mich überreden lassen. Meine Hochzeit verlief allerdings ohne Glocken. In einer Drehpause fuhr ich zum Standesamt Neukölln, gegenüber dem »Café Schönstedt«, wo ich Anfang der 60er an vier Wochenenden meine Jugendsünden absaß. Also rein in dieses Gebäude, der Staatsbeamte in seiner Amtsstube befahl: »Bitte hinsetzen.« Ich sagte: »Nun passen Sie mal auf. Ich heirate. Sagen Sie Ihren Spruch auf, und ich sage ja und gehe«, worauf dieser Amtsschimmel erwidert: »Nein, Sie müssen schon machen, was ich sage!« Und ich zu Martina: »Siehste, wie's hier geht? Staatlich! Ich muss mich schon wieder festlegen, unterschreiben. Und gleich werd'n se frech … kommen mit Bedingungen, Maßregeln, Vorschriften. Du, ich mach's nicht.« Ich wieder raus. Dann stand sie da, die liebliche Martina-Gisela, hochschwanger in diesem Riesenrathausgang, erleuchtet von der Sonne, die den zwanzig Meter langen Flur in eine Lichtung verwandelte, hielt sich ihren Bauch. »Roooolf …, ach Rolf, bitte«, flehte sie voller Verzweiflung und auch Hoffnung. Wie ich sie so sah, ganz kläglich und gepresst, wurde ich weich und sagte zu ihr: »Gut, ich heirate. Aber sag dem Mann, er soll mich fragen, was er zu fragen hat. Ich sage ja, unterschreibe und gehe.« So war's dann auch, und es ging ruck, zuck …

Seitdem wir uns kennen gelernt hatten, war ein gutes Jahr vergangen. Die Trance, das Verliebtsein, dieser Traum war zerplatzt wie eine Seifenblase. Die belanglosen Streitereien begannen, und ich bekam wahnsinnige Angst vor all den Konsequenzen, merkte auch, dass die Dinge für mich nicht so funktionierten, wie Martina es sich wünschte. Bald schon sollten wir ein Kind bekommen, was auch mein Wunsch war. Aber bei dem Gedanken daran, Familienvater zu sein, befiel mich das blanke Entsetzen. Martinas Vorstellungen vom Familienleben waren ganz anders als meine, sie war stark beeinflusst von ihren Freunden. Und an ihren Gedanken, Handlungen und Überzeugungen merkte ich, wie viel da noch vom Kasseler Kleinstadtmief war, dem sie doch gerade erst entkommen war. Der Trauschein war für sie wichtig. Zwar gab sie vor, damit nur ihrer Mutter einen Gefallen zu tun, aber so eine Ehe bietet ja auch Sicherheiten. Der Geburtstermin rückte näher. Es sollte der 25. Oktober 1972 werden. Eine kleine Privatklinik in Berlin-Dahlem, die ein befreundeter Professor der Zwillinge führte, wurde als Geburtsort ausgewählt. Als es ernst wurde, saßen Jutta, ihr Freund und ich bei Renato im Ristorante Il Gattopardo am Breitenbachplatz, nahe der Klinik. Wir warteten auf den Anruf der Entbindungsstation, denn ich wollte unbedingt bei der Geburt dabei sein, für Jutta war es ein Muss. Dann endlich klingelte das Telefon, der Countdown lief: Ich rannte sofort los, bog in den Weg zur Klinik ein. Es war abends, der Mond schien, Spannung lag in der Luft, und dann diese Schreie, ich hörte sie schon vor dem Krankenhaus, einer großen Villa, diese Schreie, und dachte, was machen die denn bloß mit der Frau. Martina hat so geschrien, sie hat halb Dahlem zusammengebrüllt. Ich stürzte die Treppe hoch, rein in den Kreißsaal, die Wehen waren in vollem Gange. Ich nahm ihre Hand, die Geburt ging los, ein ganz aufregender Augenblick, und dann sah ich, wie plötzlich dieses blutige Bündel rauskam. Ich wollte weiter hingucken, aber dieses viele Blut, meine Knie wurden weich, mir wurde schwarz vor Augen, und ich sackte weg. Leider, leider, ich bin eben ein Schwächling. Anna war da, ein wenig zu früh, das Mäuschen, musste noch eine Woche im Brutkasten schmoren, und … na ja … dieses kleine Würmchen ließ ich kurze Zeit danach mit seiner Mutter im Stich. Was für ein Feigling ich war. Es gibt Dinge, die sind irreparabel, und in meinem Leben war das so eines: Ich habe mich aus dem Staub gemacht und habe das Heranwachsen meines Kindes nicht miterlebt, habe mich nicht an der Erziehung beteiligt. Das wurde mir allerdings erst sehr viel später bewusst. Damals dachte ich: Ach was, da wird sicher bald ein anderer kommen, ich hatte ja auch keinen Vater, wusste, es geht auch ohne. Wenige Tage nach der Geburt stand ich auf der Leiter im Flur unserer Wohnung und malte die Decke blau. Geli war bei mir, die Familie war einkaufen, aber Martina kam noch mal zurück. Die beiden Frauen stießen im Flur aufeinander und keiften sich an, schrien und schimpften. Furchtbar. Das Kind war Gott sei Dank bei der Tante Jutta. Ich schaute mir das eine Weile an und sagte dann von oben, von meiner Leiter: »Jetzt passt mal auf, tut mir einen Gefallen, geht beide runter 'n Kaffee trinken, unterhaltet euch oder streitet euch von mir aus unten weiter, und diejenige, die zurückkommt, hat gewonnen.« Nach einer Weile kam Geli wieder, und Martina blieb weg. Für immer. Ein Jahr später rief sie mich an, wir waren ja noch verheiratet: »Rolf, ich will mich scheiden lassen. Da will mich einer heiraten.« Ich sagte: »Ja … und wer?« Und sie antwortete: »Paul Getty III.« Ich: »Ach, der mit dem reichsten Großvater der Welt.« Die Scheidung verlief dann unkompliziert und sachlich, auch wenn das für die Boulevardpresse damals natürlich ein gefundenes Fressen war und sie uns einen Rosenkrieg andichtete, den es gar nicht gab.

Meine neue Beziehung war ganz anders als die mit Martina. Geli war ein Arbeiterkind, ihr Vater hatte Haus und Hof verspielt, mit 15 bekam sie ein Kind, das von der Großmutter, Gelis Mutter, aufgezogen wurde. Geli steckten sie ins Heim. Da lief ein ganz anderer Film ab. Geli war nicht gebildet und kultiviert, sie hatte eine große Schnauze und ein großes Herz, so etwas Wahres, Pures an sich. Aber von ihr ging auch eine Art Hilfeschrei aus, als hätte sie es schon geahnt, dass ihr Weg auf dieser Welt kurz sein würde. So haben wir auch gelebt. Maßlos, als ginge es um die letzten Sekunden in diesem Dasein. Geli hatte nicht den geringsten Respekt vor irgendwelchen Produzenten, Regisseuren oder vor Leuten, die glaubten, sich aufspielen zu können, oder die mit ihrem Wissen prahlten. Sie verschreckte viele, ging immer direkt auf die Menschen zu. »Was willst du denn? Kriegst 'n paar auf die Fresse, Alter.« Ich sagte: »Geli, das ist doch der Redakteur. So kannst du doch nicht mit dem reden.« »Ja, aber wie redet der denn mit dir, was bildet der sich denn ein?« Sie war auch ein richtiger Kumpel, ganz anders als die Zwillinge. Martina war mit Anna zu ihren Eltern nach Kassel gefahren. Ich wusste, die beiden sind versorgt. Dachte, so ist das jetzt eben, mal seh'n, wie's weitergeht. Geli zog bei mir ein. Das riesige Kinderzimmer, in dessen Mitte meine kleine Tochter noch vor kurzem in ihrem Körbchen geschlafen hatte, vermietete ich an Christoph, einen sympathischen Kiffer, der sein Geld mit Antiquitäten und dem Verkauf von leichten Drogen machte. Seit ich auf dem Standesamt eine Ehe geschlossen hatte, war gerade mal ein halbes Jahr vergangen. Die Trennung, die Verantwortung als Vater und überhaupt die Tatsache, dass ich ein Kind in die Welt gesetzt hatte, schob ich weit weg, verdrängte alles. Mein Körper aber schlug Alarm, er reagierte auf den ganzen Wirrwarr, die Aufregung, die Unruhe der letzten Monate. Der Rücken, die Bandscheiben, die seit dem Unfall in Spanien völlig kaputt waren, meldeten sich immer häufiger. Anfallartig überfielen mich heftige Schmerzen.

HEROIN

Es war Ende Mai 1973 und warmes sommerliches Wetter. Die Badesaison hatte in Berlin schon vorzeitig begonnen, ich fahre mit Freunden ins Halenseebad. Das Wasser tut mir gut. Wir liegen in der Sonne, unter einem Baum, quatschen, genießen den Tag, dann ein Windhauch, eine Bewegung, und nichts geht mehr. Sämtliche Nerven sind eingeklemmt. Die Jungs wollen mir aufhelfen, hoffnungslos. Ich liege da wie ein Stück Holz, beiße vor Schmerzen in eine dicke, aus der Erde brechende Baumwurzel. Ein Rettungswagen kommt, schüttelt mich ins nächste Krankenhaus, wo sie mir zwei Spritzen in den Rücken jagen und mich mindestens eine Nacht zur Beobachtung behalten wollen. Im Nachthemd stehle ich mich an den Schwestern vorbei. Zum Glück haben die Jungs meinen Alfa Romeo zum Krankenhaus gebracht. Völlig verbogen sitze ich im Auto. Die Wirkung der Spritzen lässt langsam nach. Auf einer Backe schaffe ich es bis nach Hause und erreiche mit Zentimeterschritten die Wohnung. Christoph sitzt mit ein paar Freunden und lässt die Pfeife kreisen. Bob Dylan nölt im Hintergrund zur Gitarre.

»Eh, was is'n los, Alter?« Die Schmerzen werden immer stärker, ich fühle mich wie geschnitzt. Christoph rieselt mir eine Linie hin, von der er behauptet, sie würde jeden Hexenschuss heilen. Ich stelle keine Fragen, nehme an, es ist Kokain, bekanntlich schmerzlindernd. Ziehe das Pulver durch die Nase. Nach Sekunden richte ich mich auf, hebe den Kopf, sehe Christoph an. Er grinst. Dann stehe ich auf, löse mich aus meiner Erstarrung, beweglich wie aus Gummi, ein befreites Lachen, dezent, aber vermutlich irre.

»Mensch, Christoph, was'n das für'n Zeug?«

»Heroin, Alter.«

Ich kannte Heroin nur vom Hörensagen. Miles Davis hat's genommen, hat sich damit seinen Rausch gespritzt, Charly Parker, Jimmy Hendrix, die Stones ... Einige hatten es mit dem Leben bezahlt, aber das interessierte mich nicht. Ich hatte meine Medizin gefunden, dachte nur: Das ist das erste Betäubungsmittel, mit dem ich meine Qualen in den Griff bekomme, um auch die Filmarbeiten, in denen ich gerade stecke, durchzuhalten. Wenn sich die Schmerzen ankündigten, nahm ich wieder 'ne kleine Bahn. Gerade so viel, dass ich mich gut bewegen konnte. Bei den geringen Mengen Heroin, die ich konsumiere, werde ich bestimmt nicht abhängig. Aber die Schmerzen kamen immer wieder. Nach zwei Wochen musste ich höher dosieren. Ich sniefte jetzt zwei- bis dreimal täglich, zu den Rückenschmerzen kamen die Entzugsleiden. Gliederziehen, Wadenkrämpfe, Schüttelfrost, Schweißausbrüche in Minutenabständen. Meine Behandlung kostete mich jeden Tag 300 Mark, 9 000 Mark im Monat. Das war auch für einen Schauspieler viel Geld. Aber ohne Betäubung konnte ich nicht arbeiten. Derart zugedröhnt hatte ich kein Interesse mehr an irgendwelchen anderen Dingen, nicht mal daran, mein Existenzminimum zu sichern. Wichtig war nur, das Zeug in die Blutbahn zu kriegen und dann zu schlafen. Ständig im Mohnschlaf. Die Erfolgsstraße, auf der ich mich befand, die Bekanntheit, das Begehrtsein, all das konnte ich nicht mehr ausnutzen. Mit der Heroinabhängigkeit begann ein völlig anderes Leben. Es dauerte nicht lange, und mein ganzer sozialer Background brach weg. Geli und ich zogen aus der großen Wohnung aus, zu teuer. Es folgten Aufenthalte in Pensionen, kleinen Hotels, Absteigen. Wir schliefen in Häusern, Wohnungen, Zimmern von Freunden. In acht Jahren brachten wir es bestimmt auf hundert oder mehr Unterkünfte. Länger als ein paar Wochen blieben wir nie an einem Platz, höchstens zwei oder drei Monate. Zu zweit auf einer schmalen Unterlage, Hauptsache, zugedeckt und genügend Zeug dabei, lagen wir in Abstellräumen, in irgendwelchen Rumpelkammern zwischen Leisten, Kartons, alten Teppichen. Wir merkten nicht, wie wir uns veränderten. Die andern sahen es, aber wir glaubten ihnen nicht.

Gleich zu Beginn meiner Heroinsucht verfolgte mich in München die Presse mit nie gekannter Penetranz. Reporter drangen in das Haus ein, und jedes Mal, wenn ich die Tür öffnete, blickte ich in Blitzlichter. Einmal nahm ich eine halb volle Champagnerflasche und warf sie den Reportern hinterher. Sie hatten Glück, ich verfehlte mein Ziel. Der Grund für diese Belagerung war aber gar nicht meine Sucht, sondern: Paul Getty III., Milliardärserbe, verheiratet mit meiner Exfrau und Adoptivvater meiner Tochter. Er war im Juli 1973 in Italien gekidnappt worden. Die Presse witterte schon skandalöse Enthüllungen, Schlagzeilen nach dem Motto »Rolf Zacher, bekannter deutscher Film- und Fernsehgangster, entführt Paul Getty III. – ein Leben wie im Film«. So ein Blödsinn. Paul und Martina hatten sich diese

Entführung selbst ausgedacht, wie Martina mir 20 Jahre später erzählte. Sie wollten eine Million vom alten Getty, die monatliche Apanage reichte ihnen nicht aus. Ja, hätten sie mich mit meinem filmischen Fachwissen doch besser mal als Berater einbeziehen sollen … Aus Spaß wurde dann Ernst. Anstatt meiner übernahm die vorgetäuschte Entführung die Mafia, und die ganze Sache wurde brutal. Paul verlor im November 1973 auf bestialische Weise, mit einem Messerschnitt, sein linkes Ohr. Opa Getty, geizig, verhärtet und misstrauisch, hatte zu lange um sein Geld gebangt. Er zweifelte an der Entführung, wollte einen Beweis, und den schickten sie ihm dann in Form eines Körperteils.

Der ganzen Berichterstattung über Rolf Zacher und Paul Getty III. überdrüssig, fuhr ich zu Dreharbeiten. Ulrich Schamoni bereitete den Film »Chapeau Claque« vor mit Anna Henkel, die später die Frau von Herbert Grönemeyer wurde. Wir drehten den Film in Schamonis Haus im Grunewald, in der Richard-Strauß-Straße. Um das Haus war ein herrlich verwilderter Garten. Er ließ alles so wachsen, wie die Natur es wollte. Es gab einen Trampelpfad, der zum Swimmingpool führte. Auf dem mit Seerosen bewachsenen Pool tummelten sich zum Ärgernis des Nachbarn zwei Frösche, ein Pärchen, und das Gequake hallte durch die ganze Gegend. Der Nachbar machte ständig Anzeigen wegen ruhestörenden Lärms, ohne Erfolg. Die Polizei nahm das belustigt zur Kenntnis. Uli hatte auf dieses zweistöckige, backsteinrote Haus mit dem spitzen Dach eine Hypothek aufgenommen. Von dem Geld wurde der Film gedreht. Es gab wenig Gage, aber wir hatten viel Spaß. Bei den Regiebesprechungen nickte ich durch die beruhigende Wirkung des Opiats des Öfteren ein und gab, sobald irgendjemand etwas lauter wurde und ich aufwachte, völlig unpassende Kommentare ab. »Nee, das ist irrelevant« oder »Ja, ist meinerseits in Ordnung ...«, worauf mich die Runde verwundert anschaute und ich wieder einschlummerte. Aber ich war professionell und machte meine Arbeit gut.

Anfang 1974 hatte ich gerade den Fernsehfilm »Badische Revolte« in der Regie von Hans-Joachim Kurz abgedreht und keinen Stoff mehr in der Tasche. In Frankfurt fuhren Geli und ich vorbei am Hauptbahnhof. Ich ging rein in die Szene, Geli wartete im schwarzen 220 SE. Doch auf dem Markt war kein Heroin, nur Speed. »Och, denn lass uns doch 'n bisschen Speed nehmen ...«, sagte Geli, und ich: »Nee, lieber nich, ich krieg davon 'n Herzkollaps.« Auf Entzug ist der Körper ohnehin schon geschwächt, aber Geli, die alte Speednudel, war seit ihrer Zeit in der Erziehungsanstalt an das Zeug gewöhnt und überredete mich. Also wieder zurück, in einer riesigen Disco kaufte ich dieses beschissene Speed. Dann fuhren wir weiter Richtung Hamburg. Nach zirka 100 Kilometern kam eine Baustelle. In vom Speed getriebener Raserei, absolut irrsinnig, schleuderte ich mit durchgetretenem Gaspedal gegen die Schilder, auf einer Strecke von zirka 500 Metern flogen die rot-weißen Markierungsmarken durch die Gegend. Das Herz schlug mir bis zum Hals, fast verlor ich die Kontrolle über das Auto, schaffte es gerade noch bis zum nächsten Parkplatz. Dort riss ich die Tür auf, fiel aufs Pflaster, mein ganzer Körper schüttelte sich, sämtliche Ventile brachen auf, kotzen, pissen, scheißen. Für Sekunden spürte ich das Ende ganz nah. Speed beim Entzug ist wie das Löschen eines Brandes mit einem Ölstrahl. Der Körper bäumt sich auf, die Eingeweide drohen zu platzen. Dieser Zustand war mit das Härteste, was ich je erlebt habe. Wie bei einem Atommeiler blökten sämtliche Signale im gleichen Moment los. Nach einer Stunde erholte ich mich langsam und fuhr, weil Geli keinen Führerschein hatte, weiter nach Hamburg. Denn in Frankfurt gab es zwar Morphium, aber das hätte ich drücken müssen, und an die Nadel wollte ich nicht. In Hamburg angekommen, wieder kein Heroin in der Stadt, auch hier nur Morphium. Das kam für mich nicht in Frage. Ich hatte Freunde, Süchtige, die alle schon an der Nadel hingen und mich ganz sanft zu einem Druck zu überreden versuchten. »Mensch, dann bist du doch runter vom Turkey.« Aber da war ich absolut konsequent. Da gab's keine Möglichkeit. Gerade in solchen Momenten war es für mich ganz klar: Irgendwann ist Schluss mit dem Scheiß. Ursprünglich war das für mich ein Schmerzmittel gewesen, bis mich das Zeug in der Hand hatte.

In Hamburg ging ich bei Uschi Obermeier und Dieter Bockhorn vorbei. Dieter, einer der ehemaligen Hamburger Kiezgrößen, der eine Karriere vom Kellner zum Bordellbesitzer hinter sich hatte, dann aus dem Milieu ausgestiegen war und Szenecaféhausbetreiber wurde, lebte in einer Sechszimmerwohnung, dekoriert mit ausgestopften Leoparden, Tigern, Greifvögeln und Musikboxen. Er lag ganz entspannt, mit einem Lendenschurz bekleidet, auf einem Tigerfell und genoss es, aus seinem divanähnlichen Himmelbett mit roten Samtvorhängen Uschi anzuschauen, die im durchsichtigen Seidenkleidchen elfengleich zu Mick Jaggers Genöle »I saw her today on the reception« durch die Wohnung schwebte. Die Antwort auf meine Frage, ob er Zeugs hätte, war kurz: »Alles, Rolf, kannste haben, aber Heroin kommt mir nicht ins Haus.« Uschi, vorbeitänzelnd, hörte nur das

Wort Heroin und sagte: »Och, das würd ich auch gerne mal probieren.« »Uschi, vergiss es, das kommt mir nicht ins Haus.«

Lange Zeit danach, der letzte große Entzug lag schon zwei Jahre hinter mir, kamen mir die beiden auf der Münchner Leopoldstraße entgegen: traurige verlorene Blicke, auf die Hälfte ihrer selbst geschrumpft, mit flatternden Hosen und leicht verwahrlostem Äußeren. »Rolf, hast du Heroin?« Auch die hatte es also erwischt. What a shit.

Da wir auch in Hamburg kein Heroin bekamen, ging es weiter nach Berlin, und ich konnte ein gewisses Gefühl des Triumphes nicht leugnen, denn ich hatte widerstanden, hatte nicht gedrückt, war 1 000 Kilometer gefahren auf Entzug. Unter meinen Leidensgenossen aus der Szene war ich einer der ganz wenigen, die nie an der Nadel hingen.

Robert van Ackeren, der 1972 durch »Harlis« bekannt wurde und Förderungen erhielt, drehte in Hamburg den Spielfilm »Der letzte Schrei«. Der Film ging, als er 1974 herauskam, völlig daneben, wurde ein richtiger Misserfolg. Für die Hauptrolle hatte er sich den englischen Schauspieler Barry Foster geholt, bekannt als Krawattenmörder in Hitchcocks »Frenzy«, seine Partnerin wurde der französische Star Delphine Seyring. Mein Auftritt war eher bescheiden, nur einige Drehtage. Der Requisiteur bei diesem Streifen hieß Uli Baumbach, ein langer, dünner, rachitischer Typ mit spitzer Nase und schmalem, pickeligem Gesicht, unstetem Blick, strähnigem, blondem Haar. Er schwitzte ständig. In seiner verloren wirkenden Gestalt war etwas Verhuschtes. An seinen Augen, an den durch das Opiat extrem verkleinerten Pupillen erkannte ich, dass auch er auf Heroin war. Uli hatte in Amsterdam Verbindungen und ich die Kohle, um die Menge Heroin zu besorgen, die ausreichte für das Theaterengagement in »The Family« von Lodewijk de Boers mit Pola Kinski im Malersaal des Hamburger Schauspielhauses, das sich an die Filmaufnahmen anschließen sollte.

Amsterdam, Anfang September 1974. Uli zeigt auf ein Café. »Die Chinesen, die drei da am Eingang …« Wir gehen rein, und er stellt mir die Jungs vor: »Bin in ein paar Minuten wieder da.« Spinnt der, denke ich, ich kenne die doch gar nicht. Aber die Sucht treibt mich, ich werde leichtsinnig. Geli wartet im Auto zwei Straßen weiter. Die Chinesen dirigieren mich vor die Tür. Wir gestikulierten hin und her, außer Chinesisch verstehen die Burschen absolut nichts. Ihrer Miene entnehme ich, dass sie Angst vor mir haben. Bin von oben bis unten in Leder gekleidet und sehe gefährlich aus. Andererseits fühle ich mich aber selbst schon von zwei, drei gezielten asiatischen Kampfschlägen niedergestreckt. Erst das Geld, dann das Zeug, so viel kapiere ich. »Jungs, so geht das nicht«, doch die verstehen weiterhin nur Chinesisch. In ihren Augen ist Angst, Verständnislosigkeit. Ich drehe mich um. Wo ist Uli? Meine Lederhose ist mittlerweile schweißdurchtränkt, meine Knie flattern. Ich brauch ’nen Hit. Ich will jetzt das Zeug. Scheiß auf jede Vorsicht. Ich stehe hier schon 20 Minuten auffällig rum, und nichts passiert. Keiner traut dem anderen. Mir wird das zu heiß. Ich zeige mein Geld, gebe es ihnen. Bekomme ich jetzt was, oder hauen die mit der Kohle ab? Wir gehen zwei Schritte, sie deuten auf eine Steinstufe, ich hebe den Stein hoch, darunter liegt das Päckchen. Breche es auf, befeuchte einen Finger, teste, gute Ware. Sie verneigen sich mit asiatischer Höflichkeit, ich erwidere den Gruß. Alle sind froh. Es hätte auch anders kommen können. Schnell zu Geli, schnell einen dicken

Snief, dann rein in so eine Schwulendisco, überall Lametta und weiche blumige Parfümdüfte, die Typen grellbunt, »Woman take me in your arms, rock me baby«, der Sound der siebziger Jahre, wir fühlten uns geborgen.

Später dann, bei der Heimfahrt, überquerten wir an einem kleinen Grenzübergang die Grenze Holland-Deutschland, es gab nur einen Schlagbaum und rechts ein Zollhäuschen. Das Auto hatten wir auf Hochglanz poliert, Geli war dezent zurechtgemacht. Wie ein etabliertes Künstlerpärchen sahen wir aus. Ich mit weißem Seidenschal, die Haare ordentlich nach hinten gekämmt, in einem rehbraunen Zweireiher-Nadelstreifen-Maßanzug. Vivaldis »Vier Jahreszeiten« im Kassettenrecorder. Unauffällig langsam fuhr ich auf den Schlagbaum zu, drehte mich zum deutschen Zöllner, der rechter Hand im Häuschen saß, der Mann im Halbschlaf. Eine kleine Handbewegung von mir, ein Gruß, er hielt uns nicht für verdächtig und öffnete die Schranke. Befreites Aufatmen. Das Zeug nahmen wir gleich aus den Ärmeln raus. Dort hatten wir es für den Fall einer Razzia griffbereit, um es aus dem Wagenfenster rieseln lassen zu können. In Hamburg quartieren wir uns in der Pension »Am Funk« an der Rothenbaumchaussee ein. Ich liege auf dem Bett, feiere das Happy End. Blumen, Kerzenlicht, ein kaltes Buffet, Delikatessen vom Klosterstern. Geli schminkt sich vor dem Schrankspiegel, hat sich für mich ein Sommerkleidchen angezogen. Es ist wie eine Filmszene. Das Telefon klingelt. Uli ist am Apparat. Seiner Auffälligkeit wegen hatten wir ihn überredet, mit dem Zug bis nach Osnabrück zu fahren, dort wollten wir ihn vom Bahnhof abholen. Aber der Typ kam nicht. Jetzt taucht er plötzlich wieder auf.

»Du, Rolf, im Zug gab's Ärger, die haben mich durchsucht und die vier Gramm von dir weggenommen, haben mich dann aber laufen lassen.« Kein einziges Wort glaube ich ihm. »Rolf, könn' wir uns gleich mal treffen am Dammtorbahnhof, mein Freund ist total auf Turkey.« Irgendwas stimmt nicht mit dem Typ. Der will mich verladen, in die Falle locken, mir zusammen mit irgendeinem Arsch das Zeug wegnehmen. Geli registriert aufmerksam das Gespräch, guckt mich zweifelnd an. »Na okay. Wir fahren jetzt hin, geben ihm ein paar Gramm, verkaufen seinem Freund etwas, und das Ding Uli, Rolf und Geli ist beendet.«

Beim Rausgehen schnappen wir uns vom Buffet noch ein bisschen Schinken und Käse, Pizzabrot und ein Stückchen Melone. Wir blasen die Kerzen aus, steigen ins Auto und holen Uli vom Dammtorbahnhof, der da schon ganz auffällig nervös auf und ab trippelt. Vor der Haustür seines vermeintlichen Freundes bittet er uns, im Auto zu warten. Er möchte allein zu seinem Freund hoch, weil der angeblich so paranoid ist. Was Uli jedoch wirklich will, wird mir in diesem Moment klar: vor uns ins Haus und hinten über den Hof wieder raus. Er will mich bescheißen. Geli hat zweimal gesagt: »Der Typ is 'ne linke Socke.« Auf der anderen Straßenseite fährt ein grauer Audi mit drei Typen vorbei. Ich merke mir das Nummernschild. Die Jungs fahren ziellos schleichend, wie Haie. An ihrem scheinbaren Desinteresse erkenne ich sie. Mein innerer Gefahren-Sensor bimmelt, ich muss hier weg. »Okay, Uli, hier sind zwei Päckchen, mir ist das zu dämlich, hier sausen die Bullen rum, ich hau ab. Also nimm es, ich schenk's dir, aber das war's dann, Kumpel.« Im letzten Moment bin ich auch noch ein Wohltäter, ich Trottel. Beim Losfahren werfe ich einen Blick in den Rückspiegel und sehe den Audi wenden. Ich wusste es! Langsam fahre ich an, der graue Wagen bleibt hinter mir, eine Ampel, ich halte. In dem Moment kommt ein BMW von hinten, überholt uns beide bei Rot und bleibt quer vor mir stehen. Eingeklemmt. Ja, Zacher, das Schicksal mischt die Karten, und du spielst damit. Verraten und verkauft von einem Spitzel, einem Süchtigen …

Dieses Licht, eiskalt, gruselig. Ich war noch auf Entzug, war so schwach, und alles tat mir weh. Meine Augen waren empfindlich, alle Sinne überreizt und dann dieses Licht. Aus Illustriertenpapier schnitt ich farbige Motive aus und klebte die Teile zu einem Lampenschirm zusammen. Das unerträglich Grelle dieser nackten Glühbirne, das so hart in mein Bewusstsein schnitt, wich jetzt einem weichen Licht, das durch Landschaften, Muster oder Gesichter fiel und die Zelle für Momente verzaubern konnte. Bis dieser Wachsoldat kam, ein Perverser. Mit einem ekelhaften Grinsen trat er in meine Zelle und riss als Erstes das Papierschirmchen weg. War er fort, bastelte ich mir gleich ein neues, das genau so lange dort hängen konnte, bis dieser Typ wieder Schicht hatte und es, kaum hatte er die Zelle betreten, mit einem Wisch zerstörte. So ging das Woche für Woche, mitunter Tag für Tag. Dieser Lump wollte, dass ich ihm die Eier zermatschte. Den Gefallen tat ich ihm nicht, aber später, beim Abschied … Meine Sehnsucht, aus dem Knast rauszukommen, war unbeschreiblich. Nach unserer Festnahme kamen wir erst ins Krankenhaus, dann in U-Haft, denn man wollte mich als Kopf einer großen Heroinbande ausgemacht haben. Draußen ging das normale Leben weiter, ich sah die Autos vorbeifahren. Drinnen war es laut wie in einem Apartmenthaus, und von der so genannten Freiheit hörte ich nur die Straßengeräusche. Das machte mich irre, ich glaubte, verrückt zu werden – aber selbst das geht nicht so einfach. Eines Tages ließ mich der Direktor zu sich bitten: »Herr Zacher, wenn Sie Wünsche haben, kreatives Engagement oder auch Zellenwechsel, dann lassen Sie es mich wissen.« Ich sagte ihm, dass ich zuerst einmal daran arbeiten würde, schnell wieder herauszukommen. Sollte das nicht eintreffen, würde ich mich schon mal vormelden als Sänger einer Gefängnisband, die ich zusammenstellen könnte, und für eine zu gründende Theatergruppe. Bei der Gelegenheit bat ich ihn dann auch um Verlegung auf die Südseite, zum Innenhof hin, das hieß Ruhe und den ganzen Tag über Licht. Der Gefängnisdirektor wusste, dass im Frauentrakt, der dann in meiner Blickrichtung liegen würde, meine Freundin Geli saß, mit der ich zusammen verhaftet worden war. Ich bekam tatsächlich eine andere Zelle und schaute von nun an auf die große Wand im Innenhof. Hinter dieser befand sich 30 Meter Luftlinie entfernt Geli, und wenn ich Glück hatte, konnte ich sie beim Hofgang sehen, denn auf den Flur gegenüber meiner Zellentür gelangte Licht durch eine aus vier Glasbausteinen bestehende Luke, die zum Hof des Frauentrakts führte. In einem dieser Glasbausteine befand sich ein maikäfergroßes Loch. Holte mich der Wärter zum Hofgang ab, nutzte ich jedes Mal die fünf Sekunden, in denen er mir den Rücken zukehrte, um meine Zellentür zu verschließen, und brach mit einem Teelöffelstiel, den ich mit einem Stück meines Hemdes umwickelt hatte, ein weiteres winziges Stückchen aus dem Glasloch. Um die Geräusche des Herausbrechens zu übertönen, simulierte ich einen kleinen Hustenanfall. Nach sieben Tagen konnte ich endlich vom Guckloch meiner Zellentür aus über die präparierte, inzwischen fünfmarkstückgroße Öffnung im Lichtschacht einen

Teil des Hofes überblicken, auf dem Geli ihren täglichen Auslauf hatte.

Aus meinem Knasttagebuch

11. Oktober 1974
Meine Tätigkeit, meine Gedanken. Ich kam in die Zelle, erschrak, na gut, so sieht's hier aus, dann packe ich meine beiden Plastikbeutel aus, mache mein Bett, danach ordne ich alles im Schrank. Zieh mich sofort ins Bett zurück. Liege im Bett, die Gedanken fangen an zu rasen, man wird hier eingesperrt wie ein Tier (der Wärter machte mich darauf aufmerksam, dass es hier nicht so sei wie im Krankenhaus, wo man jederzeit bimmeln könnte und nach Feuer fragen). Ich versuche zu schlafen, es gelingt mir nicht, trotzdem ich total erschöpft bin. Ich atme tief durch, mein Gehirn ist für einen Augenblick leer, ich vernehme nur sämtliche Geräusche um mich herum. Ich fresse sie in mich rein, der Anwalt muss kommen, denke ich, ich denke an Geli, die nur wenige Minuten entfernt von mir liegen muss, erkenne diesen Wahnsinn, Menschen einzusperren. Denke plötzlich an Selbstmord, aber ich will weiterleben. Mein Blick läuft in der Zelle herum, erfasst die Schmierereien der Vorleider, stehe plötzlich auf und fange an zu schreiben. Ziehe meine Jacke an, meine Hose, es sind wieder die Privatsachen, versuche, eine Obstfliege zu fangen, stecke mir eine Zigarette an, alles bekommt eine totale Bedeutung, ich höre den Schließer, man denkt immer, wenn ein Schließer kommt, er will zu einem, man erwartet immer etwas Neues, obwohl es eigentlich völlig uninteressant ist. (Um mich herum wird den ganzen Tag gehämmert, der Putz fällt mir aufs Fenster, ich denke an draußen, das Essen müsste bald kommen, alles aufschreiben, um bloß nicht

vor sich hin zu sinnieren, denn das ist die Hölle, komisch, es erscheint einem, als wären die Gedanken mit eingeschlossen. Einerseits fühle ich mich ganz wohl, dass ich von dem Gift weg bin, es ist mit brutaler Gewalt geschehen, draußen habe ich immer gesagt, um Gottes willen, bloß nicht in die Verlegenheit kommen und im Knast plötzlich nichts mehr haben, es ist draußen schon schwer genug, davon runterzukommen, ich inhaliere tief den Rauch der Zigarette in meine Lungen. Mir ist auf einmal ganz schwach auf der Brust. Aber ich zwinge mich zum Schreiben, denn ich überlege, wieder ins Bett zu gehen. Wenn ich draußen bin, denke ich … (der Tisch wackelt, ich mache ihn mit Klopapier fest, schon wieder ein Schließer). Verbrenne mir fast die Finger an der Zigarette. Wenn ich draußen bin, gehe ich sofort ins Studio Hamburg. Ich muss einen Moment aufstehen. Laufe mehrere Male in der Zelle auf und ab, wasche mich, mein Gesicht, meine Hände mit kaltem Wasser, warte auf Abendbrot, benutze das Waschbecken als Aschenbecher. Hier gibt es nur kaltes Wasser, habe ein paar Sprüche an der Wand gelesen. ›Ich liebe dich, Anka.‹ Ich liebe dich, meine geliebte Geli, fällt mir sofort ein, auf dem Gang Stimmen. Der Flügel scheint fast leer zu sein. Ich glaube, das Essen kommt. Oder habe ich mich geirrt? Eigentlich habe ich gar keinen Hunger, ich warte, dass die Tür aufgeschlossen wird. Aufdringliche Polizeisirenen plärren vorbei. Oh, meine Geliebte, könnten wir doch wenigstens zusammen leiden oder wenigstens uns am Fenster sehen, meinem Fenster gegenüber befindet sich ein Verwaltungsgebäude, ich habe die Fliege endlich erschlagen, zerquetscht.

12. Oktober 1974
Schreibe einen Brief an Geli. Hoffentlich bekommt sie ihn. Es wäre zu schön, wenn wenigstens das erlaubt wäre. Ich werde es sehen. Ich rauche schon wieder, draußen rauche ich in einem Monat eine Pa-

ckung. Es tut gut. Wasche mein Hemd, hoffe auf den Anwalt, der kommt sicherlich erst Montag, kann man nichts machen. Setze mich an den Tisch und lese Thomas Wolfe: »Es führt kein Weg zurück«, das hoffe ich in meinem Fall aber gar nicht. Das Buch spielt in New York. Ich erinnere mich laufend an die Zeit, als ich in N. Y. war, was für eine pulsierende, schöne, berauschende, fast einen manchmal erdrückende Wunderstadt. Ich möchte dort noch einmal hin, mit der Geli, meiner geliebten kleinen Frau. Sie wünscht es sich so sehr.

13. Oktober 1974
6 Uhr 30 wecken, bleibe so lange liegen, bis das Frühstück kommt. 7 Uhr 10, stehe auf. Frühstück, danach halb angezogen ins Bett. 9 Uhr 10 Freistunde, da kann man 40 Minuten auf einem Hof herumlaufen. Ich laufe, wie ein Besessener mit noch ca. 15 anderen. Alle von A4, meiner Hälfte. Zwei Schwarze, 3 Türken, ein Ami, ein Intellektueller, ein Rocker, 3 Suffköppe, ein Langhaariger, ein anderer Ausländer, laufe die meiste Zeit allein, rede mit dem Rocker, hat 'ne Vergewaltigung und Körperverletzung, nicht so interessant, mit ihm zu sprechen, beim Raufgehen quatsche ich den Ausländer mit Pudelmütze an nach was zu lesen, morgen, Sonntag, gibt er mir was, bin gespannt, was. Rede noch kurz mit dem Intellektuellen über Bücherei. Ab in die Zelle, kommt mir schon sehr heimisch vor das Ding. Die Sonne knallt voll ins Fenster. Setze mich hin und lese laut, dann nach kurzen Sätzen wieder leise, bin zu erschöpft vom Laufen. Bald kommt Mittag, Mohrrübeneintopf mit Fleischeinlage. Danach 'ne Lulle und aufs Bett, lese 'nen Cowboyschmöker zu Ende. Bin etwas enttäuscht, schon zu Ende. Setze mich hin und schreibe. Mir fällt im Moment nicht viel ein. Draußen macht einer sauber, wie gut er's hat!?! Beim Arbeiten vergeht die Zeit schneller. Werde wieder was lesen,

habe schon wieder Hunger. Die Zeit kann man nur schätzen. Es ist bald Abendbrot. Habe meine Zelle ausgefegt. Beim Mittag sagt der Schließer, nimm zwei Glocken. Was für Glocken? Er: »Warste noch nie im Knast?« Ich sage nein, er völlig überrascht und lächelt fast sympathisch.

14. Oktober 1974
Bin verlegt worden in eine andere Zelle, doppelt so groß, das ist jetzt meine richtige UHA Zelle A4 Z4. Hatte mich schon gefreut, Geli durchs Guckloch, dann weiter durch eine kleine ausgeschlagene Scheibe, Geli, meine geliebte Geli, beim Hofgang zu sehen. Gegen Mittag kommt plötzlich ein Wachtmeister und sagt mir, Sachen packen, es geht rüber. Ich war sehr traurig. Es war schon gegen 3, halb 4, dann in die neue Zelle. Packe gerade meine Sachen aus, bekomme von der Ausgabe noch Essgeschirr, bin wieder in der Zelle. Die Tür wird geschlossen. Kommen Sie bitte mit, Ihr Anwalt ist da. Was für eine Freude. Herr Hoffmann heißt er, er scheint mir sehr o. k. Er wird versuchen, mich mit einer Kaution vom Wenzel Lüdicke herauszuholen. Hoffentlich klappt es. Es saust mir dauernd durch den Kopf. Ich bin ziemlich sicher, dass er es tut. Am Dienstag kommt der Anwalt wieder. Ich hoffe. Zurück in die Zelle, sie ist im Gegensatz zu der anderen sehr groß und hell. Es gibt Abendbrot. Fischbrot. Ich bekomme zweimal, wie nett. Dann ein langer Abend. Es scheint mir eine Ewigkeit, bis das Licht ausgeht. Die Lampe verdunkle ich mit Seiten von Perry Rhodan. Schlafe ein, nehme Schlafpillen. Plötzlich wache ich durch ein markerschütterndes Gelächter auf. Wie ärgerlich. Kann relativ viel schlafen. Aus einer unteren Gemeinschaftszelle noch lange viel Lärm und kreischendes Gelächter. Es stört sehr, verstehe nicht, wie man im Knast so lustig sein kann. Schlafe ein, denke an Geli, meine Geliebte. Sie ist schwanger, auf Heroin gezeugt, ich muss es

am Dienstag unbedingt mit dem Anwalt besprechen, was da zu machen ist, denn meine geliebte Geli ist in einer noch beschisseneren Lage als ich, wenn sie doch wenigstens recht schnell herauskäme, diese Gedanken, und wie so oft muss ich daran denken, dass uns der Uli verpfiffen hat, dieser miese, erbärmliche, pockengesichtige kleine Fixer, mit dem wir alles geteilt haben, dem wir Liebe und Wärme gegeben haben während der ganzen Fahrt und der uns dann zuletzt für ein paar Fixen und zwei lumpige Scheine (200 DM) an die Polizei verkauft hat. Die uns behandelte, als wären wir die größten Heroinschmuggler Europas. Mit 4 lächerlichen Gramm, die nur für den Eigenbedarf gedacht waren. Dieses miese, kleine, armselige Menschengewürm wird sicherlich dafür eines Tages in der Hölle braten, und für alle seine Schandtaten wird er hart büßen müssen. Ich bin sicher, er hat jeden Tag quälende Gewissensbisse. Aber ich muss aufhören zu denken. Ich denke noch sehnsuchtsvoll an meine Geliebte und versuche zu schlafen.

15. Oktober 1974
Der Anwalt muss heute kommen, fährt mir gleich beim Aufstehen um 7 Uhr durch den Kopf. Was setzt man nicht alles auf so einen Anwalt, aber man soll nicht zu viel erwarten. Eben hat es an der Tür geschlagen, Freistunde. Dann muss ich mich immer ganz schnell anziehen und mich wie ein Köter vor die Tür stellen, wenn ich noch nicht fertig angezogen bin, meckert jedes Mal der Wärter. Tür geht auf. Auslauf. Danach in die Zelle. Um 3 kommt der Anwalt. Als ich ihm gegenüberstehe, wage ich es nicht, ihn zu fragen, was er erreicht hat. Seinen Worten nach scheint es nicht viel zu sein. Er hat Wenzel Lüdicke noch nicht erreichen können, diese Worte treffen mich wie ein Peitschenhieb, er wird es diese Woche versuchen.

16. Oktober 1974

Heute beim Abteilungsleiter erfahre ich zum ersten Mal, warum ich in Einzelhaft bin. Man bringt mich mit einem gewissen Ingolf Harting in Zusammenhang, den ich zum ersten Mal in meinem Leben auf der Wache gesehen habe. Es scheint, als hielte man mich für einen Riesenheroindealer, wie absurd. Es ist schon eine sehr makabre Situation, in die ich da hineingeraten bin. Aber so ist es mit diesem Gift. Wenn man damit etwas zu tun hat, und sei es nur als Konsument, wird man sofort mit verschiedenen Leuten dieses Genres in Verbindung gebracht. Bei der Freistunde denke ich immer daran, wenn ich schon so friere, wie mag erst mein zartes, geliebtes Püppchen zittern und bibbern vor Kälte, denn sie hat ja noch dünnere Sachen an als ich. Ich werde ihr schreiben, dass sie sich die Sachen schicken lassen soll, meine Geliebte. Ständig diese quälende Sehnsucht nach dem geliebten Menschen. Wie soll man es schaffen? Ich muss mich dermaßen diszipliniert verhalten. Einen gewissen Rhythmus muss ich mir auferlegen. Die Leute, die hier eingesperrt werden, sind meist Leute, die irgendetwas getan haben. Ein Einbrecher, ein Dieb, ein Mörder, ein Betrüger, aber ich habe doch in dem Sinne nichts getan. Ich bin durch einen Zufall, weil ich so furchtbare Rückenschmerzen hatte, zu diesem Gift gelangt. Aber ich habe doch nie versucht, damit Handel zu treiben. Dafür, dass ich es über Monate genommen habe, bin ich schon genug bestraft, denn es hinterlässt natürlich Nebenwirkungen, und bis es völlig aus dem Körper und vor allen Dingen aus der Psyche gestrichen ist, so sagt man, braucht es mindestens die doppelte Zeit, die man es genommen hat.

17. Oktober 1974
Die letzten Tage sind voll innerer Unruhe und Zerrissenheit, jeder Mensch braucht doch Liebe, die Zärtlichkeit seiner Frau, all das vermisse ich hier drin natürlich 1 000 Mal zu stark. Aber ist außerhalb der Mauern denn die Freiheit? Die Freiheit trage ich in mir selbst, aber wenn man so eingeschlossen ist und vor allem so einen nicht zu stillenden Durst nach Taten hat, erscheint einem die Freiheit draußen auch nicht so frei. Ich habe im letzten Jahr auch versucht, viel gute Arbeit zu finden, aber jetzt weiß ich, dass die Droge meine Kraft, meine Substanz aufgefressen hat.

20. Oktober 1974
Wie grausam Menschen sind. Die menschliche Seele ist doch etwas Sensibles, Hauchdünnes, ein aus zarten Fäden zusammengeknüpftes Gewebe. Der Mensch braucht doch Impulse, die täglich die Seele füttern, aber hier drinnen bekommt man nur Nahrung, Fressen.

23. Oktober 1974
Der Anwalt war da, hat den Wenzel immer noch nicht erreicht, jedes Mal diese Spannung, die mich zu einem flattrigen, nervösen, hilflosen Etwas werden lässt. Ich weiß nicht, ob er der richtige Mann für uns ist. Aber habe ihm eingebläut, den Wenzel unbedingt zu erreichen. Er muss es schaffen! Dann sagte er mir, dass meine geliebte Geli im Krankenhaus liege und operiert worden sei, wie ein Peitschenhieb trafen mich diese Worte, ich war wie benommen, als ich in meine Zelle zurückkehrte, tausend Gedanken von Schmerz erfüllt, ich darf nicht einmal zu ihr, niemand sagt mir, wie es ihr geht.

04. November 1974
Der Glückstag! War beim Anwalt und habe einige Sekunden meine Geliebte durch den Spion gesehen.

Habe den ganzen Tag nur immer das geliebte Gesicht vor meinen Augen gesehen. Der Moment war so kurz, den wir uns sahen, eine kurze Berührung ihrer zarten Lippen, durch ein kleines Guckloch gezwängter Kuss, Oh, wie schön sie ist, mein geliebtes kleines Mädchen!

07. November 1974
Abendfütterung! 16.30 Uhr. Mit der Fütterung ein kleiner weißer Zettel. »Sie haben jetzt eine Aktennummer«, was so viel heißt, dass die Ermittlungen abgeschlossen sind, also auch der heiß ersehnte TERMIN.

08. November 1974
Habe die Anklageschrift erhalten, in der steht, es wird ein beschleunigtes Verfahren geben, so weit ist erst mal alles erreicht, normalerweise warten die Gefangenen bis zu 6 Monate und länger auf ihren Termin.

Meine Geliebte schickt mir so schöne Briefe und so viele. Ach mein süßes, kleines, geliebtes Fötzchen, wie ich mich sehne, mich mit dir zu verschmelzen, mich in dich hineinzustoßen, die ganze Qual, die ganze Sehnsucht hinauszuschreien und mit dir zusammen die Freiheit in jeder Phase zu erleben. Ach es wird so irrsinnig schön werden, ein neues Leben anzufangen. Irgendwie geläutert, mit wiedergewonnener Kraft sich ins Getümmel des Lebens zu stürzen.

11. November 1974
Alles Scheiße, will hier raus!

13. November 1974
Unerträglich quälend, lähmend dieser Zustand! Habe keine Lust zu schreiben. Lesen geht mir auf die Nerven, besonders wenn ich mit gewissen Informationen aus der Zeitung in Berührung komme, was da alles so in meinem Job passiert, und ich kann nicht teilhaben, es ist zum Verrücktwerden. Vor allen Dingen, da ich weiß, jeder Tag hier drinnen bringt mich immer einige Schritte weg von dem, was ich eigentlich zu tun hätte. Denn ich muss erst mal die Branche in gewisser Hinsicht beruhigen. Sie werden sich das Maul zerreißen, eine verfluchte Scheiße.

17. November 1974
Wieder mal so ein Schweinetag, der sich zäh wie Sirup dahinquält. Diese Eintönigkeit macht mir schwer zu schaffen. Warte schon wieder auf den Abendfraß. Hoffe ja sehr, dass am Montag die Vorladung zum Termin eintrudelt. Hoffentlich. Ein ungeheurer Hass wächst ständig in mir. Ich kann diese beschissenen Mauern um mich herum nicht mehr ertragen. Überall wo ich hinschaue MAUERN.

19. November 1974
Heute kam »der Brief« vom Gericht. Am 26. 11. 74, 14 Uhr Ladung zum Termin.

Bin ganz schön gesprungen vor Freude. Mann oh Mann, wie habe ich darauf gewartet, war die letzten 3 Tage total angespannt, habe auf jedes Schlüsselklirren oder ähnliche Geräusche gelauscht, es war furchtbar, diese Spannungen, kommt der nun zu dir, oder … so ging es 5 Stunden am Tag.

Ich sehe mein Püppchen, und wir kommen hier raus …
HOFFENTLICH!

21. November 1974
Denke dauernd daran, dass wir Dienstag rauskommen. Die »Experten« hier drinnen sagen alle: »Logo ... es gibt Bewährung, Dienstag um 15 Uhr biste draußen mit deiner Braut.«

23. November 1974
War vormittags beim Notarzt, Vitamin C bekommen, habe mit einem Mann geredet, er ist 7 Jahre in Haft, Fuhlsbüttel, meine Güte, wie der aussah, diese Augen, ohne Gefühl, so etwas habe ich noch niemals gesehen.

Irgendwann fühlte ich mich in dem Raum, in dem ich da lebte, sogar heimisch und wohl. Kein Stress, keine Beschaffungsängste, keine Geldsorgen, keine Miete. Ich brauchte an nichts zu denken. Im Knast wurde es mir abgenommen, mich um meine Existenz zu kümmern. Aber wie soll sich eigentlich jemand bessern, wenn er sich überhaupt keine Gedanken um seine Existenz mehr machen muss, soll oder darf? Der Tag der Entlassung kam. Wir standen in einer Runde, ich mit dem Entlassungszeugnis in der Hand und zwei, drei Wärter, die auch auf Wiedersehen sagen wollten. Außerdem natürlich die Kalfaktoren, die Helfer der Wachhabenden, selbst Inhaftierte, die aber mit einer gewissen Macht ausgestattet waren. Sie konnten sich relativ frei auf den Gängen rumtreiben, zuständig für den Wäschewechsel und die Essenausgabe, waren diese »Zimmerkellner« Teil eines knastinternen Netzwerkes, perfekte Überbringer von Nachrichten. In jeder Etage gab es drei von ihnen. Sie wussten, der Zacher geht heute raus, sie standen in den Fluren und sahen zu, wie ich diesem Typ, der mich die ganze Zeit, monatelang, so gequält hatte, wie ich diesem kleinen miefigen Stinksack wider Erwarten die Hand gab. Der besagte Wärter ergriff sie, aber nicht richtig. Er krallte sich nur um die Fingerknochen und klemmte sie ein. Das tat sehr weh, und ich sagte nur: »Lass los!« Ich sah meinen Freund Henry an, den Flurchef, wir mochten uns, und ganz zart, beinahe flüchtig ließ er sein linkes Augenlid fallen. Das hieß für mich: »Free! You can do what you want with him. You can hit him.« Natürlich so, wie es sich gehört, angemessen eben. Ich haute ihm also mit meinem Knie volle Kanne in seine Wachteleier. Er schrie auf, ließ aber sofort meine Hand los. Und als Antwort ertönte das Gejohle meiner Mithäftlinge. »Yeeeah«, dröhnte es durch den Gefängnistrakt, »der Rolf, der Zacher hat dem Sado in die Dinger getreten und ihn ausgeknocked, ja …!« Verkrampft lag der Wärter am Boden, und das war's.

An einem Nachmittag Ende November schlossen sich die Gefängnistore des Männertrakts hinter mir. Schneeregen fiel, und es begann zu dämmern. Endlich wieder in Freiheit. Aber wo war mein Zuhause? Ich glitt um die Ecke, vergaß den Regen, gleich würde ich meine Geliebte umarmen können. Geli kam mir aus der Richtung des Frauentrakts entgegen. Wir trafen uns an der Gerichtstreppe, hielten uns in den Armen und weinten leise. Wir wollten nur eines, weg von hier, zurück in unsere vertraute Hamburger Pension »Am Funk« an der Rothenbaumchaussee, direkt neben dem immer summenden NDR-Sendegebäude. Wir waren wie zwei Teenies, ganz zart, vorsichtig, behutsam hielten wir uns fest und fühlten uns geborgen. Monate waren wir voneinander getrennt, auseinander gerissen durch einen Spitzel. Welch einen Hass spürte ich gegen diesen durch Heroin zum Verräter gewordenen Uli, den wir wie einen Bruder und Freund behandelt hatten. Mein Racheplan: ein Brandeisen, wie man es bei Pferden oder Kühen benutzt, die Form eines S sollte sich glühend auf seiner Stirn einbrennen. Der Hass gab mir Kraft für einige Wochen, dann verwandelte er sich in Empörung, Verachtung, Verletzung, Enttäuschung. Viel später – ich war schon zwei Jahre raus aus der Szene, hatte entzogen, war ein völlig neuer Mensch – stand ich in Berlin auf dem Bahnsteig des U-Bahnhofs Wittenbergplatz am KaDeWe. Gegenüber lief ein Zug ein, an der Tür lehnte ein blonder, völlig heruntergekommener Typ, voll drauf – Uli Baumbach. Ich raste auf die andere Seite, stand vor der U-Bahn-Tür, Uli erkannte mich und zitterte am ganzen Leib. Ich holte mit meiner Hand zum Schlag aus, ließ sie jedoch sofort wieder sinken. Ich empfand nur Mitleid. Die Türen schlossen sich. Sein verlorenes, krankes Gesicht fuhr aus dem Bahnhof.

Nach der Entlassung war ich verzaubert vom nüchternen, drogenfreien Erleben und Wahrnehmen. So sollte es für immer bleiben! Aber die sonst so penible, akribische Genauigkeit der deutschen Behörden hatte schmählich versagt: In dem Gefängnisbeutel, in dem meine Privatsachen während des Strafvollzugs verwahrt waren, entdeckte ich ein Päckchen, in dem sich ein Gramm Heroin befand, das diese Trottel übersehen hatten. Ich war fest entschlossen. Mein Körper, mein Verstand, mein Blut, wir drei sagten nein. Doch Gelis große braune Augen sagten in einer zarten Umarmung, ach komm, Rolf, bitte ..., lass uns doch ... einmal ... Nur ein kleines bisschen Heroin, und wir würden sofort wieder drauf sein, der monatelange qualvolle Entzug – umsonst. Doch ich war zu weich. Ich gab nach. Es war mein Fehler. Der Heroinschleier legte sich sanft auf unsere Sinne, und die so intensive, neue Art des Sichspürens endete nach dem ersten Snief in dem gewohnten Gefühl dumpfer Betäubung.

Wir fuhren nach Berlin, ein Fernsehspiel sollte gedreht werden. Um zwei Uhr nachts knallte mir eisige Kälte ins Gesicht. Minus 15 Grad in Berlin. Im Radio Jim Morrisons »Riders on the Storm«. Plötzlich war der Tank leer. Wir befanden uns gerade auf dem Hohenzollerndamm in Berlin Charlottenburg. Ich stieg aus dem Wagen und schnappte mir den Ersatzkanister. Auf dem Weg zur Tankstelle sah ich bei einem Ford Taunus den Schlüsselbund in der Kofferklappe stecken. Werde das Auto nur benutzen, zu meiner Stamm-Tanke, Taxihaltestelle Uhlandstraße, fahren. Es war gerade die Zeit, als die Baader-Meinhof-Hysterie umging. Ein aufmerksamer Mitbürger sah aus dem 4. Stock, wie Geli da im Mercedes saß, allein, wartend, er schöpfte Verdacht und rief die Polizei. Als ich mit meinem Benzin zurückkam, warteten sie schon. Ich rannte weg, schließlich hatte ich mir ja gerade ein Auto »geliehen«. Die Bullen hinter mir her. Einen schlug ich k. o., rannte weiter, wurde eingekreist und ab auf die Wache, zum Polizeirevier Wilmersdorf. Zwei oder drei Zellen gab es da, ich checkte ein und wurde morgens wach durch Stimmen, die mir bekannt vorkamen. »Wir können auch drüben rein, da kann man das wunderbar drehen, tolles Licht …« Regisseur und Filmarchitekt bogen um die Ecke, standen direkt vor meiner Zelle. Durch die Gitter begrüßte wir uns mit Handschlag, »Mensch, Rolf, du schon hier? Wir drehen doch erst übermorgen mit dir.« Die Polizisten lachten. Ich fand das gar nicht so lustig. Kurz danach kam ich raus, und zwei Tage später drehte ich tatsächlich auf diesem Polizeirevier, genau in dieser Zelle. So spielt das Leben.

Kaum jemand konnte mit Bestimmtheit sagen, wo ich mich gerade aufhielt, die letzten Reste Ordnung, Funktionalität, Beständigkeit hatte ich aufgegeben. Mein Münchner Agent, Rudolfo Löwenthal, zu dem ich so eine Art Vater-Sohn-Verhältnis hatte, konnte mich nirgendwo erreichen. Kein Telefon, keinen ständigen Wohnsitz, und Handys gab es noch nicht. Ich meldete mich sporadisch, etwa alle sechs Wochen, und meistens war meine Mark schon in der Telefonzelle durchgefallen, bis ich ihn am Apparat hatte. Rudolfo war ganz verzweifelt: »Rolf, was mach ich nur mit dir … Heute rufst du an, wir haben dich so gesucht.« Er erzählte irgendwas von 50 Drehtagen. Wahnsinn, davon hätte man ja ein halbes Jahr leben können, doch zu spät. Heinz Hönig sagte mir später, dass er aufgrund meiner Unauffindbarkeit einige Hauptrollen spielen konnte, für die eigentlich ich vorgesehen war. Der Regisseur Reinhard Hauff wurde einmal gefragt, wie man so einem wie mir überhaupt noch eine Rolle geben könne, worauf er antwortete: »Der Zacher ist mit all den Drogen, die er nimmt, immer noch besser als die meisten Schauspieler, die ich kenne.«

Mit Reinhard Hauff drehte ich 1975 den Fernsehfilm »Paule Pauländer« und 1977 den Kinofilm »Der Hauptdarsteller«. Er hatte Geli für die Hauptrolle ausgewählt, als Freundin des Paule Pauländer. Geli war zwar keine ausgebildete Schauspielerin, aber ihre ungeheure Kraft und Natürlichkeit begeisterten Regisseur und Produzent gleichermaßen. Ich hatte einen Gastauftritt, die große Nummer in diesem Film hieß jedoch Angelika Kulessa, also Geli.

Mit dem schwarzen 220 SE waren wir auf dem Weg zum Drehort. Etwa 33 Kilometer davor ging uns auf einer sehr gering befahrenen Landstraße das Benzin aus. Die wenigen

Angelika (Geli) Kulessa, in »Paule Pauländer«, 1975

Autos, die vorüberfuhren, hatten entweder keinen Sprit oder keinen Kanister dabei. Nach ein oder zwei Stunden kam schließlich ein Bauer mit Pferd und Wägelchen und nahm den Mercedes ins Schlepptau. Die paar Kilometer bis zum Drehort dauerten auf diese Weise auch noch einmal zwei Stunden. Das Team, angesäuert, weil alle auf uns warteten, lachte dann doch, als dieses seltsame Gespann den Drehort, einen kleinen Marktplatz mit Rummel, erreichte. Die schlechte Laune war verflogen. Gelis Partner bei dem Dreh waren Paul, ein 19-jähriger Bauernlümmel, und ein ungeheuer gelehriger, kleiner Mischlingshund, den nach Ende der Dreharbeiten jeder gern mitgenommen hätte. Er verzauberte uns alle, gehörte aber dem Tiertrainer, und der gab ihn um nichts in der Welt her. Auch Geli wollte den Mischling mitnehmen. Aber für mich war das Letzte, was ich brauchen konnte, so ein Hund am Bein.

1975 drehte ich in Berlin den Film »Lieb Vaterland, magst ruhig sein«, produziert von Bernd Eichinger, in der Regie von Roland Klick nach einer Vorlage von Johannes Mario Simmel. Ein Ost-West-Spionagefilm, zu der Zeit brandaktuell, die Mauer sollte ja erst 14 Jahre später fallen. Günter Pfitzmann spielte einen Stasityp, ich wieder einmal 'nen Zuhälter. Ich musste dreimal wöchentlich aufs Polizeirevier, ich war meldepflichtig, hatte eine gerichtliche Auflage. Und jedes Mal war der Gang zum Revier mit einem gewissen Risiko verbunden. Lag da was gegen mich vor, oder konnte ich gleich wieder nach Hause? Meistens lag da ein grüner Zettel, und der Polizist sagte: »Da liegt wieder 'ne Geldstrafe vor. 1 400 Mark. Ihnen ist ja klar, dass Sie die absitzen müssen, wenn Sie nicht bezahlen. Haben Sie Geld dabei, Herr Zacher?« »Ja, ja schon, aber nicht so viel. Kann ich mal meinen Produzenten anrufen?« Bernd Eichinger, mein Produzent, war sehr bescheiden, immer devot lächelnd, etwas verklemmt, leicht gebückt trotz seiner Größe und damals noch ziemlich unsicher. Es war sein erster Film, und der Arme wusste bis dahin nicht, was mit mir los war. Meine Gage hatte mir die Buchhalterin, nach kurzer Turtelei, schon im Voraus ausgezahlt. Davon war mittlerweile nichts mehr vorhanden. Ich rief ihn also an, und am andern Ende der Leitung sagte Bernd Eichinger: »Ja, wie zahlen? Du hast doch schon deine ganze Gage gekriegt, sagt mir die Buchhaltung.« »Bernd, entweder du zahlst jetzt, oder ich muss in Beugehaft, was das heißt, weißt du selber.« Ich hatte immerhin schon zwei Wochen gedreht, und an eine Umbesetzung war nicht mehr zu denken, denn dann hätte er alle Szenen noch mal drehen müssen. »Aber nur das eine Mal, das sag ich dir.« »Ja, Bernd, an mir soll's nicht liegen.« Aber es sollte nicht bei diesem einen Mal bleiben. Noch sechs Wochen hatte ich zu drehen, und in dieser Zeit musste mich Bernd Eichinger noch viele Male auslösen.

Wenn ich kein Zeug im Blut hatte, konnte ich auch nicht drehen. Dann funktionierte der Stoffwechsel nicht mehr, Hitzewellen überfielen mich, ich begann zu zittern, der Schweiß lief mir über die Stirn und über den Rücken den Arsch runter, ich wurde immer schwächer. Oft dauerte das Einleuchten vor dem Drehen ein oder zwei Stunden, dann fragte ich den Kameramann: »Was meinst'n, wie viel Zeit hab ich, müsste noch mal kurz weg?« »Na ja, Rolf, so zirka zwei Stunden.« Ohne den Aufnahmeleiter zu informieren, denn der hätte mich keinesfalls weggelassen, fuhr ich zu meiner Connection. Aber manchmal gab es Tage, da war nichts aufzutreiben. Das Zeug lag dann entweder nach Razzien im

Polizeispind, und einige Beamte dröhnten sich damit die Birne zu, oder die herrschenden Drogendealer hatten Kämpfe untereinander. Für mich war klar, ich konnte erst wieder zum Drehort, wenn ich was in der Nase hatte. Zwei Stunden reichten nicht aus, das Team musste vier Stunden auf mich warten. Keiner wusste, was mit dem Zacher los ist, oder vielleicht wussten manche es ja auch. Mir war das scheißegal. Richtig gesehen hat es aber eigentlich keiner. Roland Klick, ein sehr präziser, engagierter Regisseur, konnte in seinem Eifer oft dogmatisch und aufbrausend sein. Die Ursache seiner Temperamentsausbrüche war eine Thermoskanne, zur einen Hälfte gefüllt mit stärkstem Kaffee, zur anderen Hälfte mit reinem, frisch gepresstem Zitronensaft. Diese Mischung ergab einen Überdruck im Gehirn, den der Mann dann nicht mehr kontrollieren konnte. Wie ein Turbo schoss er durch eine Tiefgarage, in der wir drehten, völlig irre. Die Außentemperatur lag im Sommer ohnehin bei 30 Grad, und die Garage war voller Auspuffgase. Wir drehten eine Verfolgungsszene. Klick ging das alles nicht schnell genug, und seine Koordination war aus dem Ruder geraten. Er brüllte. Ich saß in meinem goldmetallicfarbenen Chevrolet Impala, Baujahr '58, den ich mir von einem Teil der Gage am Anfang der Dreharbeit von dem »Loretta«-Biergartenbesitzer am Bahnhof Wannsee gekauft hatte, der Rest ging für mein H-Pulver drauf. In meinem Blut schwamm der Ruhigmacher, und ich erwiderte: »Bleib cool, Mann, immer schön cool, schau mich an.« Aber er rauschte schon wieder wie ein angeschossenes Rindvieh durch die Gegend und brüllte mich an: »Los, mach's Maul auf, zeig mal deine Zähne.« Dieser Idiot merkte gar nicht, warum ich den ganzen Film mit relativ geschlossenem Maul spielte. Die Vorderfront meiner Zähne war durch den Gebrauch des Betäubungsmittels schon arg in Mitleidenschaft gezogen. Man sah eigentlich nur noch fünf oder sechs völlig ausgefranste Frontzähne, spitz wie Mäusezähnchen, der eine etwas länger, der andere etwas kürzer. Ich sah so furchtbar aus und dachte nur: »Okay, wenn du so weiterbrüllst, dann pass mal auf ...« Und schon schrie er wieder. Die Klappe fiel, strikt seine Regieanweisung befolgend, riss ich meinen Mund auf und lachte während der Einstellung ganz breit meinen Partner an. Fassungslos und geschockt flüsterte er: »Das kann doch nicht wahr sein.« Das Team juchzte, teils belustigt, teils erstaunt. Ich sagte nur: »Wenn du jetzt nicht freundlich bist und weiter in diesem Ton mit mir rumbrüllst, dann werd ich die letzten Tage nur noch mit geöffnetem Maul spielen. Dann kannst du dein Material wegschmeißen, und wir drehen den ganzen Film noch mal.«

Erinnerungen an Bilder, Plätze, Straßen. Geli auf Turkey, wartet im Betonapartment in der Lietzenburger Straße.

Mein Chevy und ich, unterwegs zur offenen Szene. Gefährlich, besonders gefährlich, immer voller Spitzel ...

Winter. Schnee, tiefer Schnee auf der Straße, fahren sehr schwierig, ich kaufe was, die zivilen Bullen sehen mein Auto an der Szene, den Kauf sehen sie nicht, weil ich nur kurz anhalte, Geld gegen Zeug tausche und weiterrolle. Dann nehm ich mir 'n Snief ... beim Fahren ... auf'm Handrücken ... Das Ding is' hin und her geeiert, dieser schwere amerikanische Streetkreuzer. Ha, und die Bullen hinter mir her, denken, jetzt machen sie den großen Fang ... ich hab nur den Zettel mit dem Zeug rausgehalten und geschüttelt, damit alles runterrieselte. Ja, Geli, tut mir jetzt Leid, aber sonst bin ich dran. Das Zeug vermischt sich sofort mit dem Schnee, die Rauschgiftfahnder halten mich an. Aber das war's. Nichts zu finden bei mir.

Mit der Zeit ging es immer weiter bergab. Ein paar Leute drehten zwar noch mit mir, aber das Geld, das ich verdiente, investierte ich gleich in Pulver. Als Alleinverdiener versorgte ich Geli mit. Oft hatte ich gerade noch zehn Mark in der Tasche. Mit den letzten Tropfen Benzin rollte ich bis zur nächsten Tankstelle, füllte Benzin für sieben Mark in den Tank und für drei in den Kanister. Die Tankwarte guckten schon etwas erstaunt. Dann fuhr ich los, Geld besorgen für den nächsten Tag, der gnadenlos auf uns wartete. Die Menschen in meinem Telefonbuch hatte ich schon längst nach pekuniären Gesichtspunkten sortiert. Manchmal rief ich auch Leute an, von denen ich wusste, die haben zwar nicht so viel, würden mir aber bestimmt was geben. »Mensch, kannste mir vielleicht mal 'n Zwanziger leihen?«, natürlich, einen Zwanziger kann dir jeder mal leihen, und wenn ich mehrere erreicht hatte, dann kam schon mal ein Hunderter zusammen, und ich konnte mir erst mal etwas kaufen. Waren alle Adressen ausgereizt, lief ich den Ku'damm lang und wartete, bis irgendein Erfolgstyp mit Geld in der Tasche vorbeifuhr. In Berlin war ich seit der Zeit im »Big Apple« ja so etwas wie eine Lokalgröße, bekannt wie ein bunter Hund. Irgendein erfolgreicher Immobilienmakler, ein Bernd, Horst oder Heinz, im Porsche Targa hielt immer an: »Mensch, Rolf Zacher, du hier, hab dich neulich erst im Fernsehen gesehen. Super.« Ich merkte, wie stolz der war, mit mir auf der Straße gesehen zu werden. Ich sagte: »Oh, Mist, ich hab kein Geld dabei, die Bank hat schon zu, oder?« Ich hatte die Zeit natürlich geschickt abgepasst, und Geldautomaten gab es in den Siebzigern ja noch nicht. Und weiter: »Mensch, mein Sohn ist krank, der hatte 'n Unfall, muss ganz schnell nach München.« »Was, du hast 'n Sohn?« Ich hatte zwar keinen, sagte aber wie zu mir selbst: »Mein Gott, was mach ich jetzt nur?« Und da zog der Immobilienmakler seine Geldklammer heraus: »Was brauchst'n?« Je nach Dicke des Geldbündels sagte ich: »Ach du, 300 reichen mir schon.« »Nimm doch 500.« »Ach Mensch, eigentlich muss ich ja auch noch …, nee gib ma lieber 600.« Er gab mir natürlich 600, und damit war der Tag gerettet.

Auf Heroin bist du umgeben von einer Nebelwolke, siehst aber trotzdem die Menschen um dich herum ganz klar. Du spürst, wer gut ist, wer böse. Dein ganzes Nervensystem läuft auf Hochtouren, du beobachtest, beurteilst, wägst ab, äußerst sensibel, je mehr sich der seidene Schleier entfernt. Ständig auf der Hut vor Menschen, die betrügen, Geld stehlen, schlechtes Zeug anbieten oder dir mal kurz das Messer zwischen die Rippen jagen, vor Szenespitzeln, vor dem Rauschgiftdezernat. Was dich aber wirklich krank macht, ist die Illegalität des Beschaffens.

Michael Fengler bereitete 1976 einen Film vor mit dem Titel »Eierdiebe«. Er war lange Zeit Co-Autor und Regieassistent von Rainer Werner Fassbinder gewesen, und die ganze Fassbinder-Truppe war beim Drehen dabei. Die Filmarbeiten fanden in München statt. Ich quartierte mich im noblen Fünfsterneangeberhotel »Königshof« am Stachus ein, hatte da mit Geli eine Suite, und wieder einmal war es so eine Zeit, in der es kein Heroin gab. Ich fuhr durch die Stadt und versuchte, Zeug zu bekommen, nichts. Am nächsten Morgen wachten wir dann schwitzend, frierend auf. Je länger es dauert, bis du wieder Zeugs reinkriegst, umso akuter wird dein Zustand. Dein Stoffwechsel spielt verrückt, du kannst dich nicht bewegen, nicht aufstehen. In dem Film spielte ich einen verlorenen Burschen, der sich aus dem 4. Stock stürzen wollte. Das Set war aufgebaut. Unten standen schon vier Löschzüge mit ausgefahrenen Leitern und Sprungtüchern, insgesamt ein riesiger Aufwand. Die Straße war komplett abgesperrt, und alle waren ganz aufgeregt, weil ich nicht kam. Der Aufnahmeleiter rief mich an: »Rolf, wo bleibst du? Kommst du jetzt?« »Ich kann nicht. Ich bin krank.« »Ja aber die Löschzüge sind da. Du musst jetzt kommen.« Ich sagte nur: »Ja, nee, ich kann nich'…« und legte auf. Dann kamen die Jungs, Rainer Werner Fassbinders Truppe in Lederjacken, der gute Harry Baer und Charlie und noch einer. Sie hatten den Hotelpförtner mit einem dicken Trinkgeld überredet, meine Suite aufzuschließen, und standen plötzlich vor mir im Schlafzimmer. Das Frühstück stand noch auf dem Tablett, aber ich konnte nichts essen, auf Entzug kriegst du überhaupt nichts runter. Sie schrien wie wild: »Ja nun los, komm raus, Rolf, alle warten da …« und wollten mich rausziehen. Das Besteck vom Frühstück lag neben dem Bett, und ich nahm eine Gabel und ein Messer und hielt sie ihnen drohend entgegen. »Jungs, bleibt schön von mir weg. Ihr kriegt mich hier nicht raus. Das, was ich brauche, um vor der Kamera zu erscheinen, ist 'n Päckchen.« Fassbinder war ja bekannterweise auf Kokain. Die Jungs nahmen also an, dass ich auch auf Kokain war. »Ach so, du brauchst was … Okay, wenn wir dir was bringen, kommst du dann?« »Klar, Jungs, dann komm ich.« Nach einer Stunde waren sie wieder zurück und legten mir ganz stolz ein kleines Päckchen aufs Kopfkissen. Ich öffnete es, roch daran und brüllte nur: »Oh, seid ihr denn wahnsinnig, was soll ich denn mit der Scheiße, ich brauch doch die andere Scheiße.« Ratlosigkeit. Aber irgendeiner vom Team hatte dann auch Verbindungen zu Heroin, sie zogen also wieder los, besorgten was und brachten mir ein zweites Päckchen ans Bett. Dann bin ich mit ihnen mitgegangen und habe gedreht. Zur gleichen Zeit hatte der Film »Lieb Vaterland« in München Premiere. Es dauert ja immer ein halbes, Dreivierteljahr, bis ein Film endlich rauskommt, bis er geschnitten, vertont, abgemischt ist. Auf dieser Premiere, ein paar Tage nachdem mir Fassbinders Leute das Heroin besorgt hatten, wusste bereits die halbe Filmbranche: »Der Zacher lässt sich die Drogen jetzt schon ans Bett bringen.« Das war für mich der Auslöser, nach dieser Premierenfeier war klar, jetzt muss Schluss sein. Was anderes bitte. Ich wollte endlich abspringen. Aber das sagt sich so leicht. Der Zeitpunkt war noch nicht gekommen.

Nachdem wir »Eierdiebe« abgedreht hatten, fuhr ich für ein Fernsehspiel zurück nach Berlin, kam an und wurde gleich festgenommen. Insgesamt bin ich während meiner Drogenzeit mehr als zehnmal verhaftet worden. In Berlin hatte ich damals für längere Zeit ein Apartment gemietet. Die Polizei hatte das herausgefunden und überraschte mich dort. Irgendeine Geldstrafe war nicht bezahlt. Gleich neben dem Apartmenthaus in der Lietzenburger Straße befand sich der Hintereingang zur Sperlingsgasse, einer Kneipenpassage, die labyrinthartig zehn oder fünfzehn Häuser miteinander verbindet und durch die man bis zum Ku'damm gelangt. Diese Passage kannte ich sehr gut, es gab dort zwei oder drei Kneipiers, mit denen ich mich öfter unterhielt. Als die Polizei also nach oben in meine Wohnung kam, mir den Haftbefehl zeigte und mir Handschellen anlegen wollte, sagte ich nur: »Mensch, ich hau doch nicht ab.« Ich ging zusammen mit den Polizisten die Treppe runter, und plötzlich, in einem unachtsamen Sekündchen, raste ich los, die restlichen Stufen nach unten, durch den Keller und rein in die Passage. Dort versteckte ich mich in einer der Kneipen. Und weil es davon etwa 20 bis 30 gibt, war es für die Polizei unmöglich, alle zu durchsuchen. Dazu hätten sie eine ganze Einsatztruppe abkommandieren müssen, doch nicht wegen so einer Bagatelle. Ich versteckte mich also und ging erst nach ein paar Stunden wieder zurück in die Wohnung zu Geli. Doch eines Tages kamen sie wieder, genau dieselben Jungs. Diesmal bekam ich Handschellen angelegt, aber nicht auf dem Rücken, sondern vorne, dazu konnte ich sie gerade noch überreden. Auch bei dieser zweiten Verhaftung flüchtete ich wieder in die Sperlingsgasse, zischte aber diesmal gleich rechts zur Uhlandstraße raus. Da kannte ich einen Pizzeriabesitzer, der mich schnell zu einer Autowerkstatt fuhr, wo sie mir die Handschellen aufschweißten. Doch letztlich nützte das alles nur für einen Moment. Berlin war ein Kessel, umgeben von der Mauer, da kam man nicht raus. Immer wieder wanderte ich für zwei, drei Monate in den Knast. Die Geldstrafen wurden in Tagessätze zu je 30 oder 40 Mark umgerechnet, für 5 000 Mark musste ich also schon eine ganze Weile im Knast sitzen. Das wollte ich natürlich umgehen und tauchte dann auch mal für eine Weile in Reinickendorf bei meinem Freund Til unter, der früher selbst einmal im Gefängnis gesessen hatte – allerdings in Schweden. Mittlerweile arbeitete er als Sozialarbeiter, hatte Frau und zwei Kinder, beide im Knast gezeugt. In Schweden lässt man die Leute nämlich nicht so verrohen wie bei uns. Die können zweimal im Monat ihre Frau oder Freundin empfangen, dürfen Zärtlichkeiten austauschen. Ich war also bei diesem Freund in Reinickendorf, einem Berliner Randbezirk, untergeschlüpft, lebte da für ein paar Wochen und ging nur noch mit Pudelmütze und Sonnenbrille außer Haus. Geli blieb in der Stadt, wohnte in der Genthiner Straße in Schöneberg in einem Apartment, das dem Schlagerproduzenten Jack White gehörte. Ich kannte ihn zwar nicht persönlich, doch White war mit dem Boxer Horst Benedens befreundet, der zu dieser Zeit schon ins Nachtleben abgetaucht war und als Rausschmeißer, Bodyguard oder eben auch als Apartmentverwalter arbeitete. Hotte Benedens und ich kannten uns aus der Boxszene, und darum überließ er mir netterweise für eine Weile Whites Wohnung. Dort saß Geli nun bereits seit zwei Wochen allein und jammerte: »Ach komm doch mal, ich hab so Sehnsucht.« Ich wollte nicht in die City, weil ich wusste, in der Kurfürstenstraße, gleich um die Ecke, war die Drogenszene. Immer Polizeipräsenz, überall Spitzel. Also viel zu gefährlich. Aber sie blieb hartnäckig: »… kannst doch mal für 'ne Stunde herkommen, nur für eine Stunde …« Ich ließ mich überreden von meiner kleinen Geli, schließlich hatte ich ja auch Sehnsucht: »Okay, nur 'ne Stunde.« Und natürlich schlief ich danach in den Armen meiner Geli ein. Morgens klopfte es an der Tür. Polizei! Keine Ahnung, wie die das herausgefunden hatten, aber Hotte, der Boxer, war dabei. Die Polizei durchsuchte die Wohnung, ich war schnell ins Klappbett gesprungen, und Geli hatte sich darauf gesetzt. Sie baten sie nicht einmal aufzustehen, ich hörte nur: »Ja, dann könn' wir wohl wieder gehen, der ist ja gar nicht hier.« Und dann sagte dieser Boxer plötzlich: »Da unten, da in der Couch könnt' er doch drin sein.« Und ich schrie nur von unten: »Ja bist du denn völlig bescheuert.« Dann kamen sie, Geli musste aufstehen, sie rissen das Bett hoch, und wie Kojak, der damals gerade durch die deutschen Wohnzimmer geisterte, rief einer von den Polizisten: »Na entzückend!« Und ich, am Lattenrost hängend, sie hatten mich ja mit dem Sitzteil nach oben geklappt, erwiderte: »Nun bildet euch mal nicht zu viel ein, ihr habt mich ja gar nicht selber gefunden.«

Also wieder rein in den Knast. Diesmal vier Monate. Irgendwann kam der Punkt, wo ich merkte, in Berlin schaff ich's nie. An jeder Ecke, überall traf ich Leute, die mit dem Zeug zu tun hatten, und nach jedem Entzug, all diese zig Male, wusste ich, diese Stadt ist eine Hexe, die mich immer wieder verführt. Ich brauchte ein anderes Umfeld, andere Menschen, eine andere Stadt: Ich wusste, ich muss wieder zurück nach München. Dort lebte ich mit Geli in einem Apartment, das dem »Traumschiff«-Regisseur Hans-Jürgen Tögel gehörte. 1978 synchronisierte ich dann in München sechs Wochen zusammen mit Tommy Piper, der später auch »Alf« synchronisierte, in einem Studio in Waldtrudering Pornofilme. Pornographie kann ja etwas Schönes sein. Jeder, der solche Filme sieht, weiß, die ersten Momente beim Anblick der nackten Körper sind erregend, aber eben nur diese ersten Minuten. Nach sechs, sieben Stunden hatte ich das Synchronisieren so über, obwohl mein freies Improvisieren im Konter, also dann, wenn der Mund des Darstellers nicht zu sehen ist, im Studio große Belustigung auslöste. Ich war der geile Postbote und schockierte die Schauspielerinnen mit meiner Freiheit, mich gewissen Dialogen hinzugeben: »Komm, Baby, ich fick dich durch'n Schrank, und wenn dir das nicht reicht, dann fick ich dich durch die Wand, oder brauchst du noch die Lederpeitsche, alte Schlampe?« Worauf eine Kollegin errötend hauchte: »Was, Rolf, so was machst du?« und die andere, die die Hausfrau synchronisierte, ganz rosa anlief: »Oh, Herr Zacher, das hätte ich Ihnen ja gar nicht zugetraut.« Die letzten zwei Stunden war ich ohnehin immer unwirsch und übel gelaunt. Dazu kamen dann noch diese Fickautomaten da oben auf der Leinwand, ständig dieselben Bewegungen, dieselben Griffe am Körper der Frau, ich weiß nicht, wie ich das ohne das Zeug ausgehalten hätte. Tommy belohnte mich jeden Abend mit einem Quickdinner. Sobald er Pause hatte, rannte er in seinen kleinen Mercedes-Reisebus, den er umgebaut hatte, und kochte. Er war ein Hobbykoch und hatte wirklich seine Freude daran, mich halb Verhungerten aufzupäppeln. Einer von den good boys. Nach Feierabend wartete schon der Dealer vor dem Studio, er brachte mir mein Päckchen, das ich für einen Tag brauchte, natürlich nur gegen Bares. Kam ich abends nach Hause, saß Geli in der Wohnung. Ich hatte für sie gerade noch ein bisschen Stoff übrig und für den nächsten Morgen so viel, dass ich wieder arbeiten konnte. Das Geld, das ich am Tag verdiente, reichte genau für eine Tagesration. Mein Umzug nach München hatte mich, was meine Heroinsucht anging, also keinen Schritt vorwärts gebracht. Als ich wieder einmal für ein paar Tage den Absprung versuchte, waren Martina und Paul Getty für einige Zeit in München, und wir teilten uns die Wohnung. Nachts hörte ich Paulchens klägliche Albtraumschreie. Er hatte durch die Entführung einen gewaltigen Schock erlitten, der ihn über Jahre quälte. Am Tag ihrer Abreise war ich immer noch im Bett, auf Entzug und kaum imstande, mich zu bewegen, als Paul sich über meinen Kopf beugte und mir ein kleines Briefchen mit etwa einem Gramm Pulver zusteckte. Er hatte meinen lautlosen Schrei nach Heroin gehört und meinte es gut mit mir. Nachdem ich etwas von dem Stoff genommen hatte, sprang ich auf wie ein »Hero« und fuhr die beiden zum Hauptbahnhof.

So konnte es nicht weitergehen! Aber ich wusste auch, zum Entziehen brauche ich Geld; ich wollte irgendwo hinfahren, wo die Sonne scheint, oder in eine Entzugsanstalt, so eine Betty-Ford-Klinik, aber beides kostete eine Menge Geld. Viele Heroinsüchtige haben gar nicht die Möglichkeit, richtig zu entziehen. Denn machst du's zu Hause, dann gehst du nach ein paar Tagen runter, holst dir Brötchen und ein bisschen Milch, und irgendwo auf der Straße begegnet dir wieder ein Pusher, verführt dich, und die Scheiße geht von vorne los.

Mein Name war mit Dreck besudelt, in dieser verlogenen, scheinmoralischen Filmwelt. Viele Leute begegneten mir mit einer Mischung aus Verachtung, Angst, Unwissenheit und Borniertheit, nach dem Motto: Das könnte mir nie passieren. Niemand ahnte auch nur, dass ich viele Dutzend Entziehungen hinter mir hatte, teils durch Knastaufenthalte, teils durch die Drogenverteilungspolitik der Dealer, die das Zeug zurückhielten. Ich wollte endgültig raus aus diesem Teufelskreis, aber das war so schwer. Und dazu immer wieder diese Geldprobleme. Ständig guckte ich in die Zeitung, welche Promis, die ich kannte, gerade in der Stadt waren und in welchem Hotel sie wohnten. Mit Max, einem kleinen Westentaschenloddel, fuhr ich zum Hotel »Vier Jahreszeiten« in die Maximilianstraße. Das Ziel: mein alter Freund René Kollo.

Ihn kannte ich schon lange, aus Berlin, »Old Eden«, Rock-'n'-Roll-Zeit, und er hatte Schlager gesungen. Ich begab mich in meinen schwarzen Lederklamotten und den ehemals weißen Turnschuhen an die Rezeption. »Ich möchte zu Herrn Kollo.« Der Empfangschef war pikiert, das war fast beleidigend. In solchen Fünfsternehotels ist das Empfangspersonal oft dermaßen borniert, vornehmer als die Gäste. »Sind Sie angemeldet?«, näselte er. »Nee, aber das dürfen Sie jetzt machen.« Ich war schon leicht auf Turkey, die Brühe lief mir den Arsch runter, in den Kniekehlen spürte ich ein leichtes Zittern. Diese abgekackten Mistmumien in den Hotels. Wie die mich anguckten, verachtend, mitleidig, was hat denn der hier zu suchen. Aber ich war nicht aus der Ruhe zu bringen. Er griff zum Telefon: »Und wen darf ich melden?« Der Typ wusste genau, wer ich war. Mein Blick traf ihn hart, ich war kurz davor, ihm ins Gesicht zu springen. »Herr Kollo, der Herr Zacher ...« Und dann zu mir: »Der Herr Kollo erwartet Sie, Suite 1, 4. Stock.« Der Lift öffnete sich, »In diesen heil'gen Hallen ...«, René probte, seine Stimme hallte durch die Flure. »René, ich brauch Geld.« Er sah mich an, erkannte, was mit mir los war, unterschrieb ein paar Euroschecks. »Mensch, Rolf, das bei deiner Begabung, hoffentlich kommst du bald los davon.« »René, ich schaff das schon«, drückte ihn, er hatte mich gerettet, wusste gar nicht, wie wichtig die Schecks für mich waren. Die einzige Hilfe in so einem Moment ist Geld für die Sucht. Keine Vorhaltungen. Akzeptiert werden. So etwas vergisst man nicht.

Ich wollte endlich für immer raus aus der Einbahnstraße des Junk. Auf Entzug registriert ein Süchtiger seine Umgebung mit geschärften Sinnen, seine Eindrücke sind so intensiv, dass sie in Halluzinationen umschlagen können. Man wird sowohl von seinem Innenleben als auch von äußeren Reizen überflutet. Angenehme Gefühle treten flüchtig, aber heftig auf, insgesamt ist das Entzugserlebnis äußerst qualvoll. Wenn der Zustand eine gewisse Intensität erreicht hat, kann auch ein wohltuendes Gefühl fast unerträglich werden. Ein süchtiger Mensch lebt nur für den Stoff, er kann gar nicht anders. Er ist ein kranker Mensch. Das habe ich meinen Mitmenschen unzählige Male zu erklären versucht. Wenn das Verlangen nach Stoff einen gewissen Grad überschritten hat, wird es grenzenlos, es gibt keinen Halt. Unkontrollierbar. Wie ein tollwütiges Tier, das um sich beißt. Weihnachten stand vor der Tür. Die Münchner Salonjunkies, Rechtsanwälte, Designer, hatten keinen Schnee zum Fest. Ihnen konnte geholfen werden. Heroin wurde ja in den Siebzigern zur Modedroge, wie später Kokain. Mein Freund Thomas, ein richtiger Kumpel, hatte gute Verbindungen zu Türken in Berlin, die damals schwunghaften Handel mit Heroin betrieben und die Ware auch auf Kommission rausgaben. Er erhielt von ihnen Stoff im Gesamtwert von ungefähr 30 000 Mark. Durch meine Weitergabe sollte ich daran 10 000 Mark verdienen, Geld, mit dem Geli und ich den Absprung schaffen wollten. Wie viel Thomas von den verbleibenden 20 000 Mark an die Türken abdrückte, wusste ich nicht. Mit dieser Ware stieg ich in den Zug Berlin–München. An der Grenze gab es scharfe Kontrollen von den Vopos, aber auch vom Westzoll. Ich versteckte das Pulver in einer verbeulten, leeren Coca-Cola-Büchse, die Öffnung stopfte ich mit Orangenschalen zu und stopfte das Ganze in den Abfalleimer des Waschraums, zwischen den anderen Müll, wohl wissend, dass die Waschräume an der Grenze nicht kontrolliert wurden. Unmittelbar hinter der DDR-Grenze nahm ich das Zeug aus der Büchse und steckte es im leeren Nachbarabteil hinter eine Kopflehne, damals hatte die Bundesbahn ja noch diese herrlichen blumigen Plüschbezüge. Geli und ich fuhren 1. Klasse, denn diese Abteile waren nur spärlich besetzt. Direkt an der Tür, mit Blick auf den Gang, bewachte ich das Kapital, das uns den Weg aus der Sucht ebnen sollte. Wieder in München, vertickte ich das Zeug schnell. Die Übergabe erledigte ich aus einem Taxi heraus. Rechts hinten sitzend, den Stoff in der rechten Hand, bat ich den Fahrer unter dem Vorwand, einen Freund zu erkennen, abzubremsen. Er hielt kurz, ich ließ die Scheibe runter: »He, Mensch, Alter, grüß dich«, der gab mir per Handschlag das Geld. Wir redeten einen Moment, und mit dem Abschiedshändedruck übergab ich ihm die Ware. Drei Taxifahrten, und die Sache war erledigt. Das Heroin hatte ich zuvor noch mit Traubenzucker gestreckt. Denn der Stoff war so stark, 98 Prozent Heroin, derart reines Zeug gab es normalerweise nicht auf dem Markt. Die Juppies wären daran krepiert. Auf der Szene waren 65 Prozent normal, der Rest war gestreckt mit Scheiße, schlimmstenfalls Arsen oder Waschpulver, wogegen mein Traubenzucker oder auch Stärke ja regelrecht gesundheitsfördernd war. Geli, die sich im Gegensatz zu mir, ohne vorher zu testen, immer gleich einen Riesensnief eingepfiffen hat, das kleine gierige Luder, war dem Tod einmal gerade noch von der Schippe gesprungen, weil das Heroin, das wir irgendwann viel zu hastig in Holland gekauft hatten, zu 50 Prozent aus Arsen bestand. Sie bekam keine Luft mehr, musste sofort ins Krankenhaus und ans Sauerstoffgerät, die Atmung hatte schon ausgesetzt. Das Geld für zwei Tickets nach Gran Canaria war jetzt endlich da.

Und dabei hatte ich es sogar noch geschafft, meinen Freund Thomas zu bescheißen, der die Weitergabe zwar überwachte, aber nicht wusste, um wie viel Gramm ich das Zeug tatsächlich verlängert hatte. Den letzten Snief nahmen Geli und ich kurz vor dem Einchecken, um den Flug problemlos zu überstehen.

Winter 1979. Gran Canaria. Die heiße Luft schlug uns schon auf der Gangway entgegen, der Körper registrierte angenehm überrascht, dass man ihm etwas Gutes tat. Aber in einigen Stunden würden die Entzugsschmerzen erbarmungslos einsetzen. Aus meinen vielen Entzügen wusste ich, wie empfindlich man während der ersten drei Wochen ist, man kann nur liegen, der Körper ist schwach. Also quartierten wir uns erst mal im Fünfsternehotel ein. Je teurer das Hotel, desto besser die Betten, desto größer das Bad, desto weicher die Handtücher, desto dicker die Wände und desto leiser die Umgebung. Wir wollten unsere Wiedergeburt in angenehmer Atmosphäre erleben. Das Einschlafen abends ging nur mit Beruhigungstabletten. Mandrax. Schwerstes Kaliber. Eines Nachts wachte ich auf, wollte ins Bad, ein Riesenbad, alles aus Marmor. Ich trat hinein, rutschte aus, der ganze Raum stand unter Wasser, die Spülung war festgeklemmt. Ich machte einen Riesenspagat, knallte mit dem Kopf gegen die Ecke vom Waschbecken. Platzwunde! Ich verlor eine Menge Blut und tastete mit meinen blutverschmierten Händen an der Wand entlang auf der Suche nach meinem Bett. Mandrax wirkt sehr stark betäubend auf den Bewegungsapparat. Nach zwei oder drei Runden, so viel müssen es mindestens gewesen sein, kam ich endlich da an, wo ich hinwollte. Morgens, die Sonne drängte durch die Vorhänge, öffnete ich die Augen und sah rotfleckige Muster, überall blutige Handabdrücke. Die Suite war total versaut. Der Hotelmanager kam nach oben, er kannte mich aus dem Fernsehen: »Herr Zacher, was ist denn mit Ihnen los?« Ich sagte ihm natürlich nicht, dass ich auf Heroin war. »Nein, nein, ich bin tablettensüchtig, ich komm gerade davon los.« »Ach so, wenn das so ist, das versteh ich, das kann jedem passieren.« Pillen, sämtliche Pharmaka, auch wenn sie hochgradig abhängig machen, sind okay, sind sogar erwünscht. Die Pharmawerbung legalisiert das ja täglich, aber mit Heroinabhängigkeit ist man sofort kriminalisiert. Hätte ich ihm die Wahrheit gesagt, der gute Mann hätte mir sicher nicht helfen können, nicht helfen dürfen. Er drehte es dann so, dass die Hotelversicherung den Schaden bezahlte. Großartig. Aber der harte, erbarmungslose Kampf gegen uns selbst begann erst noch. Für mich war klar, wir bleiben so lange auf der Insel, bis wir keine Entzugsschmerzen mehr haben. Wir, denn ich hatte die Verantwortung für Geli mit übernommen. Ich wusste auch, dass uns hinterher nur eine Trennung helfen würde, für immer von dem Zeug loszukommen. Denn es ist wie bei allen Süchten, ob Alkohol, Nikotin oder Pharmaka: Zwei Abhängige schaffen es nie. Mindestens vier oder fünf Monate dauert es, das schreibt auch William S. Burroughs, der sein Leben mit Opiaten verbrachte. Man sagt auch, der körperliche Entzug eines Heroinsüchtigen dauert doppelt so lange wie die Zeit, die er drauf war, was in meinem Fall 16 Jahre bedeuten würde. Dann wiederum heißt es, wer einmal süchtig war, bleibt es für immer. Bestenfalls lernt man, die Sucht zu steuern, sie auf andere Gebiete zu verlagern.

Wollten wir einige Monate auf der Insel bleiben, mussten wir uns von dem Fünfsternehotel verabschieden. So langsam konnten wir uns wieder bewegen und zogen alle 14 Tage in kleinere Hotels. Stündlich spürten wir unsere Kräfte wiederkommen, immer in Aktion, der Kopf wurde zuerst frei, wach, die Sinne, aber der Körper schaffte es noch nicht, er brauchte viele Pausen. Sechs Wochen waren vergangen, die härteste Zeit, aber sobald ich meine Stärke wieder spürte, nahte auch schon der Leichtsinn. Ich lernte am Strand einen guten Freund und Anwalt von Van Morrison kennen. Dieser kannte natürlich alle Van-Morrison-Lieder auswendig und spielte sehr gut Gitarre. Das war wieder so ein Moment, wo mir der Dr. Jekyll ganz schön im Genick saß. Ich erzählte ihm, dass ich drauf war, und fragte: »Hast du vielleicht ein bisschen was?« Er, ein großer, gesunder, kräftiger, breitschultriger Naturbursche und Hippie, der mit den Musikern lebte, selber auch zwei Jahre auf Alkohol war, also mit den Süchten der Musikszene vertraut, verneinte.

»Nee, hab damit nichts zu tun. Ab und zu 'n kleinen Grasjoint, aber harte Droge, nee, nich' mein Ding, is' ja lächerlich. Lass doch kommen, deinen Turkey. Weißt was, wir machen 'n bisschen Musik.«

»Ja, nee, ich weiß nicht.«

»Pass auf, ich mach dir 'n Vorschlag. Lass uns jetzt mal hier am Strand bleiben, du nimmst 'n Löffelchen, 'ne Gabel und 'ne leere Colaflasche, machst 'n Rhythmus, und ich spiel Gitarre. Dann gehen wir zu mir, is' nich' weit, paar Schritte von hier, hab da 'ne Paste, so 'n Schmerzmittel, leicht morphiumhaltig, ich geb dir davon 'ne Messerspitze.«

»Wat, hab ich ja noch nie gehört.«

»Doch, das hilft, aber komm, lass uns erst 'n bisschen Musik machen, und dann gucken wir weiter.«

Er wollte mich einfach ablenken, austricksen, wegbringen von diesem Gedanken. Ich begann also zu spielen, und nach drei Stunden, ich war mittlerweile schweißgebadet, fragte er: »Na und, wie geht's?«

»Prima, schon noch schwach, aber auch stark.«

»Und, willst du was haben?«

»Nee!«

»Das wusst ich«, sagte er.

Oft denke ich an diesen Menschen, ich habe keinen Namen, keine Adresse, aber er ist ganz tief in meinem Herzen.

Dieses wechselhafte Spiel der Gefühle war jetzt meine Droge, noch immer nahm mich der Turkey in den Würgegriff, wie ein Blitz aus heiterem Himmel schüttelte mich plötzlich das Verlangen, was zu nehmen. Aber ich merkte, wie ich Dr. Jekyll austricksen konnte, wie seine Chancen schwanden, wie die Rollen wechselten. Er wurde zum Bettler, ich lachte über ihn. Die Phasen des Selbstmitleids unterlagen meiner Selbstachtung. Ich war stolz, konnte leben, ohne alle drei Stunden so einen erbärmlichen Snief zu nehmen … Und dann plötzlich flog ich wieder, stieß wie ein Vogel durch die Nebelschwaden nach oben ins Licht … Alles kehrte bei Geli und mir zurück, unser Gefühl, unsere Sensibilität. Wunderbar. Es war ein ungeheures Glücksgefühl, die Nächte in den Cafés zu sitzen und zu spüren, dass man die Sucht endlich bezwungen hat. Und gleichzeitig wusste ich, dass es noch lange, sehr lange dauern würde.

Auf Gran Canaria blies ein scharfer Wind. Die Polizei machte dauernd Razzien. An einem Nachmittag saßen wir in einem unserer Touristenmusikcafés, wo sich Musiker trafen, DJs, ein bunt gemischtes Publikum, keine Drogendealer, ein paar Kiffer vielleicht, aber mehr die Sorte Coca-Cola- und Cuba-Libre-Jupps, Harley-Davidson-Moderocker, keine harten Drogenfreaks. Plötzlich eine Razzia. Wir fühlten uns nicht angesprochen, denn wir hatten ja nichts mehr damit zu tun. Aber wie so oft üblich bei diesen Kontrollen, alle wurden abgeführt. Mir wurden im Kerker Ketten an die Fußgelenke gelegt, wie im Mittelalter. Die örtliche Polizei verwechselte mich mit irgendeinem deutschen Großdealer, der auf der Insel gesucht wurde. Erst nach vier Tagen klärte sich das auf. Bei der Entlassung konnte ich mich gerade noch vor Faustschlägen in Sicherheit bringen. Das war mal wieder ein richtiger Zivilisationsschock. Geli, die ihre große Schnauze natürlich nicht halten konnte und vor Empörung brüllte, traten sie erst einmal kräftig ins Kreuz. Den alten Diktator gab es zwar nicht mehr, aber die Art und Weise, wie man im Nachfrancospanien gegen Gesetzesbrecher vorging, war noch immer bestimmt von Willkür und Gewalt.

Nach fünf Monaten in den verschiedensten Hotels mieteten wir uns zu guter Letzt in einer ganz einfachen Pension ein, ein kleines Zimmerchen mit Stahlbetten, aber mit Balkon, direkt zum Meer. Wir gingen am Meer spazieren, lagen am Strand, spielten Ball, lasen, malten. Bis morgens um vier, fünf waren wir in der Disko und schwitzten das ganze Gift raus, jeden Abend tanzten wir, gingen dann völlig erschöpft runter zum Strand und schliefen die letzten Tage auf Gran Canaria nur noch am Meer. Ohne Geld, aber runter von diesem Zeug flogen wir zurück nach München. »Ja, Geli, ab jetzt geht jeder seinen eigenen Weg. Sonst schaffen wir's nie, hängen sofort wieder drauf.« Geli war verzweifelt, mir tat's auch sehr weh, aber eine andere Möglichkeit, davon für immer wegzukommen, gab es einfach nicht. Wir wohnten ja in derselben Stadt. Geli fand bald einen neuen Freund, meine Verantwortung beschränkte sich jetzt nur noch auf mich.

Jahre später stehe ich in Berlin vor dem Kino am Olivaer Platz und schaue mir die Bildauslagen an. Mit einer freundlichen, warmen, jungen Stimme spricht mich jemand an. »Hallo, Rolf …« Ein ganz zarter Junge, Anfang 20, sanfte, braune Augen, dunkle Haare, ein mir vertrautes Gesicht. Woher kenne ich den?

»Du weißt nicht, wo du mich hintun sollst …« »Deine Augen kenn ich.«

Worauf er mit einem lieben, geduldigen Lächeln sagt: »Es ist lange her, ich war noch ziemlich klein …« »Dominique, du bist Dominique, Gelis Sohn.« Sie war ja erst 15, als er zur Welt kam, und ihre eigene Mutter hatte das Sorgerecht. Aber alle 14 Tage durften wir ihn abholen, ich spielte den Vater, er schlief zwischen mir und seiner Mutter in der Bettritze.

»Mit eurem Leben«, sagte er, »habt ihr mir ja gezeigt, dass es besser ist, gewisse Dinge auszulassen. Diese Drogenerfahrung brauch ich nicht.« Ich spürte die Stärke und Konsequenz, mit der seine Oma ihn erzogen hatte. Dominique war ihre Lebenskraft, denn Geli starb wenige Jahre nach unserer Trennung an Krebs wie kurz zuvor ihre Schwester.

Doch zurück. Das erste Jahr ohne Heroin war ungeheuer gefährlich, diese Momente des Schwachwerdens, wenn man meint, man ist runter und es kann nichts mehr passieren. Aber ich habe widerstanden, was in den entsprechenden Kreisen niemand geglaubt hatte. Alle sagten: »Das schaffst du nie. Keiner von uns schafft das.« Alle waren pessimistisch, doch ich war voller Optimismus und sagte mir immer: »Ich schaff es, die Sucht hat mich zwar voll im Griff, aber eigentlich ist das überhaupt nicht mein Ding, und es kommt der Tag, an dem das anders wird.«

Asketisch, bescheiden und demütig genoss ich jeden Moment meines neuen Lebens ganz bewusst. Endlich war ich wieder wach. Das Geschenk der sieben Sinne neu erleben zu dürfen, kam einer Wiedergeburt gleich. Barfuß durchs Gras laufen, das sanfte Streicheln der Halme an meinen nackten Sohlen spüren. Beim Einatmen die Luft durch meine Nasenflügel strömen fühlen. Meine Nase in Blumenkelche versenken, ihren Duft genießen. Bäume umarmen, die Rinde abtasten. Das Fell eines Hundes streicheln, seine seidige Weiche spüren. Den Finger in die Möse einer Frau gleiten lassen, daran schnuppern. Momente intensiven Glücks.

Ich fühlte mich privilegiert, weil mir gerade durch meine extremen Erfahrungen, mein exzessives Leben und mein Leiden sehr klar geworden war, wie unbewusst wir eigentlich durchs Leben tapsen, stolpern, trampeln. Ich glaubte, die Lust der Leichtigkeit des Seins erkannt zu haben. War mit einem Minimum nicht nur zufrieden, sondern sehr glücklich. Hatte eine Hose, zwei Hemden, zwei Paar Socken und ein Paar Schuhe. Ich lebte alle Sehnsüchte aus, die ich auf Drogen und im Knast nicht hatte ausleben können. Verspürte ein quälendes Verlangen zu laufen, ohne dass mir Grenzen gesetzt waren. Nicht nur vier mal vier Meter im Kreis im Gefängnishof oder in der Zelle. Das Anspannen der Muskeln, das Abrollen der Füße – ich genoss es, meinen Körper zu spüren. Ich war mein Leben lang ein Tänzer. Als Kind waren die Vögel meine Lieblinge, die Tänzer der Lüfte. Und die Pferde, mit ihren vollkommenen Bewegungen. Mein Zuhause war der Englische Garten, mein Bett eine Parkbank. In der Diskothek »Sugarshake«, drei Minuten vom Stachus entfernt, tanzte ich, bis der Laden dichtmachte. Ich genoss es, dass ich kein Geld besorgen musste, um Zeug zu kaufen, dass ich keine Miete zahlen musste, keine Verpflichtungen, keine Wohnung hatte. Dass niemand auf mich wartete, dass ich frei war, zu tun und zu lassen, was immer mir in den Sinn kam. Wie ein Kind, das entdeckt, wie schön die Welt ist. Wenn die Kellner aus dem »Sugarshake« Feierabend machten, ging ich mit ihnen zum Viktualienmarkt, wo gerade die Obst-, Gemüse-, Fleisch- und Blumenstände aufgebaut wurden. Unser Ziel: Kneipen wie die »Schmalzbrezl« oder der Schauspielertreff »Die Eiche«, wo es keine Sperrstunde gab und ich mich zu Rainer Werner Fassbinder und seinen Lümmels gesellte. Wenn andere Leute zur Arbeit gingen, legte ich mich auf meiner Parkbank zur Ruhe. Tagsüber flanierte ich über die Leopoldstraße, um unter Menschen zu sein, sie zu beobachten. Auf Heroin hätte mich das genervt, denn ein Süchtiger erkennt glasklar, was für ein Getue das ist in dieser Gesellschaft, erkennt jede eitle Attitüde. Aber nun konnte ich über all die Schwächen lächeln, begann, diese Menschen wieder als Mitmenschen zu erkennen und zu akzeptieren. Wenn ich Hunger bekam, fragte ich beim Spazierengehen jemanden, der mich erkannte und anlächelte: »Mein Freund, hast du vielleicht mal fünf Mark für mich?« »Na klar!« Mit zehn Mark am Tag lebte ich wie ein König. Meine Bedürfnisse waren reduziert auf ein Minimum: eine Banane, zwei Äpfel, zwei Brötchen, zwei Scheiben Käse, einen Liter Milch und zwei Gummibärchen. Zur Abwechslung ließ ich mich auch gerne von einer meiner Verehrerinnen zum Abendessen und zu einer Übernachtung einladen. Doch das war leider immer verbunden mit sexuellen Erwartungen. Nichts gegen Sex, im Gegenteil! Aber oftmals wollte ich einfach nur schlafen, und leidenschaftliche Umarmungen als Gegenleistung für Kost und

Logis – das war mir schon zu verpflichtend. Meist zog ich es daher vor, mich im Englischen Garten unter Buche Nummer sieben zu betten. (Jeder weiß: Buche suche, Eiche weiche, Linde finde.) Wenn ich doch Lust auf ein weiches Bett verspürte, ging ich am liebsten zu Eva, der Inhaberin eines kleinen Juweliergeschäftes mit handgearbeitetem Schmuck. Sie lebte in einer großzügigen Altbauwohnung mit Stuckdecken und Parkett, mitten in Schwabing, unweit des »Sugarshake«. Sex war bei uns kein Thema.

Manchmal bettete ich mich auch in den Schoß einer angenehm duftenden Lady, die mir auf der Tanzfläche näher gekommen war. Doch um jeder Verpflichtungsdiskussion zu entgehen, dauerte dieses Glück höchstens zwei Nächte.

Vier Wochen nach meiner Rückkehr aus Gran Canaria stand ich am Pavillon im schwülen Englischen Garten, wo mit Heroin gehandelt wurde, und machte mir selbst vor, die wärmenden Strahlen der bayrischen Sonne zu genießen. Aber die Wahrheit sah anders aus: Mein Blut, meine Nerven hatten mir das Kommando gegeben, hierher zu kommen. Denn zwei Abende zuvor war ich im »Sugarshake« mit einer Schnupfer-Runde von acht Leuten, die zusammen 102 Jahre Knasterfahrung gesammelt hatte, zusammengesessen. Es blieb nicht aus, dass alle zwanzig Minuten eine kleine Snieferbombe von Nase zu Nase ging und ich zu einem Speedball, einer Mischung aus Heroin und Kokain zu gleichen Teilen, eingeladen wurde. Nun stand ich also im Englischen Garten, mitten in der Heroin-Szene, dort die Junkies, da die Bullen-Spitzel, und glaubte, mich unter Kontrolle zu haben. Doch in jeder Faser meines Körpers bimmelten schon wieder leise die Suchtglocken. Dann kam einer von meinen früheren Dealern vorbei, der immer gutes Zeug hatte. Ein netter Typ, ein kluger, kultivierter Mensch, aber eben auch ein Kranker, der sich mit dem Verkauf kleiner Mengen Heroin seine Sucht finanzierte. Stolz erzählte ich ihm: »Ich habe entzogen.«

»Aha. Wie lange?«

»Fast ein halbes Jahr.«

»Wo?«

»Auf Gran Canaria.«

»Prima, Mensch«, sagte er, und in einem Atemzug, »schade eigentlich, ich habe so gutes Heroin in der Tasche. Wenn du was brauchst ...«

Sprach's und drehte weiter seine Runde. Ein teuflisches Lächeln! Als er wieder vorbeikam, sagte ich: »Gib mal rüber, so 'n Päckchen!« Was ist das schon, mir kann nichts passieren, beruhigte ich mich selbst, nahm einen Snief, dann noch einen – und war so richtig schön wieder drauf. Direkt unterm Baum hatte ich den Snief genommen und mich so vor mir selber geschämt, dass ich fast gekotzt hätte. »Mein Gott, was bist du für ein Arsch! Nach dieser unsäglichen Tortur setzt du alles wieder aufs Spiel.« Noch zwei kräftige Ladungen pfiff ich ein, den Rest warf ich weg. Dann musste mich mein Freund Rolf Heinz für drei Wochen einschließen, und mit der Musik von Dionne Warwick und Gustav Mahler entzog ich ein allerletztes Mal. Danach habe ich nie wieder etwas genommen.

WIEDER WACH

Burkhard Driest, Autor, Schauspieler, Finanzexperte und später mein Freund, hatte ein stark autobiographisches Drehbuch geschrieben, »Endstation Freiheit«. Es erzählt von einem Häftling, der während des Strafvollzugs einen Roman verfasst. Nach seiner Entlassung wird er von einem ehemaligen Mitgefangenen zu weiteren Verbrechen animiert, doch als er erfährt, dass sein Roman von einem Verlag angenommen wurde, steigt er aus. Sein Kumpel führt den Coup alleine durch, scheitert und wird am Ende von der Polizei erschossen.

1979 wurde »Endstation Freiheit« von Reinhard Hauff verfilmt, Frank Brühne stand an der Kamera. Burkhard Driest, den ich zu dieser Zeit nur flüchtig kannte, hatte in seinen wilden Jahren, in seiner Sturm-und-Drang-Zeit wegen eines versuchten Banküberfalls dreieinhalb Jahre im Knast verbracht. Mir war er durch seinen fabelhaften Roman »Die Verrohung des Franz Blum« aufgefallen. Ich saß gerade in Hamburg im Gefängnis, als ich ihn auf dem Titelblatt des »Stern« erblickte und voller Neid und Empörung dachte: »Was will der denn da auf dem Titel? Da würde doch eigentlich ich hingehören.« Und mit Sicherheit wäre ich nicht nur auf dem »Stern«-Titelblatt gelandet, sondern

»Endstation Freiheit«, 1979

noch auf einigen anderen, so viele Interviewanfragen, wie mir vorlagen. Der Gefängnisdirektor empfing mich damals voller Stolz in seinem vergitterten Büro und teilte mir mit, dass wieder drei große Illustrierte Interesse an einem Interview hätten. Für mich kam das aber nicht in Frage, ich wollte meine Sucht und meinen Gefängnisaufenthalt nicht auch noch durch den Regenbogenpressewald flattern sehen.

Später begegnete ich Burkhard, als er zusammen mit Romy Schneider Gast in der legendären Familienshow »Wünsch dir was« von Dietmar Schönherr und Vivi Bach war. Die beiden verstanden sich sehr gut, und Romy Schneider, die während der Sendung äußerst hingerissen mehrmals den Satz: »Sie sind ein sehr interessanter Typ. Wirklich, ein sehr interessanter Typ« wiederholte, fragte Driest anschließend, ob er mit ihr noch ein Glas Wein trinken würde. »Ja, gerne«, antwortete er, »und in welche Bar möchten Sie?«, worauf sie ganz lasziv erwiderte: »Wir gehen zu mir ins Hotel.« Das taten sie dann wohl auch, und Romy ließ sich von Burkhard verführen, oder war es umgekehrt? Wer weiß das schon.

In »Endstation Freiheit« spielte Burkhard die Hauptrolle, ich den second part, die Rolle des Mithäftlings, für die ursprünglich Mario Adorf vorgesehen war. Nach all meinen Knasterfahrungen, nach acht Jahren Leben mit Drogen war ich nun wieder wach und voller Kraft, obwohl gleichzeitig der Schmerz noch so nah war, und ich wusste, mit dieser Rolle werde ich mich wieder in die Herzen der Menschen spielen. Der Film wurde in München gedreht. Ich verdiente endlich Geld, was bitternötig war, denn ich hatte Schulden wie ein Major. Stück für Stück musste ich meine Vergangenheit bewältigen, den abgebrannten Zirkus wieder aufbauen.

»Endstation Freiheit« kam, geschnitten vom Meistercutter Peter Przygodda, in die Kinos. Nach der Uraufführung strömten die Leute auf mich zu, umarmten mich mit Tränen in den Augen. Meine Darstellungskunst hatte alle begeistert und ergriffen. Anna Magnani sagte einmal: »Ich möchte, dass mich viele Menschen lieben.« Ein Wunsch, den sie nicht alleine hegt.

Auf der anschließenden Premierenfeier in der »Klappe«, einer Münchner Filmkneipe, war ich wie in Trance, denn die Menschen begegneten mir mit einer Herzlichkeit, alle freuten sich über mein Comeback. Die Presse lobte mich in den höchsten Tönen, ich bekam nur gute Kritiken. Das war Balsam auf meinen Wunden, denn viele in der Branche hatten mich längst für tot erklärt.

Etwa zur gleichen Zeit traf ich im »Sugarshake« wieder einmal Rolle, Rolf Heinz, einen artigen, zuverlässigen, pedantischen Reprofotografen, der sein ganzes Leben perfekt durchgeplant und gerade eine eigene Firma mit seinem Kumpel Max eröffnet hatte. Max, ein Westentaschenloddel, gab ab und zu Partys in seiner Maisonettewohnung am Englischen Garten. Auf einem dieser Feste stellte er mir zwei Freudenmädchen vor, mit denen ich eine Nacht verbrachte. Kurz davor hatte ich mal wieder ein paar Wochen wegen nicht bezahlter Geldbußen im Gefängnis verbracht, also eine ganze Weile keinen Sex gehabt, und gab bei den beiden alles. Die Mädels waren total begeistert und baten mich, für sie die Rolle des »Le Pin«, wie man in Frankreich sagt, zu spielen. Ein halbes Jahr lebte ich das Leben eines Zuhälters, ich traf mich mit den Mädchen zum Kaffee, ging mit ihnen ins Kino, fuhr sie im Auto spazieren und wurde dafür belohnt, entlohnt. Vielleicht war ich ja auch die Hure? Mit den

Jungs aus dem Rotlichtmilieu ging ich in Spielcasinos und überall dorthin, wo sie das Geld ausgaben, das die Frauen verdient hatten. Irgendwann wurde mir dieses Leben dann aber doch zu langweilig, ich wollte wieder für mich selber sorgen.

Eines Tages tauchte auf einer dieser Partys bei Max ein Mädchen auf, Liza, ein Typ wie Babarella, energiegeladen, blond, mit langen Beinen und Minirock, ein richtiger Blickfang, eine Sirene, wie aus der Odyssee. Alle Männer drehten sich nach ihr um und wurden verrückt, nur Kirk Douglas, zappelnd am Mast festgebunden, widerstand ihrem Gesang. Wir verliebten uns. Gemeinsam zogen wir in ein denkmalgeschütztes Haus am Holzplatz, einer Münchner Arbeitergegend. Unten im Haus befand sich eine Kneipe, darüber lag die Wohnung, in der offiziell niemand mehr wohnen sollte, da die Renovierung anstand. Liza und ich quartierten uns einfach ohne Anmeldung ein, und das war gut so, denn ab und zu suchte die Polizei noch wegen irgendwelcher Kinkerlitzchen nach mir, es waren keine großen Dinge, keine bösen Sachen mehr, lediglich einige kleine Nachwehen meiner Drogenzeit.

Immer noch hatte ich Schulden ohne Ende, kein Auto, und mein Führerschein war auch weg. Ein Auto, das war klar, musste ich einfach haben, besorgte mir also einen alten Mercedes, goldmetallic, 280 SE, 3.5, Baujahr 1971. Er stand recht verwahrlost bei einem der Söhne von Loden-Frey herum, den ich an der Bar des »Sugarshake« kennen gelernt hatte. Für 450 Mark kaufte ich ihm das Riesengefährt ab. An dem Wagen musste ziemlich viel geschweißt werden. Sprotte, mein Berliner Autoschlosser, der sich später nach Afrika absetzte, weil er in Berlin zu viele Frauen geschwängert hatte, schweißte alles so einwandfrei zusammen, dass es nichts mehr zu bemängeln gab und das Auto problemlos durch den TÜV kam.

Nicht nur ich, auch Liza hatte keine Fahrerlaubnis, konnte aber trotzdem prima fahren, und so kam sie auf die Idee, sich von mir einen Führerschein besorgen zu lassen. Ein Typ aus dem Rotlichtmilieu verkaufte ihn mir mit den Worten: »Du, das Ding ist echt, das Formular …, nur die Eintragungen sind gefälscht, aber is' 'n Originalformular.« Das beruhigte mich, denn so etwas erkennen Kontrolleure ja meist zuerst.

1981, Bundesfilmpreisverleihung im Berliner Zoopalast. Liza mit gefälschtem Führerschein fuhr mich nach Berlin. Der Zoopalast ist für mich als Berliner ein Traumkino, dort einen Preis zu bekommen kam einer Krönung gleich. Wir waren ein bisschen spät dran, das heißt, eigentlich nicht wirklich spät, sondern nur nicht ganz pünktlich.

Die ersten Preise waren bereits vergeben, als ich den Saal betrat. Unweigerlich zog ich die Aufmerksamkeit des Ehrenpublikums und der anderen Preisträger auf mich. Neben einem mit rotem Samt bezogenen Tisch, auf dem die Bundesfilmpreise lagen, befanden sich zwei Stuhlreihen für die Ehrengäste. Um an meinen Platz zu gelangen, hätte ich Maria Schell und andere Gäste hochscheuchen müssen. Also schob ich die rote Samtdecke zur Seite und setzte mich auf eine Ecke des Tisches, was den Saal zu lautem Gebrüll und Applaus veranlasste. Bundesinnenminister Baum, der seine kleine Rede noch nicht ganz beendet hatte, war leicht pikiert. Doch dann war die Reihe auch schon an mir, ich nahm meine Auszeichnung entgegen, und wieder brandete Applaus auf. Für »Endstation Freiheit« erhielt ich den Deutschen Filmpreis, das Filmband in Gold. Ich genoss diesen Moment bis in die Zehenspitzen. Die Zuwendung der Menschen, für die man spielt, ist das Brot des Schauspielers. Michael Strauven, SFB-Moderator und ein alter Freund von mir aus der Zeit, als ich so um die zwanzig war, interviewte mich danach.

»Mensch, Rolf, jetzt hast' es geschafft.«

»... eigentlich schon ..., ich meine, den Preis hätt ich eigentlich schon früher haben können, wollen, müssen ..., aber jetzt is' auch in Ordnung ...« Und ich fügte noch hinzu: »Ja, Freunde, Autoren, Produzenten, Regisseure, dann schreibt doch mal 'n paar Filme für Zacher.«

Viele Zeitungen titelten: »Zacher ist wieder da«. Und zwei Monate später, an einem milden Junitag, erhielt ich in München im Hotel »Bayrischer Hof« einen weiteren Preis, den Darstellerpreis »Charlie-Chaplin-Schuh«. Für mich war dies die größte Auszeichnung. Wieder kam ich ein paar Minuten zu spät, die Veranstaltung war schon in vollem Gange, an den schweren bayrischen Eichentüren stoppten mich zwei gestandene Saalordner mit den Worten »Ihre Legitimation bitte!«.

»Hab ich nicht dabei.«

»Dann können wir Sie nicht hereinlassen.«

»Ja, is schon klar, aber ich soll da auch 'n Preis bekommen.«

»Ja, da kann ja ein jeder daherkommen.«

»Ja, nee, aber ich krieg wirklich 'n Preis.«

»Sie, jetzt reicht's aber.« Sie packten mich, einer rechts, einer links, und zerrten mich in Richtung Treppe. Da begann ich zu rufen. »Hallo!«

Peter Lilienthal, der Laudator, stand auf der Bühne und

sagte gerade: »Ja, der Rolf Zacher ist ja heute leider nicht da …« Ich sah ihn durch die offene Tür und schrie: »Hallo, hallo, Peter, hier bin ich.« Und Lilienthal rief zu den Ordnern: »Lassen Sie den Mann los, das ist unser Preisträger.« Das Publikum schaute amüsiert in meine Richtung. Verdutzt und etwas ungläubig ließen die beiden von mir ab und gewährten mir mit einem Brubbeln, »Das kann ja niemand wissen«, Zutritt.

Der Anfang war also gemacht, jetzt hoffte ich auf gute Filme, gute Rollen, und Liza war an meiner Seite. Liza sagte mal, sie würde mich aus jeder Zwangssituation befreien, wenn es sein müsste, auch mit Gewalt. Aber was, wenn ich sterbe und in einem Kasten unter der Erde liege? Bitte mich auch davon erlösen. Das versteh ich unter Befreiung bis zur letzten Konsequenz. Sie versprach es mir, und ich war beruhigt.

»It's a heartache, nothing but a heartache …«, dieser Song von Bonnie Tyler dröhnte jeden Abend zwei bis drei Stunden lang aus der Kneipe unter unserer Wohnung. Die Dielen bebten. An einem Freitagabend, es war Zahltagstimmung und zunehmender Mond, stand unten auf der Straße ein wolfsähnlicher Hund, mit einem gepunkteten Fell und einem Kopf wie ein Schakal, ein schönes, wildes Tier. Völlig verloren stand er da, misshandelt, ungeliebt, ein Stückchen Leine hing an seinem Hals, genau unter unserem Fenster bellte er. Wir warfen ihm Wurstscheiben hinunter, und Liza, die ein regelrechter Hundenarr war, bettelte mich an: » Ach bitte, bitte, das arme Kerlchen, lass uns den doch …« »Nee, Liza, du, das is' ja Wahnsinn, jetzt auch noch 'n Hund …, ich meine, ich bin ja froh, dass wir zwei klarkommen.« Nicht in dieser Situation, unangemeldet in dieser Wohnung, der nächste Job noch nicht sicher, ohne Führerschein und auf Bewährung. Da brauchte man doch nur eine Banane zu klauen, und schon steckte man wieder im Kahn. Kurz und gut, unsere Situation war nicht so, dass ich einen Hund haben wollte, mir reichte eine Freundin. Doch die quengelte weiter: »Ach bitte, bitte, bitte …« »Na gut, bitte, bitte …«, ich ließ mich überreden. Der Hund kam also zu uns nach oben, ich wollte ihn streicheln, aber er knurrte, zog die Lefzen bis zur Nase hoch, fletschte die Zähne, war unnahbar. Ich sah dann, dass er am ganzen Körper übersät war von riesigen offenen Wunden. Sicher war er verprügelt worden und danach weggelaufen. Jedenfalls verhielt er sich so, völlig verstört. Das Fressen schob ich ihm mit einem langen Besenstiel hin, wie ein Löwenbändiger. Und selbst das war gefährlich, der Hund hatte einfach nur Angst, war jeden Moment zum Angriff bereit. Am dritten Tag gab ich es auf. »Liza, den brauchen wir nicht. Ich geh jetzt mit ihm raus, lass ihn irgendwo laufen, versteck mich im Hauseingang, und weg ist er.«

»Das ist aber gemein.«

»Nee, Liza, so ’nen Hund brauchen wir nicht.«

Ich kam also ohne Hund zurück. Zwei Stunden später stand er wieder vor der Tür und bellte, als wollte er uns sagen: »Ich gehör doch jetzt zu euch.«

Ganz langsam konnte ich ihm die Angst nehmen, ich legte ihm zunächst nur die Hand auf den Kopf und ließ sie jeden Tag ein bisschen länger liegen. Nach sechs Wochen konnte ich ihn zum ersten Mal streicheln, ohne dass er mich anknurrte. Der Hund liebte mich. Mein Chacco.

Eines Tages klopfte es an der Tür, eine Frau stand vor mir, eine leicht verwahrloste, vom Alkohol gezeichnete Person, und sagte: »Sie haben meinen Hund.«

»Na, Moment mal, was heißt denn hier Ihr Hund, der stand vor Wochen hier vor der Tür. Ich hab ihn erst einmal geradegebogen, aufgepäppelt, der geht mir nicht mehr von der Seite.«

»Ja, aber das ist mein Hund.«

»Na gut, bitte«, und sie machte ein paar Schritte auf ihn zu, aber der Hund biss sie sofort in die Hand. »Ihr Hund hat mich gebissen, ich werd Sie anzeigen.« Krakeelend lief sie die Treppe runter. Das war ein eindeutiger Beweis, jetzt war es mein Hund.

Hans W. Geißendörfer und ich kannten uns noch aus seiner Zeit mit George Moorse, ich spielte meine erste Hauptrolle, er war Regieassistent. Eines Tages im Jahr 1981 rief er mich an: »Du, Rolf, ich verfilme Thomas Manns ›Zauberberg‹, da ist zwar nur ’ne kleine Rolle drin für dich, du hast nicht viel zu agieren, bist aber trotzdem sehr oft im Bild. Ich biete dir das an, weil ich weiß, dass du den Schauspieler Anthony Quinn so sehr verehrst, und der wird mitspielen.« Ich natürlich vollauf begeistert, sagte sofort zu. Kurz vor Beginn der Dreharbeiten erfuhr ich dann, dass Anthony Quinn nicht spielen konnte, dafür aber Rod Steiger zugesagt hatte. Auch er war einer meiner »Väter«. Denn wer vaterlos aufwächst, sucht sich seine Vaterfiguren selbst.

»Der Zauberberg« wurde zunächst in den früheren Berliner Ufa-Studios in der Oberlandstraße in Tempelhof gedreht, später dann in der Schweiz. Für die Studio-Dreharbeiten mietete ich mir in Berlin ein ehemaliges Bootshäuschen, das der Besitzer in ein feines Gästehaus verwandelt hatte. Eine regelrechte Gichthütte, wie sich herausstellte, denn das Wasser gluckerte direkt unter dem Bett, aber romantisch am Großen Wannsee gelegen. Das Bimmeln der Segelmaste, die Geräusche der kleinen Metallplättchen, die aneinander schlugen und sich zu einem nächtlichen Klimperkonzert vereinten, waren meine kleine Nachtmusik.

Mit meinem 280er SE, 3.5, fuhr ich von Wannsee über die Avus nach Tempelhof. Diese halbe Stunde morgens ganz in Ruhe zur Arbeit zu fahren, das liebte ich besonders. Ich kam ins Studio, Christoph Eichhorn, der die Hauptrolle im »Zauberberg« spielte, stand zusammen mit einem älteren Herrn mit braunen Augen und Vollbart, der mir irgendwie bekannt vorkam. »Mensch, woher kenn ich den bloß?«, fragte ich mich. Ich begann, von meinem Auto zu reden, und erzählte Christoph dann, dass ich schon Muster gesehen, was mir dabei gefallen hätte und was ich an seiner Stelle anders machen würde, denn er hatte mich gebeten, ihn zu kritisieren. Dabei sah ich immer wieder einmal zu diesem Mann hinüber. Ich hatte ihn auch begrüßt, doch nur ganz leger, eher beiläufig. Plötzlich unterbrach mich Christoph. »Do you know Rod?« »O ja! Mister Rod Steiger! Man, I'm so sorry, because your eyes, I never forget your eyes …« Die ganze Zeit hatte ich überlegt, woher ich diese Augen kenne. Und jetzt war Rod Steiger, wie es Schauspieler so an sich haben, total beleidigt, dass ich ihn nicht sofort erkannt hatte. Wir probten dann zusammen eine Szene. Ich hatte die Rolle des Pianisten Wehsal im »Zauberberg«, konnte aber gar nicht Klavier spielen. Hatte mir drei Monate vor Drehbeginn ein Piano gemietet, und Liza brachte mir ein wenig bei, wo die Töne liegen. Jedenfalls beherrschte ich es mittlerweile ganz gut, am Klavier zu agieren, und für die Nahaufnahmen gab es ja sowieso ein Handdouble. Ich bewegte mich zu Beethovens »Mondscheinso-

»Der Zauberberg«,
mit Hans Christian Blech und Rod Steiger, 1981

nate«, summte synchron zur Musik, und während wir probten, bemerkte ich, dass Rod Steiger die Szene überhaupt nicht kannte. Der amerikanische Superstar, unvergesslich als Marlon Brandos Bruder in dem Film »Die Faust im Nacken« von Elia Kazan oder als Sheriff in »In the Heat of the Night« mit Sidney Portier, dieser große Schauspieler ging völlig unvorbereitet in die Szene. Es war kurz vor der Mittagspause, und Hans W. Geißendörfer wollte noch eine Stellprobe machen. Ich sang also Rod Steiger die Melodie genau in die Augen, plötzlich unterbrach er mich, und mit einem Operettenton, die Stimme richtig gestützt, hob er mich aus meiner Szene heraus. Geißendörfer lachte, Rod

Steiger drehte sich um und ging in die Mittagspause. Viele Schauspieler, die das beobachtet hatten, freuten sich hämisch und lachten ungeniert. »Tja, Zacher, Pech gehabt …« Ich dachte nur: »Na, das war's dann wohl mit Rod Steiger und mir.« Drei Drehmonate lagen noch vor uns, auf die ich mich schon so gefreut hatte. Ich also nach oben zu den Garderoben, Steigers befand sich direkt neben meiner. Seine Tür stand weit offen, ich ging rein, erzählte ihm, wer ich bin und welche Rolle er in meinem Leben spielt, nämlich die einer Vaterfigur. Nach einer Weile betraten wir zusammen wieder das Atelier. Seine Hand lag väterlich auf meiner Schulter, und die Missgünstigen unter den Kollegen schwiegen betreten mit verdutzten Gesichtern.

Einige Tage später drehten wir eine Speisesaalszene. Im Studio befanden sich ungefähr 150 Menschen, Komparsen und Schauspieler, es herrschte ein wahnsinniger Lärm. Das Team brüllte Kommandos durch das riesige Studio. Ich saß schon artig auf meinem Platz, als Rod Steiger zur Probe gerufen wurde. Er kam herein, und noch immer war der Lautstärkepegel nicht gesunken. Ich dachte mir: »Na, jetzt bin ich ja mal gespannt, wie der darauf reagiert.« Denn: Probe heißt absolute Ruhe! Ingmar Bergman, den ich in München bei Dreharbeiten beobachtet hatte, sagte: »In dem Moment, in dem der Schauspieler am Set erscheint, ist er der Wichtigste. Jeder Schauspieler muss so in die Szene hineingeführt werden, wie es die Stimmung erfordert. Ist es eine weiche, leise, ruhige Szene, dann muss das Kommando ganz leise gegeben werden, und ist es eine Szene, die mehr Emotionen erfordert, lauter, lebendiger ist, dann muss der Einsatz kraftvoller gegeben werden.«

Rod Steiger stand also neben mir, Gemurmel war von

überall her zu hören, die Beleuchter etwa: »Eh gib ma' noch 'ne Lampe rüber ...«, die Requisite: »Wie oft muss ich euch denn noch sagen, gegessen wird nur während der Aufnahmen ...«, die Maske: »Wer hat denn schon wieder mein Haarspray?«, das Kostüm: »Halt, noch nicht hinsetzen, ich glaub da is 'n Träger gerissen ...«. Der Aufnahmeleiter brüllte dazwischen: »Ruhe, Ruhe bitte, wir wollen proben!« Und alle nervös: »Moment, Moment, wir brauchen noch 'n bisschen.« Die Komparsen quatschten durcheinander. Es war furchtbar. Rod Steiger registrierte das Durcheinander, drehte sich um und ging wieder. Der Aufnahmeleiter rannte hinter ihm her: »Mr. Steiger, rehearsel!« Und Rod Steiger: »What? Rehearsel? Wenn du mich zu einer Probe rufst, dann hat das mucksmäuschenstill zu sein, okay, und wenn nicht, dann geh ich raus, bis es ruhig ist.«

Wir begegneten uns kurz darauf auf der Toilette. In den alten Ufa-Hallen gab es damals noch Pissoirs an der Wand. Vor einer solchen Rinne stand ich und wollte gerade pinkeln. Steiger kam dazu und sagte in die Ruhe vor dem Wasserlassen hinein: »I hate acting ...« Ich war fassungslos. Dieser große Schauspieler, mein Star, sagte so etwas. Und er wiederholte: »Yeah, I hate acting«, und nach einer Pause fügte er hinzu, »but it's better, than working in a factory ...« Und mit einem Seitenblick zu mir: »Right?!«

Rod Steiger war damals schon ziemlich krank, eine Herzgeschichte, immer hatte er einen halben Koffer voll Pillen dabei. Aber er spielte trotzdem intensiv, begab sich emotional so tief in eine Szene, dass ich glaubte, er würde jeden Augenblick tot umfallen. Einmal probten wir eine Szene, in der er sich ereifern sollte. Dabei lief er rotblau an, derart wütend und zornig wurde er. Erst wenn man sich die Aufnahmen ansah, merkte man, dass er diese Intensität auf Dauer nicht mehr durchhalten konnte. Ich selbst versuchte das eine Zeit lang, beobachtete dann aber an mir, dass ich nach einer extremen Verausgabung meist nicht mehr besonders gut war. Prinzipiell lag es mir jedoch, gleich in der ersten Probe ganz in eine Szene einzusteigen, und ich war immer froh über Regisseure, die das mitdrehten, denn die erste Aufnahme ist oft die beste.

Die Arbeit am »Zauberberg« war etwas Außergewöhnliches, nicht zuletzt natürlich wegen der großartigen Besetzung: Rod Steiger, Hans Christian Blech, ein toller Mensch und Schauspieler, mit dem ich mich, während wir in der Schweiz in dem Sanatorium drehten, sehr amüsierte, dann der französische Star Marie-France Pisier, Flavio Bucci, der italienische Komödiant, und natürlich Charles Aznavour, ein sensibler, zurückhaltender, introvertierter Mensch, der von einer ganz eigenen Sphäre umhüllt zu sein schien.

Ich selbst war sehr, sehr unruhig während der Dreharbeiten, denn es gab für mich kaum etwas zu tun. Fast ständig saß ich dem Regisseur im Nacken, der eigentlich versprochen hatte, mir noch einige Szenen reinzuschreiben. Letztendlich machte er das auch, doch erst, nachdem ich ihn mehrmals provozierte. »So Hans, ich steh jetzt auf und geh, kann hier nicht nur rumsitzen.« Ich musste erst brüllen, dann bekam ich meine Szenen.

Robby Müller, ein ehemaliger Assistent von Gerard Vandenberg, der auch in Amerika ziemlich erfolgreich Filme drehte, war anfangs der erste Kameramann, wurde dann aber gegen Michael Ballhaus ausgetauscht, weil dem Produzenten sein Licht zu diesig war. Michael Ballhaus machte es dann etwas konventioneller, seine Klarheit gefiel mir auch sehr. Das ganze Team stand jedoch hinter Robby Müller und versuchte, die Entscheidung zu boykottieren, aber der Produzent Franz Seitz hatte es so beschlossen, und es wurde weitergedreht.

Rod Steiger, mein Idol, schockte mich während dieses Films noch ein zweites Mal, als er zu mir sagte: »Ich merke, du magst dieses Spiel vor der Kamera noch sehr«, worauf ich erwiderte: »Ja klar«, und er antwortete: »Ich kann mich nicht mehr sehen auf der Leinwand.« Heute verstehe ich es, wenn man sein ganzes Leben rumgehampelt ist, ständig auf Kommando alles wiederholt hat, immer wieder die gleichen Gefühle, sich wieder und wieder offenbart, sich hingegeben hat, dann ist auch die größte Eitelkeit irgendwann befriedigt.

Rainer Werner Fassbinder und ich kannten uns von der Szene. Wenn wir uns trafen, lächelten wir uns immer an, doch ich hatte ihn nie persönlich nach einer Rolle gefragt, und er hatte mir auch nie eine angeboten. 1979/80 drehte er »Berlin Alexanderplatz«, und Gottfried John, der darin mitspielte, hatte ich es zu verdanken, dass Fassbinder mich in der Rolle eines der Kommunisten besetzte. Einige Zeit später, ungefähr vier Monate bevor Rainer starb, kam mir auf dem Gelände der Bavaria der Produzent Thomas Schüli in seinem roten Ferrari Cabriolet entgegen. »Mensch, Rolf, wie geht's denn. Komm doch mal mit ins Büro, wir müssen uns unterhalten. Ich bereite doch gerade so 'n Riesending vor.« Er parkte seinen F 40 mit viel Zwischengas, und wir gingen ins Büro, wo er mir begeistert erzählte, dass er demnächst einen Film machen würde, »Kokain«, nach dem Bestseller von Pitigrilli. Die Regie sollte Rainer Werner Fassbinder führen, für die Hauptrolle war Robert De Niro avisiert.

Ich ließ ihn ausreden und sagte dann: »Thomas, seid ihr denn eigentlich alle bescheuert? Ich meine, jetzt hab ich diesen Bundesfilmpreis und den Chaplin-Schuh, hab mich also wirklich qualifiziert damit, alle wissen doch schon seit Jahren, was ich draufhabe, oder wie siehst du das, Mann? Ich meine, wacht doch mal auf. Was ist los mit euch? Das ist doch genau die Rolle, die ich spielen müsste. Außerdem bin ich auch viel billiger. Nichts gegen Robert De Niro, das is' 'n Typ, aber ...«

»Mensch«, sagt Thomas Schüli, »das is' ja die Idee. Du hast völlig Recht. Du, das muss ich mit Rainer besprechen.«

Am nächsten Tag, wir drehten immer noch zusammen »Berlin Alexanderplatz«, kam Rainer mir aus der Kantine entgegen, blieb ganz dicht vor mir stehen, legte seinen Arm auf meine Schulter und flüsterte ganz cool, wie es so seine Art war: »Ich drehe einen Film: ›Kokain‹. Hab mit dem Schüli gesprochen, haste Lust, die Hauptrolle zu spielen?« Ich schluckte unauffällig, aber mein Adamsapfel verriet mich, und entgegnete trotzdem cool: »Ja klar, warum nicht ..., okay.« Er ging weiter in sein Studio, ich in Richtung Kantine, und damit war die Sache beschlossen.

Rainer bereitete den Film vor, wir trafen uns, und ich sagte zu ihm: »Mein lieber Freund, ich will dir ja überhaupt nicht reinreden, aber ich bin nun mal 'n gebranntes Kind. Du musst aufhören mit diesem Koks, sonst knallt dir dein Herz weg.« Und er: »Ja, ich mach das schon, Rolf, mach dir mal keine Sorgen.« Er stand zu dem Zeitpunkt schon auf der Kippe, sah ziemlich fertig aus mit seinen Augenringen, dem aufgelösten, aufgeschwemmten Gesicht, die Droge hatte ihn voll im Griff. Ich machte mir Sorgen, auch wegen des Projekts, denn wann gab es schon einmal die Möglichkeit, mit ihm einen solchen

Film zu drehen, der dann um die ganze Welt gehen würde. Zwei Monate später war ich mit Rainer in der Berliner »Paris Bar« verabredet, dem Film-Kunst-Kultur-Schickeria-unbedingt-dabei-sein-Lokalgrößen-Treff. Als ich ihn da sitzen sah an Tisch 1, dem Platz für privilegierte Gäste, Produzenten, Regisseure und Geschäftsleute, bekam ich einen Schreck, er sah uralt aus. Er hatte innerhalb weniger Wochen offensichtlich noch mehr konsumiert. Neben diesem Häufchen Elend saß, gesund und braun gebrannt, der italienische Filmstar Franco Nero. Was für ein Gegensatz. Ich bemerkte nur ganz leise zu Rainer: »Mein Gott, du wolltest doch aufhörn.« Und er: »Ja, so is' das nun mal, es geht schon.« In drei Monaten sollten die Dreharbeiten beginnen, aber vier Wochen nach unserem Treffen starb er, der liebe Wahnsinnige, im Alter von 37 Jahren.

Vom Münchner Holzplatz zog ich mit Liza und Chacco in eine Pension am Ammersee. Dort gefiel es uns eigentlich ganz gut, es kostete nicht viel, und der Besitzer mochte uns sehr, nur seine Frau war 'ne spießige Mutter. Sie hatte einen widerlichen, kleinen Kläffer, einen Spitz, der meinem Chacco ständig in die Beine zwickte. Drei Wochen passte ich auf, dass mein Hund sich nicht wehrte und diesen hysterischen Köter zerfleischte. Dann beschlossen wir, von dort wegzugehen, und ich mietete ein gemütliches Einfamilienhaus im Münchner Außenbezirk Waltrudering. Am letzten Tag in der Pension ließ ich Chacco los. Er packte Mamas Liebling im Genick, schüttelte ihn dreimal kräftig durch und schleuderte ihn in hohem Bogen fünf Meter weit über die Wiese. Die Rache der Pensionswirtin vom Ammersee folgte umgehend. Ich hatte ihr die Miete nämlich bar bezahlt bis auf einen Rest von 110 Mark, über den ich ihr einen Scheck ausstellte, der leider nicht gedeckt war. Empört brachte die Alte das sofort zur Anzeige, ehe ich das Problem überhaupt bemerkt hatte.

Als die Anzeige bei mir eintraf, fuhr ich zwar schnell in die Pension und zahlte die Rechnung, aber wenn so ein Vorgang erst einmal bei Gericht liegt, kann man nichts mehr machen. So ist eben die Bürokratie. Ich hatte ja noch immer Bewährung, ein Jahr und neun Monate Knast waren noch offen. Also wurde ich verhaftet, gleich vor den Untersuchungsrichter geladen, und der veranlasste sofortige Einweisung in den Strafvollzug. Die grüne Minna fuhr vor und überführte mich. Mit dem Rücken in Fahrtrichtung saß ich da und schaute in die Vergangenheit, in die Spuren im Schnee, konnte es einfach nicht fassen, wegen 110 Mark, die ohnehin bezahlt waren, wieder in den Knast zu kommen. Ich wurde im Münchner Beton-Klotz-Knast einquartiert, und Liza musste zum ersten Mal in ihrem Leben wirklich um etwas kämpfen. Begnadigen konnte mich nur der Staatsanwalt in Hamburg, doch der befand sich gerade für vier Wochen irgendwo im Urlaub. Der Untersuchungsrichter, ein richtiger Karrieretyp, sagte nur: »Ja mei, da haben Sie halt Pech g'habt. Sie haben nicht bezahlt.«

»Das is' ja bezahlt.« Er war ein junger Typ, vielleicht 26, ein Schnösel mit gewichtiger Fresse und nach hinten geklatschtem Haar, ein richtiger Idiot eben, aber auch ein Mensch mit wenig Lebenserfahrung. Er hatte mich nur angesehen. Ich war ihm sofort unsympathisch.

»Das warn doch nur 110 Mark, und die hab ich schon längst bezahlt. Überlegen Sie mal, wie viel ein Häftling jeden Tag kostet. Sie versauen mir jetzt das ganze Leben. Ich soll jetzt fast zwei Jahre in' Knast wegen 110 Mark, und meine Bewährung ist in zwei Wochen abgelaufen. Das ist doch völlig überzogen.«

»Nee, Sie bleiben erst mal drin.«

In diesem Münchner Horrorgefängnis musste ich dann tatsächlich sechs Wochen absitzen, bis der Hamburger Staatsanwalt meine Begnadigung durchsetzen konnte. Sechs Wochen in einem Knast, in dem nur ganz oben in den hohen Mauern ein winziges Fenster aus Milchglas eingelassen war, schrecklich.

Auf der Südseite des Grundstücks unseres neuen Hauses in Waltrudering war eine Wiese, dahinter zweihundert Meter Kornfeld und daran angrenzend der Wald. Am frühen Abend kamen Rehe, die sich langsam aufs Feld vortasteten und schließlich auf unserer Wiese ästen. Die Voraussetzung für ein harmonisches, glückliches, ruhiges Zusammenleben war wieder einmal geschaffen. Zumindest schien es so. Im Wohnzimmer stand ein großer Flügel, das Haus war halb möbliert. Mir kam das gelegen, besaß ich doch mein Leben lang immer nur wenige Möbelstücke, was die zahlreichen Umzüge sehr erleichterte.

1982 drehte ich in München mit dem Kameramann Frank Brühne die von der Bavaria produzierte Serie »Büro, Büro«. Regie führte Reinhard Schabenitzky, einer der Regisseure, die mit ihrem Anspruch beim Filmemachen auf viele Schwierigkeiten stießen. Er legte sehr viel Wert auf Qualität, die im Fernsehen immer weniger gefragt war. Hauptsache, die Folge ist schnell fertig, halbwegs passabel und kann »versendet« werden. Nach einer Weile stieg ich aus. Ich konnte diese Art des Drehens nicht mehr ertragen, das riesige Team, all die Schauspieler, das Geplapper, dieser Lärm. Die Atmosphäre machte mich fertig, obwohl ich andererseits natürlich sehr froh war, mit Reinhard arbeiten zu können.

Bei diesen Dreharbeiten lernte ich Iris Berben näher kennen, die auch in »Büro, Büro« mitspielte und sich gerade in einer verrückten Lebensphase befand. Ich beobachtete sie beim Drehen und stellte fest, dass Iris eine großartige Schauspielerin, eine Komödiantin sein kann, vorausgesetzt, ihr Manierismus und ihre Exaltiertheit werden ausgebremst, jemand arbeitet intensiv mit ihr und sie wird vom Regisseur richtig geführt.

Im gleichen Jahr spielte ich die Titelrolle in dem Fernsehspiel »Der Gast«. Der Autor Wolfgang Mühlbauer führte auch Regie. Meine Figur war eine Randexistenz, ein Mensch, der nicht arbeiten will, dem der soziale Abstieg droht. Eine hilfsbereite, warmherzige Familie, gespielt von Peter Sattmann und Monika Baumgartner, nimmt ihn bei sich auf, und im Laufe der Zeit konzentriert sich das Leben dieser Leute nur noch auf die Bedürfnisse, den Lebensrhythmus dieses Mannes. Die Positionen wechseln, das Ehepaar wird Gast im eigenen Haus. Es war eine großartige Arbeit mit Monika Baumgartner, einer sehr lebensnahen Schauspielerin. Peter Sattmann sollte ein wenig später mein Gast werden.

Diesem Fernsehspiel folgte die Serie »Angelo und Luzy«, Engelchen und Teufelchen. Angelo, der Engel, wohnt in den Wolken und schwebt auf die Erde hinunter, wenn irgendein verzweifelter Erdenbürger Hilfe braucht, Luzy, die Teufelin, sitzt in der Hölle vor ihrem Kaminfeuer und sieht auf einem Videoempfangsschirm dieselbe Seele mit sich ringen. Per Fahrstuhl katapultiert sie sich nach oben und versucht mit all ihren teuflischen Kräften, das arme Wesen zu überzeugen, ihr in die Hölle zu folgen. Der Autor hatte mich in irgendeinem Film gesehen und sofort entschieden: »Das ist mein Angelo.«

Für die Rolle der Luzy war noch keine Schauspielerin engagiert, und als Traumbesetzung des Autors hatte ich bei der Auswahl Mitspracherecht. Der Produzent der Odeonfilm, Georg Althammer, ließ mir relativ freie Hand, denn auch er war begeistert, mich für diese Serienhauptrolle gewonnen zu haben. Bundesfilmpreis und Charlie-Chaplin-Schuh hatten meinen Wert doch ganz erheblich in die Höhe getrieben.

Luzy sollte von einer der bekannten deutschen Schauspielerinnen gespielt werden, Senta Berger, Uschi Glas, Ingrid Steeger und wie sie alle hießen, ich konnte mir eine aussuchen. Mein Vorschlag, Iris Berben, wurde erst einmal abgelehnt. Produzent, Redakteur und Autor waren sich einig, dass Iris nicht die Richtige wäre, weil man sie in erster Linie als Ulknudel aus »Sketch up« kannte, wo sie zusammen mit Diether Krebs auftrat. Ihr Marktwert war den dreien nicht stabil genug. Ich bat darum, ihr doch wenigstens eine Chance zu geben, denn wir hatten uns ineinander verguckt. Abgesehen davon hielt ich sie aber auch für eine gute Schauspielerin. Sie wurde also eingeladen, kam sexy aufgebrezelt an, und nachdem sie zwei Stunden mit den Jungs im Büro kokettiert hatte, oder besser gesagt, nachdem vier Herren vor ihr mit heraushängender Zunge auf den Knien herumrutschten, traute man ihr die Rolle dann doch zu und engagierte sie. Eine Forderung bestand nur darin, dass Iris ihr oftmals übertriebenes Grimassieren und ihre Überbetonungen in den Griff bekommen sollte. Da ich Iris nun persönlich kannte, bat ich den Produzenten und den Regisseur, mir die letzte Entscheidung darüber zu lassen, ob eine Aufnahme gut wäre oder nicht. Ich wollte den Qualitätsanspruch, den ich mir im Laufe der Jahre erarbeitet hatte, in keiner Weise gefährden. So saß ich also hinter dem Regisseur, beobachtete den Ablauf genau, und während er lobte, sagte ich oft nur leise: »Nee, das noch mal«, denn Iris hatte immer wieder dieses verzerrte, leicht angespannte Gesicht, das mir jedes Mal eine Gänsehaut über den Rücken jagte. Sie wiederholte die Szene dann, bis sie die Qualität hatte, auf die es mir ankam.

Im Laufe der Probenarbeit entwickelte sich zwischen uns eine wilde Leidenschaft, die natürlich noch spannender und reizvoller wurde, weil wir unsere Gefühlsanwandlungen vor der Welt geheim hielten. Aber Liza spürte das und litt, war vor Eifersucht wie besessen, und nach einem Riesenkrach nahm sie schließlich ihre Sachen und zog aus. Im Rausch des Verliebtseins waren bei mir wieder einmal ganze Hirnbereiche lahm gelegt.

Einige Monate lang genoss ich es, ein Serienschauspieler zu sein. Ich war unentbehrlich und hatte dadurch gewisse Macht. So konnte ich auch auf die unverschämten, respektlosen, ausbeuterischen und kräftezehrenden Arbeitsbedingungen Einfluss nehmen, gegen die sich das Team nicht wehren konnte, weil alle froh waren, überhaupt Arbeit zu haben. Einerseits wollte ich die Ausbeutung der Schauspieler durchbrechen, andererseits war mir wichtig, für das Fernsehen genau die Qualität herzustellen, die ich in Kinofilmen unter Peter Lilienthal, George Moorse, Uli Schamoni, Robert van Ackeren, Helmut Käutner, Reinhard Hauff und Hans W. Geißendörfer erfahren hatte. Ich wollte nicht nur, dass es mir während der Arbeit gut ging, dass ich zufrieden gestellt war, sondern ich brauchte auch den gewissen Kick!

»Angelo und Luzy«, 1983

Nach zwei Wochen mit Überstunden reichte es mir, ich ging zum Produzenten, der an sich sehr sympathisch und aufgeschlossen war, und beschwerte mich. Waren doch im Vertrag täglich neun und nicht zwölf bis vierzehn Stunden Arbeit festgelegt. »Na ja, gut«, sagte er, »aber wir hatten ja darüber gesprochen, dass es auch mal mehr werden kann«, und machte dazu eine Leckogeste, wie ein Penner. Ich stand vor ihm etwas erhöht auf einer Stufe, holte aus und verabreichte ihm eine pädagogisch wertvolle Ohrfeige. Daraufhin baute er sich mit ausgestreckten Armen vor mir auf wie ein Boxer in den frühen vierziger Jahren und flüsterte: »Du, ich habe mal geboxt in der Studentenliga …« Das Team beobachtete uns durch ein kleines Fenster, und ich entgegnete nur: »Wenn du jetzt nicht aufhörst, dann schieß ich dich hier mit Backpfeifen vom Hof.« Der gute Mann, das habe ich ihm nicht vergessen, hat nie wieder über diesen Vorfall gesprochen. Am nächsten Tag drehten wir weiter, und die Überstunden fielen von da an bis auf ganz wenige Ausnahmen weg.

In einer der Folgen betätigte sich unser Autor auch als Regisseur. Gedreht wurde eine zarte, liebevolle, erotische Szene, meine Kollegin, die Frau eines großen Fernsehproduzenten, lag vor mir auf einem Tisch und wartete auf den Dornröschenkuss, der sie aus ihrer Verzweiflung wecken und auf die heitere Seite des Lebens bringen sollte. Der Regisseur schrie jedes Mal in diese leise Szene hinein, obwohl es gar keinen Grund dafür gab, mit einer solchen Ladung Energie den Einstieg der Schauspieler zu unterstützen. Es hätte behutsam ein ganz leises, kaum hörbares Drehkommando kommen müssen. Aber sein »Bitte« donnerte nach jeder Klappe durch das ganze Studio, mein Trommelfell erzitterte, und mein fein gesponnener, hochsensibler emotionaler Aufbau geriet, einem Mikadospiel gleich, ins Wanken. Ich hatte die Szene ganz zart angelegt, doch der sonst so feinsinnige Autor, völlig überfordert in der Rolle des Regisseurs, zerstörte die Stimmung. Ich bat ihn, den Einsatz anders zu geben, genauso ruhig wie die Szene, erklärte ihm auch, warum, woraufhin er mir zu verstehen gab, dass es mich überhaupt nichts anginge, er wäre schließlich der Regisseur, er gäbe die Anweisungen, und ich hätte zu folgen. Außerdem sollte ich immer dran denken, dass er mich schließlich für diese Rolle ausgesucht hatte. Er erwartete offenbar Dankbarkeit bis in alle Ewigkeiten. Die nächste Klappe kam, er brüllte wieder, eine Chance gab ich ihm noch, doch er schrie absichtlich nur noch lauter, woraufhin ich mich umwandte und mit dem Wort »Drehschluss!« vom Set verschwand. Das Team freute sich, denn es war Freitag 13 Uhr, und alle hatten während der Woche ohnehin viel zu lange gearbeitet. Ich ging nach Hause, niemand rief mich an und schimpfte mit mir. Am Montag ging die Arbeit weiter, und der Regisseur verhielt sich wie einer.

Einmal war auch Harald Leipnitz, ein König im Boulevard-Theater, in einer Folge von »Angelo und Luzy« als Regisseur tätig. Zuvor hatte er bereits in einer der Serien die Hauptrolle gespielt, und wir hatten uns auf Anhieb verstanden, er war ein bescheidener, großer Artist. An seinem ersten Drehtag als Regisseur nahm mich Harald beiseite. »Rolf, ich habe dich ja bei der Arbeit mit mir zusammen beobachtet und bin zum Entschluss gekommen, du schaust nur bei der Generalprobe zu, entscheidest danach selber, ob du gleich drehen willst. Die Proberei, hab ich beim Drehen gesehen, ist für dich überflüssig. Den technischen Ablauf probe ich für dich. Deine Stärke ist die Spontaneität.« Harald Leipnitz hatte mich richtig erfasst. Wir arbeiteten dann genau so, wie er es gesagt hatte, und dafür liebte ich ihn. Vor Beginn der Produktion »Angelo und Luzy« hatte ich einem Münchner Playboy seinen amerikanischen Chrysler Dodge Van abgekauft. Legend, so hieß dieses Traumgefährt. Er war mit dem Wagen gerade einmal 5 000 Kilometer gefahren und nutzte ihn nun als Partybus, im Kühlschrank befand sich noch ein ganzes Arsenal Wodkaflaschen. Ich zauberte aus dem Van meinen kleinen Reisesalon, mit großem Bett, Jalousien, Regalen für meine Bücher und Geschirr. Eigentlich sah es in dem Aufsehen erregenden Gefährt aus wie im Abteil eines Kartenspielers in einem Western, die großen hohen Seitenfenster waren mit dunklen Jalousien verhängt. Während der Dreharbeiten hielt ich mich in diesem Bus auf, denn ich hatte es auch satt, meine Zeit während der Pausen auf dem Set in den ungemütlichen, nach Plastik riechenden, spießigen Wohnwagen der Produktionsfirma zu verbringen.

Meine so genannte Ehe mit Liza war mal wieder auf Eis gelegt. Chacco, unser wunderbarer Hund, wurde angefahren. Wir ließen ihn operieren, doch ein paar Wochen später starb er an seinen inneren Verletzungen. In das Haus in Waltrudering nahm ich Peter Sattmann auf, der in München zu tun hatte und 'ne Wohnung suchte. Mit ihm gingen die Probleme schon morgens los: »Du hast nicht abgewaschen, dein dreckiges Zeug liegt hier rum, der Kühlschrank ist auch wieder leer gefressen …« Es war phantastisch, zwei Sonnyboys, eine richtige Männerwirtschaft, in der es Riesenstreits und Nervenzusammenbrüche gab. Manchmal kam auch die »Luzy« zu Besuch, verhüllt mit Kopftuch und schwarzer Sonnenbrille. Sattmann amüsierte sich währenddessen in einem nahe gelegenen Bordell, denn er wusste, so viel Zeit würde das heimliche Treffen nicht in Anspruch nehmen.

Peter richtete sich im Keller des Hauses ein Studio ein, hielt sich fast nur dort unten auf, wenn er nicht gerade in seinem Zimmer schlief. Der Bursche ist ja ein Allroundtalent, kann schreiben, spielen, komponieren, und unser Deal war eigentlich, dass er meine Texte vertonen sollte. Ich machte neben der Schauspielerei immer noch Musik und hatte inzwischen einige Songs geschrieben. Ungeduldig wartete ich also auf die Noten, um endlich ein Band besingen zu können. Peter Sattmann aber vertröstete stets aufs Neue, ich solle doch noch ein bisschen Geduld haben. Na gut, ich hörte ja, dass er jeden Tag nach Drehschluss komponierte. Eines Abends ging ich dann zu ihm ins Studio hinunter: »So, Sattmann, nu lass mal hören, ich will jetzt singen.« »Du, ich bin noch nicht weitergekommen, ich musste erst diese Filmmusik fertig machen.« Ich sagte: »Pass auf, Alter, raus, raus, raus!« Er hatte mich schon so lange hingehalten, und nichts war passiert. »Raus, raus, raus!«, schrie ich, nahm einen seiner Verstärker und schleppte ihn in seinen Kombi. Peter Sattmann legte während meines Wutausbruchs eine Musik auf, deren Thema ich kannte. Schon oft war diese Melodie durch die Ritzen des Hauses zwei Stockwerke hoch in mein Zimmer gedrungen. Nun wurde daraus unsere Abschiedsballade.

Am letzten Tag der Dreharbeiten zu »Angelo und Luzy« kam ich abends nach Hause zurück, Sattmann war in der Zwischenzeit ausgezogen, ich schloss die Tür auf, trat hinein und sah, dass er jede begehbare Fläche, jeden Meter mit »Playboy«- und »Lui«-Heftchen ausgelegt hatte. Wohin ich schaute, überall Titten und Muschis, Doppelseiten, Titelblätter, einzelne herausgerissene Blätter, alles voller Titten und Muschis. Peter las diese Hefte sehr gern. »Las« ist gut … Hab nur gelacht, ließ alles so liegen. Meine Sachen waren ohnehin schon gepackt, die Miete bezahlt, und ich übergab das Haus mit den Heften als Dreingabe. Mit dem Rest der letzten Gage, etwa 1500 Mark, setzte ich mich in meinen Van, mit dem ich mich völlig autark bewegen konnte, und fuhr los Richtung Süden, Ziel: Portugal. Sieben Monate später hatte ich mein nächstes Fernsehangebot sicher. Aber die Arbeit an der Serie hatte mich sehr ernüchtert, was die Qualität von Fernsehproduktionen anbelangte. Es war November, das Wetter dementsprechend scheußlich, also genau die richtige Zeit, sich in den Süden abzusetzen.

Ich fuhr über Genf, wo ich in Erinnerungen an die Entführung meiner schwedischen Prinzessin Marianne schwelgte, weiter dann Richtung Frankreich. Nachts kam ich in Montelimar, der Stadt des Nougats, an und parkte auf einem kleinen Platz. Am nächsten Morgen weckten mich Marktgeräusche, laute Händlerstimmen. Als ich aus dem Fenster sah, waren um den Van herum Gemüsestände und Lieferwagen aufgestellt, an meinem Dach waren Zeltplanen befestigt, die Marktleute hatten mich komplett eingebaut. Ich stieg aus dem Wagen, man begrüßte mich freundlich, »Bonjour Monsieur, est-ce que vous avez bien dormi?« »Dormire – schlafen? Ja, danke, gut geschlafen.« Niemand war sauer auf mich, im Gegenteil, die Leute lachten nur. Am Ende des Markttages fuhr ich weiter am Meer entlang, der warme seidige Wind des Südens, die frische salzige Meeresluft schlugen mir ins Gesicht, und wie bei einem Holzfass, das plötzlich auseinander bricht, fiel die enge Klammer von mir ab, die mich wie ein Eisenbügel umschlossen hielt: die deutsche

Lebensart. Mein Artistenblut brodelte, und unterwegs in meinem Bus fühlte ich mich wie ein Gaukler, der in ein Dorf oder eine Stadt kommt, auf den Plätzen verweilt, die Leute unterhält und dann weiterzieht. Das Gefühl, frei zu sein, durchströmte meinen Körper. Hundert Kilometer vor der spanischen Grenze, in Perpignan, hörte ich schon den spanischen Radiosender. Mein Zigeunerherz schlug höher. All unsere Statussymbole kamen mir hier so überflüssig vor, das geld- und erfolgsorientierte Denken erschien mir so krank. Was brauchte ich denn mehr als dieses fahrende Sofa. Nachts gegen halb drei Uhr erkannte an der spanischen Grenze ein langhaariger Zöllner in mir sofort den Artisten. Ich stieg aus, wir unterhielten uns, er packte mich, lachte mir in die Augen und bot mir ein Spinello an, eine grenzaufhebende kleine Friedenspfeife. Er erzählte mir von seinem Bruder in Köln, warnte mich, nicht durch Barcelona zu fahren. Ich sollte es einfach links liegen lassen und daran vorbeifahren, am besten 100 Kilometer davor und danach gar nicht anhalten. Rings um Barcelona trieben zu dieser Zeit Banden ihr Unwesen, die Unfälle fingierten und Touristen ausraubten. Der Zöllner war regelrecht besorgt um mich. Wir umarmten uns brüderlich, und ich setzte meine Reise fort. Mein Ziel in Portugal war Lagos, die westlichste Spitze Europas, wo die Sonne am Horizont groß und kraftvoll im Meer verschwindet. Aber zunächst einmal fuhr ich Richtung Valencia, um dort zu schlafen. Der Vorteil meines Gefährts war ja, dass ich anhalten konnte, wo ich wollte, ausgestreckt und bequem in meinem Bett schlafen und weiterfahren konnte, wenn ich ausgeruht war. Unterwegs passierte ich Tarragona, wohin ich 1974 mit Geli zu einer unserer vielen Entziehungstouren aufgebrochen war. Wir hatten damals wenig Geld und konnten nicht weit reisen, Hauptsache Sonne, Meer, Wärme. Bei Tarragona gab es ein kleines, idyllisches, vom Tourismus noch weitgehend unberührtes Dorf, wo wir drei Wochen entzogen. Ein schwuler Journalist und Texter kochte zusammen mit seinem Freund für uns, in der Kneipe nebenan wurden die Spiele der Fußballweltmeisterschaft gezeigt. Zurück in Deutschland, waren unsere Gedanken sofort wieder beim Heroin … Der Entzug war viel zu kurz gewesen.

Als ich an diesen Orten abermals vorbeikam, fühlte ich meine Stärke, spürte ganz deutlich den Unterschied zu meinem früheren Leben. Auf dieser Reise war ich auch zum ersten Mal seit langer Zeit wieder allein, denn bereits ein halbes Jahr nach der Trennung von Geli kam ja Liza, und ich fiel praktisch gleich wieder in Mamas Schoß. Fuhr also ganz allein mit meinem fahrenden Haus unterm Arsch durch den Süden, erfreute mich der Menschen und ihrer Art zu leben. Je näher ich Portugal kam, desto knapper wurde das Geld. Mit 1 500 Mark in der Tasche war ich losgefahren, spätestens an der spanisch-portugiesischen Grenze würde mein Geld aufgebraucht sein, denn mein Van mit seinem V8-Motor und seinen über 300 PS verbrauchte zwölf bis dreizehn Liter Sprit. Ich hatte mir ausgerechnet, dass ich es von der Grenze bis Lagos mit weiteren 50 Mark schaffen würde. Von der Bavaria standen noch 8 000 Mark Gage aus, die sie mir, so war es vereinbart, nach Portugal schicken wollten. Wirkliche Geldsorgen hatte ich also nicht, nur das Gefühl des Alleinseins überkam mich manchmal. Ein Grund, mich etwas umzusehen und mir zu holen, was ich brauchte. Ich sehnte mich nach Zärtlichkeit, nach Blicken, ja Blicke allein reichten mir schon, zärtliche Blicke. So brubbelte ich langsam um die Mittagszeit durch ein spanisches Dörfchen, die Straßen und Cafés waren leer, alle hielten Siesta. Dann kam ich an einer Dorfschule vorbei, die Kinderchen hatten gerade Pause, sie spielten und quäkten, freudig und ausgelassen. Ich hielt mit meinem Traumbus genau am Schulzaun. Die Kinder kamen herbei und begrüßten mich, ich reagierte aber gar nicht auf sie, denn ein richtiger Clown muss natürlich so tun, als sähe er die Leute nicht. Ich führte all das vor, was ich sonst kaum zeigen kann, alle Slapsticks, die ich gelernt hatte, ich stolperte in einem Affentempo um den Bus, fiel um, lief auf den Händen, tanzte und brachte so die Kinder zum Lachen. Sie quietschten und schrien vor Vergnügen, und genau das war es, was ich gesucht hatte. Ein Blitzschlag der Liebe fuhr durch meinen Körper. Ganz leicht vor Glück, machte ich mich nach dieser Vorstellung weiter Richtung Portugal auf.

Die Küstenstraße nach Benidon erschütterte mich. Riesige Reklameflächen entstellten die Landschaft. Benidon war mir von Peter Przygodda als zauberhaftes, kleines Fischerdörfchen beschrieben worden. Doch als ich hineinfuhr, sah ich überall nur Hochhäuser, Apartmenthäuser und Baustellen, sogar der Hafen war in hohe Betonklötze eingebettet. Kurz vor Almeria, von Patagena kommend, steuerte ich eine kleine Tankstelle mit zwei Zapfsäulen an, neben der sich ein spanisches Holzhäuschen, eine Cantina, befand. Am Eingang des Dorfes lag eine mittelgroße, schwarze, feingliedrige Hündin mit sanften braunen Augen. Sie sprach mich an, kam freundlich wedelnd auf mich zu. Nachdem ich getankt und bezahlt hatte, kam ich aus der Tankstelle zu meinem Wagen zurück, wo die schwarze Hündin stand mit einem Blick, als wollte sie sagen: »Bitte, nimm mich mit.« Ich antwortete ihr: »Keine Chance, ich habe gerade Pause eingelegt und möchte ganz alleine sein. Du gefällst mir, aber ich kann dich nicht mitnehmen.« Sie wedelte mit ihrem Schwänzchen, wich nicht von meiner Seite und drückte sich an mein Knie. Sie konnte es einfach nicht glauben, aber ich stieg in meinen Van, obwohl es mir fast das Herz brach. Was für ein schöner Hund. Beim Losfahren schaute ich in den Rückspiegel. Da stand sie, mitten auf der Straße, ihr trauriger Blick saß mir noch lange im Genick. Auf meiner Heimfahrt zurück nach Deutschland, Monate später, fuhr ich absichtlich durch dasselbe Dorf. Vielleicht war sie ja noch da? Jetzt hätte ich sie mitgenommen, doch auch der Mann von der Tankstelle hatte sie seither nicht mehr gesehen.

Nach drei Stunden Fahrt, es war kurz vor Mittag, brubbelte mein Van in glühender Hitze die Landstraße entlang, ein Flirren lag in der Luft, ich bog von der Hauptstraße ab. Ein sandiger Weg führte in ein kleines Dörfchen, das nur aus fünf oder sechs Häusern bestand, in der Mitte eine Cantina, aus deren an einem Lichtmast befestigtem Lautsprecher Eric Claptons »I shot the sheriff« dröhnte, das Lied, das ich im Knast so oft gehört hatte. Ich fühlte mich gleich wie zu Hause, parkte mein mobile home direkt vor der Cantina und ging hinein. Ein freundlicher, kleiner Wirt begrüßte mich, ich bestellte eine Tortilla und spanische Limonade, betrachtete gedankenverloren den angenehm kühlen Gastraum, als plötzlich viel zu heftig die Tür aufgestoßen wurde. Eine Zigeunerfamilie, bestehend aus einem Hombre, seiner Mama, seiner Frau und zwei ungefähr fünfjährigen Mädchen, Zwillinge, kleine Biester mit braunen, stechenden Augen, spazierte herein und ließ sich am Nebentisch nieder. Ich nickte zum Gruß. Die vier Frauen, Mama, Schwiegertochter und die beiden Mädchen, grinsten zurückhaltend, aber freundlich, zu mir hinüber, wohl wissend, dass der Papa das gar nicht gerne sah, denn bekanntermaßen sind die Spanier ja sehr eifersüchtig. Der Mann, ein stolzer Typ mit scharf geschnittenem Gesicht und öligen, nach hinten gekämmten, schwarzen Haaren, erwiderte meinen Gruß nicht. Stattdessen schleuderte er mir einen feindseligen, warnenden Blick entgegen. Ich aß meine Tortilla, während die Zwillinge ihre Spielchen mit mir trieben. Die Mutter der Kinder beobachtete uns, unsere Blicke trafen sich, ihr Mann registrierte das genau, und auf einmal schrie er quäkend los, knallte seinen Teller an die Wand und brüllte seine Frau an, was sie mich anstarre.

Dabei hatten wir doch nur Blicke ausgetauscht, nichts weiter. Der Wirt verkroch sich hinter seinem Tresen. Der Mann wurde immer aggressiver, schon zwei, drei Mal war er auf mich zugekommen, er konnte sich gar nicht mehr beruhigen. Seine Mama, die mich vorher gefragt hatte, ob ich auch Zigeuner wäre, wegen meiner langen schwarzen Haare, der braun gebrannten Haut, was ich leider verneinen musste, spürte diese idiotische Eifersucht. Ein zartes Band der Sympathie legte sich um uns. Und nun schrie diese Mama ihren Sohn an, sie schrie minutenlang, überschüttete ihn mit einem scharfen, bestimmten Redeschwall, gegen den ihr Sohn nicht ankam. Der Hysterische, aus den Fugen Geratene wurde auf eine Art und Weise ausgebremst, wie ich es vorher noch nie erlebt hatte. Die Mutter brachte diesen riesigen Burschen zum Verstummen. Und danach genossen es die vier bunt gekleideten Mädels, noch ein wenig mit mir zu flirten.

Zum Winteranfang war ich in Mucchacar. Eine Stunde entfernt von Almeria, wo ich einst mit meinem Porsche verunglückt war. Dort wollte ich Weihnachten verbringen. In der sandigen Mittagshitze stand plötzlich ein Mensch mit schulterlangen blonden Locken und Lederhose am Straßenrand, das Gesicht war nicht zu erkennen, weil er sich leicht von der Fahrbahn weggedreht hatte. Ich dachte, es wäre ein Bursche, der durch Spanien trampt. Und weil ich Begleitung gebrauchen konnte, da mir die Fahrt zu monoton wurde, hielt ich an. Der Junge drehte sich um, und unter den blonden Locken erkannte ich das zarte Gesicht eines Mädchens mit knabenhafter Figur. »Buenos días, Señorita«, sagte ich, schließlich gibt es ja auch blonde Spanierinnen. Sie machte einen ruhigen Eindruck und begrüßte mich auf Deutsch mit westfälischem Akzent. Das aufgeschlossene, intelligente, schöne Mädchen, das da zu mir ins Auto kletterte, kam aus Dortmund, aus dem Ruhrpott. Sie strahlte eine ungeheure Gelassenheit aus. Schweigen machte sich breit und die Spannung, die entsteht, wenn zwei Menschen, die sich nicht kennen, auf engstem Raum zusammen sind. Wir rollten langsam davon. Mit einem Windhauch wehte ein Duft aus ihrem Haar und ihrer Kleidung zu mir herüber, der mich zu der Frage veranlasste, wann sie denn das letzte Mal die Gelegenheit gehabt hatte, mit Wasser in Berührung zu kommen. Sie stank fürchterlich. Die Psychologiestudentin auf dem Weg nach Portugal war bis dahin ausschließlich getrampt und hatte die Nächte im Schlafsack unter Bäumen verbracht. Zwar hatte auch ich keine Dusche im Auto, aber zwei, drei Wasserkanister, und so schlug ich ihr vor, an der nächstbesten Stelle zu halten, damit sie sich waschen konnte. Wir verließen die Hauptstraße und parkten geschützt unter einem Baum, der angenehmen Schatten spendete. Dort wusch sie sich dann ganz unbekümmert, hemmungslos und natürlich,

ich war verzaubert. Seit ein paar Wochen war ich bereits unterwegs und genoss es sehr, wieder ein weibliches Wesen an meiner Seite zu haben. Nach einer geruhsamen Siesta fuhren wir weiter nach Mucchacar ans Meer. Am Fuße des Berghügels, an den sich Mucchacar anschmiegte, parkten wir den Bus mit dem Hinterteil direkt zum Wasser, bauten einen Wall als Windschutz für die Kerzen, öffneten die Hecktür des Wagens und feierten so Heiligabend. Wir verbrachten noch einige Tage zusammen, doch dann hatte ich auch schon wieder genug von dieser Zweisamkeit. Und so, wie wir uns begegnet waren, gingen wir auseinander und jeder seiner Wege.

In Malaga lebte ich eine Weile mit Zigeunern. Zuerst wollten sie mir etwas verkaufen, wurden zudringlich, tricksten, doch als sie merkten, dass ich ihr Spiel durchschaute, nahmen sie mich auf wie eine Familie. Sie waren nicht länger aufdringlich, luden mich zum Essen ein und ans Lagerfeuer. Einige warme, gemütliche Nächte blieb ich bei den Zigeunern, bei Flamenco und dicken Friedenspfeifen. Dann zog ich weiter nach Algeciras, einer wilden Hafenstadt gegenüber von Tanger. Dort spürte man förmlich das Schmuggelfieber. Im Schritttempo schlich ich durch den Hafen, versuchte, nicht aufzufallen, doch man hatte mich schon längst im Visier, ich wurde von einer Horde gefährlich aussehender Schmugglertypen umringt, die in mir wegen meines amerikanischen Reisemobils einen potenziellen Kunden für ihre Ware witterten. Es waren Amerikaner, Spanier, Holländer, Engländer, die dort gestrandet waren und nun ihren Unterhalt mit Schmuggeln verdienten. Drei von ihnen hingen wie Kletten an mir. Ich musste all meine in acht Jahren erworbene Gerissenheit und List anwenden, um mich den Leuten geschickt zu entziehen, ohne sie dabei zu verstimmen. Schließlich wollte ich mich ja von diesem faszinierenden Ort nicht vertreiben lassen. Stundenlang beobachtete ich den Hafenbetrieb, die Schiffe, das Löschen und Beladen der Frachtkähne, die Hafenarbeiter und Matrosen aus verschiedensten Ländern, ich atmete die durch das Wasser leicht modrige Luft ein, gemischt mit dem Geruch von Fischen und Dieselöl, ich sah Fischern zu, wie sie ihre Netze präparierten, und schaute nachts auf die diffusen Lichter der schaukelnden Boote draußen auf dem Meer. Irgendwann jedoch merkte ich, dass es besser wäre, mich schleunigst zu entfernen. Ich war mir sicher, die Jungs hatten vor, mich zu überfallen. Mein Van setzte sie wohl in den Glauben, ich wäre ein reicher Geschäftsmann. Also machte ich mich schnell aus dem Staub, Direcione Cadiz.

Bis an mein Ziel, Lagos in Portugal, waren es ungefähr noch 250 Kilometer. Silvester wollte ich dort verbringen. Mit der Hafenstadt Cadiz erreichte ich die nächste Etappe meiner Reise. Dort war die Vergangenheit überall gegenwärtig, die Zeit, als sich Spanier und Marokkaner bekämpften. Ein Fischer erzählte mir, was im Laufe der Jahrhunderte so alles passiert war, Verteidigungskämpfe hatte es gegeben und viel Elend. An den Kaimauern eingelassene Kanonen der Spanier zielen heute noch auf Marokko.

An einem frühen Abend, die Sonne tauchte den Hafen von Cadiz gerade in zartes Rosa, glitt ich langsam am Hafentrakt vorbei und registrierte von weitem die gierigen, ausgehungerten Blicke der Jungs, die auf den Kaimauern saßen und sich gegenseitig mit den Ellenbogen in die Seite stießen. Schon jetzt verrieten sie ihren Plan, mich nachts zu besuchen und zu überfallen. In solchen Fällen ist es immer gut, sich einen Stellplatz in der Nähe einer Polizeistation oder eines Krankenhauses zu suchen, also vor öffentlichen Institutionen, die immer bewacht sind. Ich parkte am Hintereingang eines Krankenhauses, vor dem zwei Wachleute patrouillierten. Griffbereit neben meinem Kopfkissen lagen meine beiden kunstvoll gearbeiteten Schlagstöcke nordafrikanischer Herkunft, die fein mit handgeschnitzten marokkanischen Mustern verziert waren. Aus einem konnte man zudem eine lange Stechwaffe herausziehen. Ich musste einfach damit rechnen, des Nachts von bösen Buben überrascht zu werden. Trotz all dieser Sicherheitsvorkehrungen hörte ich zwei Stunden nach Mitternacht im Schlaf – ich schlafe ja wie ein Indianer – am Fenster der Fahrerseite ein knackendes Geräusch. Leise richtete ich mich auf, griff meinen Schlagstock und schlich vorsichtig zur Fahrerseite, geschützt und verdeckt durch einen kleinen Vorhang, der den Schlafbereich des Vans abteilte. Als ich den Vorhang langsam mit dem Stock beiseite schob, sah ich, wie einer der vier Jungs vom Hafen, die sich am Auto zu schaffen machten, seinen Finger in den Zwischenraum des kleinen, dreieckigen Einstellfensters zwängte. Ich wartete, bis er den Finger ziemlich tief im Wagen hatte, und schlug dann mit meinem Knüppel zu. Zwar tat er mir in dem Moment auch ein bisschen Leid, aber ich konnte mich doch von den Jungs nicht ausrauben lassen. Er schrie auf, ich ließ ihn den Finger rausziehen, die Jungs verschwanden, aber ich war hellwach. Also setzte ich meine Fahrt fort, Richtung Portugal, das Land der verwaschenen Farben und der Mandelbäume, die bereits Mitte Februar in herrlicher Blütenpracht stehen.

Zwölf Kilometer vor Lagos, dicht am Meer, traf ich auf eine Wagenburg. In dieser Zeit waren viele Aussteiger aus

Deutschland, Holland und England in der Gegend unterwegs, sie standen in guter Gesellschaft, doch nicht zu eng, beieinander, wie auf einem Campinglatz. Etwa 500 Meter entfernt von der Wagenburg fand auch ich auf einem Felsplateau mit Meerblick einen schönen Platz für meinen Van. Dort blieb ich einige Tage. Es war Silvester, und ich hatte nur noch 2,70 Mark in der Tasche. Der Tank war leer, und ich traute mich nicht wegzufahren, war aber guten Mutes, denn ich erwartete in den nächsten Tagen die 8 000 Mark, die mir die Bavaria noch schuldete. Für die letzten Escudos kaufte ich mir einen Fisch, den ich mir über einem kleinen Feuerchen brutzeln und mit einem Stück Brot, Tomaten und Aprikosen verzehren wollte. Silvester war gesichert. Nach einem dreistündigen Spaziergang am Meer kam ich zurück, legte mich in meinen Bus und dachte mir, vor Mitternacht wirst du schon aufwachen, aber denkste. Erst am Neujahrsmorgen wurde ich wach, alle Pläne, die ich mir für Silvester zurechtgelegt hatte, waren dahin, aber enttäuscht, keine Feier erlebt zu haben und nicht unter Leuten gewesen zu sein, war ich nicht, ganz im Gegenteil. Ich fühlte mich so wohl wie noch nie nach dieser Silvesternacht.

Das neue Jahr hatte also ganz sanft und unspektakulär begonnen, und mittlerweile war ich schon drei, vier Tage in der Nähe von Lagos und wartete immer noch auf das Geld. Während dieser Zeit lernte ich ein Pärchen kennen, einen Autoschlosser und eine Kindergärtnerin, zwei Aussteiger, die mit einem Ford Transit unterwegs waren. Ihnen erzählte ich, dass ich kein Geld mehr hatte. Beide kannten mich aus dem Fernsehen und waren ganz begeistert, mich hier am Ende Europas zu treffen. Sie gaben mir sofort ein paar Escudos und Sprit, dass ich nach Lagos fahren konnte. Dort las ich im Vorbeifahren die Schlagzeile der Bildzeitung: »Uschi Obermeiers Freund tödlich verunglückt«. Dieter Bockhorn, eine Hamburger Kiezgröße, den ich ja gut kannte, lebte mittlerweile in einem umgebauten Luxushippiebus, fuhr durch die ganze Welt und drehte zusammen mit Uschi kleine Dokumentationen. Irgendwo war er in ein Dorf gefahren, um Essen und eine Flasche Wein zu kaufen. Auf der Rückfahrt flog er aus einer Kurve, knallte gegen einen Baum. Genickbruch. Für mich war das seit langer Zeit die erste Nachricht aus Deutschland. Ich malte daraufhin seinen Namen in großen Lettern in den Sand und beobachtete, wie die Wellen die Buchstaben allmählich wegspülten, wie sich die Schrift auflöste. Das war mein Abschied von Dieter.

In Lagos musste ich feststellen, dass noch immer kein Geld aus Deutschland angekommen war. Ich rief in München an, und man sagte mir: »Ja, das Geld ist auf dem Weg, aber du weißt ja, bis nach Portugal, das kann dauern.« Also blieb mir nichts anderes übrig, als mich in Lagos an die Hafenstraße zu stellen, wo sich viele Freaks herumtrieben, Deutsche, die mich aus Filmen kannten. Denen erzählte ich von meiner »Not« und nahm ihre Hilfe dankend in Anspruch. Ein Ururenkel von Vasco da Gama schwärmte mir eines Tages von Cabo de Sao Vicente vor, Europas südwestlichstem Punkt. Der Weg dorthin führte direkt der Sonne entgegen, erbarmungslos fegte mir der Wind um die Ohren, aus dem offenen Meer rollten haushohe Wellenbänke heran und peitschten gegen die Festung. Die starken Federn meines zweieinhalb Tonnen schweren Busses streckten sich, und der Wagen fing bedrohlich an zu schaukeln. Schnell weg hier, dachte ich, mein Instinkt schlug Alarm, trotzdem fuhr ich weiter in die Richtung der Traumbucht, die ich unbedingt sehen wollte. Es begann bereits zu dämmern, ich befand mich auf einem schmalen Sandweg, fast nur noch ein Pfad, der sich als Sackgasse entpuppte. Ich hatte mich verirrt, stieg aus und setzte mich ins Gras. Am gegenüberliegenden Hang weidete eine Schafsherde. Ich lutschte an einer Zitrone und begann, die Schafe zu zählen. Zwei deutsche Schäferhunde und ein Schafhirt hielten sich ein Stück entfernt von mir auf, mit Zeichensprache verständigte ich mich mit dem Mann. Er beschrieb mir wortlos, nur mit Gesten, den Weg zu meinem Ziel, einer wunderschönen, etwa 300 Meter langen Bucht. Sie war umrahmt von etwa 20 Meter hohen Felsen, am Strand standen ein paar Busse, vereinzelt bunt angemalte, kleine Holzhäuschen. Als ich den kleinen Hang zum Meer hinabrollte, erntete ich skeptische Blicke, mein Bus erschien vielen zu schick und zu luxuriös für einen Hippie. Aber selbst in dieser Bucht gab es Leute, die mich erkannten. Sie begrüßten mich freundlich, bereiteten Essen. Auch ein »Stern«-Redakteur wohnte mit Frau und drei Kindern dort in einem umgebauten Reisebus mit Ledersesseln. Seine Frau war Schriftstellerin, beide also in der schreibenden Zunft tätig, und sie lebten und arbeiteten schon seit vielen Jahren hier in der Gegend, ihre Geldgeber saßen jedoch in Deutschland. Ihre Texte schickten sie, damals noch ohne Internet, zwischen den Ländern hin und her. Andere Freaks, die sich an diesem Strand niedergelassen hatten, verdienten ihren Unterhalt mit diversen Handarbeiten, die sie auf Märkten verkauften. Ein paar von den Jungs besorgten ein bisschen Gras, das sie dann gegen Lebensmittel und was man sonst so braucht tauschten. Sie alle waren keine großen Geschäftemacher.

An diesem Küstenabschnitt verbrachte ich die meiste

Zeit meiner Reise, allmählich kannte man mich im Umkreis von 80 Kilometern. Viele der Deutschen, die dort länger lebten, hatten mir Geld geliehen, aber langsam wurden sie unruhig. Wenn ich nach ein paar Tagen Abwesenheit wieder einmal auftauchte, dachten sie insgeheim bestimmt: »Oh, jetzt kommt der Schauspieler wieder mit seinem dicken Bus und ohne Geld ...« Die Frauen aber waren mir alle sehr wohlgesonnen, sie sandten mir verführerische Signale. Ich wartete ab, was geschah, und in der Tat konnte es passieren, dass die eine oder andere Frau plötzlich nachts in meinem Bus erschien und sich zu mir legte. Nach einigen Wochen ohne weibliche Begleitung verspürte natürlich auch ich das Verlangen, in den Armen einer Frau zu liegen. Welcher Mann könnte da schon nein sagen. Die Männer wussten nichts von diesen nächtlichen Abenteuern, und die Frauen hüteten ihr kleines Geheimnis auch untereinander. Ich war frei, und ein schwarzer Musiker dort am Strand, den ich anfangs um seine zwei Frauen beneidet hatte, die er küsste, schlug und liebte, bedauerte es bald sehr, nicht an meiner Stelle zu sein.

Monate hatte ich nun schon auf mein Geld gewartet, Bavaria TV hatte es, wie sich später herausstellte, nie abgeschickt. Es war also für mich an der Zeit, meine Freunde nach wahren und falschen zu sortieren. Ich telefonierte nach Deutschland, und von 15 so genannten Freunden blieben dann noch drei wirkliche übrig, die mir Geld schickten: Burkhard Driest, Rolf Heinz und der Fernsehproduzent Georg Althammer. Ich fuhr zurück zum Strand, wo die Freude über mein Erscheinen mittlerweile gedämpft war, natürlich dachten alle, ich wäre ein charmanter Schwindler, aber diesmal winkte ich schon von weitem mit Geldscheinen. Jeder,

der mir etwas geliehen hatte, bekam seinen Betrag und obendrein eine Warteprämie zurück.

In dieser Zeit lernte ich in der Bucht auch Jürgen und Sabine kennen. Der Zimmermann und die Millionärstochter hatten einen vierjährigen rothaarigen Knirps dabei, der sofort mein Freund wurde. Jürgen war ein so genannter Fahnenflüchtiger, der sich nicht mehr nach Deutschland zurücktraute und in Portugal zusammen mit seiner Familie in einem alten Mercedesbus lebte. Er hatte den Wagen mit Parkett ausgelegt und eine Küche eingebaut, höchste Wohnqualität. Seinen Lebensunterhalt verdiente er mit Heilkräutern, ein wenig Gras, das er unterm präparierten Parkettboden aus Marokko rüberschmuggelte. Sein Bus stand direkt neben meinem, und wir saßen jeden Abend zusammen, ich gehörte quasi zur Familie. Nach einer Weile ließ Sabine durchblicken, dass sie nach Deutschland zurückwollte und dass sie sich in mich verliebt hatte. Ich wollte keine Beziehung mit ihr, wollte niemandem die Frau wegnehmen. Sie aber steigerte sich in ihre Idee hinein, spielte immer öfter darauf an, wie es wäre, wenn sie mit mir nach Deutschland zurückfahren würde. Mittlerweile war es Frühling geworden, und ich hatte nur noch drei Wochen Zeit bis zu meinem nächsten Dreh in Frankfurt. Ich plante also, mich langsam durch Spanien und Frankreich wieder auf den Weg zurück nach Deutschland zu machen, vielleicht in Lissabon und Barcelona kurze Zwischenstopps einzulegen.

Der rothaarige Kleine lag schon im Bett, wir Erwachsenen saßen noch beisammen, rauchten, tranken Wein, doch die Luft war spannungsgeladen. Natürlich schmeichelten mir Sabines Aufmerksamkeiten, ich spürte ihre Blicke, ihre Sehnsucht nach zärtlichen Umarmungen. Gleichzeitig sah ich aber auch, wie weh sie ihrem Mann damit tat, und nichts lag mir ferner, als diese Familie durcheinander zu bringen. Ich musste weg, verabschiedete mich und ging in mein Bett. Kurz vor dem Einschlafen nahm ich plötzlich einen Duft wahr und spürte die zarte Berührung der Frau meines Freundes. Sie schmiegte sich an mich, und ich ließ es geschehen, weil ich dachte: »Na ja, okay, jetzt is' sie hier, take the chance.« Danach wollte ich die Sache klären: »Sabine, sag mal …« Doch sie meinte: »Der Jürgen merkt doch, was los is'…, er hat gesagt, er erträgt's nicht länger, ich soll das ausleben.« Am nächsten Tag hatte Sabine ihre Taschen gepackt, das Kind, frisch gekämmt, war reisefertig. Ihr Mann saß bei mir im Bus, und ich sagte zu ihm: »Jürgen, mein lieber Freund, wir wissen doch genau, was hier abgeht, sie hat sich in mich verliebt, und das ehrt mich.«

»Wie, und du hast kein Interesse?«

»Nee, ich will im Moment keine Frau und schon gar nicht deine. Du liebst sie doch und willst, dass sie mit dem Kind bei dir bleibt.«

»Ja, klar.«

»Verlass dich bitte auf mich. Ich bring sie auf den Weg zu dir zurück. Ich nehm die beiden jetzt mit, und in vier oder fünf Tagen hast du sie wieder, ich werd sie das Fürchten lehren.«

Jürgen sah mich mit erschrockenem Blick an.

»Ich meine, sie wird sich wieder entlieben. Ich werde ihr keinen Grund geben, mich weiter anzuhimmeln. In vier Tagen. Mach dir keine Sorgen. Alles wird gut.«

Kurz vor Malaga saß der Junge im Bus neben mir, seine Mutter lag, leicht verzweifelt, hinten auf dem Bett. Ihre Erwartungen hatten sich nicht erfüllt, denn ich hatte ihr während der zwei Tage, die wir schon unterwegs waren, keinerlei Beachtung geschenkt. Wenn sie mit mir reden wollte, sagte ich nur: »Sei bitte still, ich brauch Ruhe zum Fahren.« Ich behandelte sie wie eine Sklavin und unterhielt mich nur mit dem Jungen.

Wir fuhren die Küstenstraße Richtung Almeria entlang, und die Sonne versank schwerfällig am Horizont, als der Kleine, nörgelig und leicht überdreht, mir schmerzhaft mit seinem kleinen Finger in die Wange pikte. Gereizt ermahnte ich ihn: »Lass das sein, mein Freund.« Mit seinen wachen Äugelein sah er mich provozierend an und überlegte, wie weit er gehen könnte. Er pikte mich ein zweites Mal, es tat richtig weh. »Noch einmal, und du kriegst eine gelangt …« Nach dem dritten Piken klatschte ich ihm eine. Er öffnete seinen trotzigen Mund und setzte zum Heulen an. »Wenn du jetzt auch noch anfängst zu heulen, kriegste links auch noch 'ne Ohrfeige. Ich hab dich gewarnt, mein Freund. Und mach hier nich' auf Baby.« Jetzt mischte sich die Mutter von hinten ein. »Ja bist du denn wahnsinnig, meinen Jungen zu schlagen.« Darauf hatte ich nur gewartet. Ich hatte sie fast so weit. Ich sagte: »Misch du dich da nicht ein.« Der Junge hatte mich längst verstanden. Sabine zeterte weiter: »Jürgen hat das Kind nie geschlagen.« »Ach, jetzt komm mir nicht mit der Tour. Was geht mich Jürgen an. Du bist jetzt bei mir.« Sie begann zu weinen. »Ich will zurück zu Jürgen.« Geschafft.

Auf der Rückfahrt verstanden wir uns prima. Jeder wusste, wo er hingehörte, und ich freute mich schon auf Jürgens Gesicht. Von weitem erkannte ich seinen weißen Mercedes-Reisebus auf dem sonnigen Parkplatz. Er stand neben dem Wagen. Wild hupend fuhr ich ihm entgegen. Eine gute

Tat, froh gestimmt startete ich den Wagen, und meine Tour ging weiter Richtung Norden nach Lissabon.

Vor den Ghettos von Lissabon hatte man mich eigentlich gewarnt. »Fahr nicht in die Berge. Geh nicht da hoch.« Dort oben gab es winklige, enge Gassen. Eine der Kurven war so schmal, dass ich mit meinem langen Van stecken blieb und dreimal rangieren musste, um durchzukommen. Die hungrigen, wilden, zu allem entschlossenen Blicke der Burschen, die an den Hausecken standen, bedeuteten mir, dass sie zum Sprung bereit wären. Mein Puls schlug höher, mein Herz raste. »Jetzt cool bleiben«, sagte ich mir. Einer von ihnen hatte schon die Hand am Türgriff, doch ich hatte die Nadelkurve mit dem Hinterteil meines Autos gerade verlassen und gab richtig Gas, noch bevor er auf das Trittbrett springen konnte. Ich schüttelte den hungrigen Jungen ab wie eine Schmeißfliege. Was sollte ich machen.

In Lissabon blieb ich ein paar Tage. Auf einer großen Tankstelle mitten in der Stadt, einem Treffpunkt für Lkw-Fahrer, wo die verschiedensten Menschen palavernd neben Autos stehen, lernte ich einen kleinen Jungen kennen, er war acht oder neun Jahre alt. Ein witziger, mit allen Wassern gewaschener Bursche, der mich wie ein kleiner Sherpa durch Lissabon führte und mir die schönsten Plätze zeigte. Wir verständigten uns auf Deutsch, Englisch, Spanisch, Französisch, von allen Sprachen konnte er, wie die meisten Straßenkinder, ein paar Brocken. Er kam aus einer Familie mit zwölf Kindern und fragte mich, ob ich nicht sein Vater sein könnte. Wenn er nicht mehr nach Hause käme, würde das sowieso keiner merken. Er wollte weg, und ich hätte ihn gerne mitgenommen, weil ich ihn sehr lieb gewonnen hatte, aber so einfach ist das ja alles nicht. Also hieß es: Hombre, adiós! Wir verabschiedeten uns, und er lief wie ein nasser Pudel davon. Einmal winkten wir uns noch zu, dann holte ich mir in der Tankstelle noch eine Cola, stieg danach in meinen Bus und fuhr ab. Wehmütig vor mich hin lächelnd dachte ich an den Muchacho, plötzlich spürte ich etwas im Rücken, schaute in den Rückspiegel, und da saß dieser freche kleine Fratz im Schneidersitz auf meiner Chaiselongue und grinste mich an.

»Hombre, was ist los, das geht nicht.«

»Ich kann doch bei dir bleiben.«

»Nein Junge, das geht nicht.«

Ich fuhr also wieder zurück nach Lissabon, auch wenn es mir sehr weh tat. Viele Menschen, die ich auf den Straßen kennen gelernt hatte, Kinder oder traurig blickende Mädchen nachts in den einsamen Gassen der Altstadt, hätte ich gerne mitgenommen.

Ich begab mich endgültig auf die Heimreise. 30 Grad, stehende Hitze, rechts und links der Straße lag rotgelber Wüstensand, stundenlang war keine Menschenseele zu sehen, denn ich hatte eine Strecke gewählt, die schön war, doch sehr einsam und riskant. Innerhalb von acht Stunden begegneten mir höchstens zwei Lkws. Niemand hätte mir dort bei eventuellen Pannen Ersatzteile besorgen können, doch zum Glück war mein Bus relativ neu. Eine wüstenähnliche Szenerie bestimmte die Gegend von Lissabon durch die Cordilliera Central in Richtung San Sebastian. Von dort sollte es über Frankreich nach Deutschland weitergehen, jeden Tag legte ich 1 000 Kilometer zurück. Ich fuhr, bis ich müde wurde, fiel dann vom Fahrersitz zwei Meter ins Wageninnere, streckte alle viere von mir auf dem gemütlichsten Bett der Welt, mit Samtkissen, Fellen und einem kuscheligen, ergonomisch ausgefeilten Federungssystem. Auf diese Weise erreichte ich schon nach vier Tagen das unterkühlte Vaterland.

Und es ging direkt nach Frankfurt, wo ich für ein paar Tage an der Seite von Claus Theo Gärtner und Günther Strack in einer Episode von »Ein Fall für zwei« engagiert war. Claus Theo Gärtner war ein richtiger Kumpel für mich, seit er mich mit Geli bei sich hatte wohnen lassen. Zwischen all den Hochhäusern kam ich mir verloren vor. In München war Burkhard Driest schon mit meinem nächsten Projekt beschäftigt, den Vorbereitungen für den Kinofilm »Annas Mutter«.

»Annas Mutter«, 1983 herausgekommen, erzählt die Geschichte von Marianne Bachmeier, die 1981 im Gerichtssaal den mutmaßlichen Mörder ihrer Tochter erschossen hatte. Ein Fall, der damals monatelang durch die Presse ging. Gudrun Landgrebe spielte die Hauptrolle, ich den Vater der neunjährigen Anna. Für die Rolle der kleinen Anna wurden Zwillinge ausgesucht, denn das Arbeitsschutzgesetz verbietet es, dass Kinder länger als drei Stunden am Tag drehen, im Jahr dürfen sie insgesamt nicht mehr als vier Wochen arbeiten. Die beiden Mädchen standen also abwechselnd vor der Kamera, da die Produktionszeit sonst nicht ausgereicht hätte. Burkhard Driest hatte das Drehbuch geschrieben und führte seine erste Regie. Wir verstanden uns hervorragend. Burkhard machte nur einen Fehler: Er war auch privat mit Gudrun Landgrebe verbändelt. Dadurch wurde die Arbeit immer komplizierter, und Eifersuchtsdramen und hysterische Ausbrüche meiner Partnerin blieben nicht aus. Trotzdem war es alles in allem ein vergnügter Dreh. Dem Team gehörte eine junge Volontärin an, Nina von Fürstenberg, die

Burkhard mit seinem Faible für den deutschen Hochadel in die Produktion geholt hatte. Eine interessante junge Frau, die mit ihren 23 Jahren das blaue Blut sehr genoss, sich andererseits jedoch von Leuten wie Burkhard und mir angezogen fühlte. Es blieb nicht aus: Wir kamen uns näher. Ninas Familie gehörte ein Schloss in der Nähe der Stadt Ulm. Nach den Dreharbeiten lud sie mich ein, mit auf das Schloss zu kommen, wo, abgesehen vom Personal und einigen Schlossgespenstern, niemand war. Das Schloss befand sich auf einem Hang mit weitem Blick über Tal und Stadt. Um hinaufzufahren, brauchte man 20 Minuten. Der Schnee und die steile Straße stellten mein fahrerisches Können auf eine harte Probe. Das Personal, bestehend aus einer Köchin, einem Verwalter und einer Magd, empfing uns, in einem kleinen Speisesaal war der Tisch gedeckt. Riesige Leuchter, Kerzenschein und Mahlers »Neunte« ließen mich den Zauber einer anderen Zeit spüren. Das Szenario erinnerte mich an Roman Polanskis »Tanz der Vampire«. Eigentlich war mir das Schlossfräulein zu verzogen, doch es reizte mich auch, ihr ein wenig soziales Denken und Handeln zu vermitteln. Nina hatte sich in mich verliebt, das gefiel mir natürlich, noch mehr aber gefiel es mir, eine Weile in einem Schloss als Geist zu gastieren. Robert van Ackeren, der meine Handlungsweise einmal als hinterhältig-berechnend charakterisierte, hatte, was dieses Thema anbelangt, vielleicht nicht ganz Unrecht.

Mit dem Herzen war ich oft wieder bei Liza, ich konnte und wollte mich auf das Spiel mit Nina nicht wirklich einlassen. Ich genoss es, allein durch das Schloss zu streifen, mich den Rufen Ninas, die nach mir suchte, zu entziehen. Die Köchin wurde meine Verbündete, sie hatte Gefallen an mir gefunden und begann mit einem mütterlichen Verwöhnungsritual. Sobald ich unten in der Küche an dem großen Eichentisch Platz nahm, bewirtete sie mich mit Schinken und Bauernbrot, und sie wusste auch, dass ich mich gerne allein herumtrieb, den Fängen des Fräuleins von Fürstenberg entschlüpfte. Oft, wenn ich Ninas Stimme durch die Gänge hallen hörte, versteckte ich mich hinter einer Säule, tastete mich langsam um den glatten Stein herum, entzog mich geschickt ihren Blicken und sah sie wieder verschwinden. Dummerweise hatte sie noch einen Bruder, der in der Erblinie vor ihr stand. Wäre er nicht gewesen, dann hätte ich mich vielleicht doch etwas mehr engagiert.

Das Schloss hatte es mir angetan, in dieser meditativen Ruhe fühlte ich mich geborgen, ich war unerreichbar für Geräusche und Schwingungen der modernen, von Unruhe getriebenen Außenwelt. Stunden verbrachte ich im Kaminzimmer, magisch angezogen vom Züngeln und Tanzen der hoch lodernden Flammen. Ich hörte das leichte Klirren der Degen an der Wand, sah durch die kleinen Vierecke der bleiverglasten Fenster hinunter auf Autos, die lautlos als kleine Pünktchen durch die Landschaft glitten. An anderen Tagen wieder lagen Nebelschwaden weich über dem Tal und vermittelten dem Betrachter ein Gefühl des Entrücktseins. Erdenfern, hoch oben in diesem Schloss hatte das Träumen für mich eine ganz besondere Qualität. Es fiel mir sehr schwer, diesen Ort wieder zu verlassen.

In Eric Amblers Bestseller »Eine Art von Zorn« (1983) spielte ich einen Journalisten, der von Deutschland nach Griechenland geschickt wird und dort ein politisches Syndikat aufdeckt. Es war eine Bavaria-Produktion mit Drehort Athen, an der Kamera stand Frank Brühne, Regie führte Uli

Edel, der Jahre später mit »Last Exit Brooklyn« den Versuch unternahm, einer der ganz großen Hollywood-Regisseure zu werden. Schon 1983 quatschte er während der Arbeit ununterbrochen von Amerika. Aber noch war er in Athen.

An den Abenden, bei riesigen griechischen Erdbeeren mit Vanilleeis und Sahne, verstanden wir uns großartig. Doch tagsüber spielte er zu sehr den Regisseur, als dass er wirklich einer gewesen wäre, was zur Folge hatte, dass wir statt der normalen Arbeitszeit von neun bis zehn Stunden jeden Tag 16 Stunden bei brütender Hitze am Set waren. Diesen Wahnsinn machte ich genau zehn Tage mit. Das ganze Team war ausgebrannt, genervt und verzweifelt. »Was willst du mit so viel Film, Uli?« Ganz stolz war er, weil er täglich acht bis zehn Minuten Filmmaterial schaffte. (Normal sind zwei bis drei Minuten.) Nach sechs Wochen hätte Uli Edel auf diese Weise Material für drei Filme zusammengehabt. Sogar Frank Brühne, ein sehr besonnener Typ, hatte die Schnauze voll, denn seine Jungs vom Beleuchtungsteam brachten ja nach Drehschluss weitere zwei Stunden damit zu, die Lampen wieder einzupacken. Das hieß maximal fünf Stunden Schlaf. Meine Laune wurde gefährlich schlecht. Ich schrie Uli an, und weil alles nichts half, verweigerte ich die Weiterarbeit. Das Team atmete erleichtert auf. Regie und Redaktion kürzten das Drehbuch, vor allem die Dialoge, um ein Drittel. Nach vier Tagen wurden die Dreharbeiten fortgesetzt, die tägliche Arbeitszeit wurde um einige Stunden reduziert. Nur Uli ging abends nicht mehr mit mir essen, er war beleidigt und die Bavaria auch, dafür hatten wir ein menschenwürdigeres Arbeitsklima.

Wir drehten den Film in englischer Sprache, was für einen Nicht-Muttersprachler eine besondere Vorbereitung er-

»Eine Art von Zorn«, 1983

forderte. Statt ihren Text durchzuarbeiten, spielte meine französische Filmpartnerin jedoch täglich zwei Stunden Tennis auf dem hoteleigenen Platz. Ihre Arbeit sah dann auch dementsprechend aus. Bernhard Wicki, ein außerordentlicher Regisseur und Schauspieler, bekannt vor allem durch den Film »Die Brücke«, verzweifelte schier an der unprofessionellen Regie. »Der Mann ist nicht genügend präpariert, der macht keine Hausaufgaben.« Wicki litt förmlich darunter, seine Kenntnisse als Regisseur nicht weitergeben zu können. Er überschüttete mich mit guten Ratschlägen und Regieanweisungen, und ich erkannte die leichte Wehmut des großen alten Wicki, wenn er mir zuschaute. Ich, in der Blüte meiner Jahre, konnte einen gewissen Stolz nicht verbergen, vor ihm, dem Altmeister, zu agieren.

Klaus Löwitsch spielte in »Eine Art von Zorn« meinen Verlagschef. Er hatte nur einige Drehtage in Griechenland und begrüßte mich mit seinem charmanten breiten Löwitsch-Grinsen: »Eigentlich spielst du ja meine Rolle.« Klaus war ein einsamer Wolf, hochsensibel mit großer Schnauze. Unsere erste Begegnung fand 1970 auf der Gokartbahn bei Dreharbeiten zu dem Film »Mädchen … nur mit Gewalt« statt. Roger Fritz, ein ehemaliger Visconti-Assistent, führte Regie. Über Löwitsch, den früheren Balletttänzer, geprägt dann vom Heimatfilm, bis Rainer Werner Fassbinder kam und seine Talente richtig einzusetzen wusste, schrieb Kurt Raab in seinem Buch »Die Sehnsucht des Rainer Werner Fassbinder«: »Kummer hatten wir nur mit Klaus Löwitsch. Seine Liebe zu Barbara Valentin war ja noch erheiternd, weniger angenehm war seine ständige Sucht, alle Freunde in der Produktion mit Aggressionen und Tätlichkeiten zu belästigen. Er goss damals vom frühen Morgen bis in die späte Nacht literweise Gin in sich hinein. Zum Glück litt darunter seine Schauspielkunst nicht, er war im Gegenteil hervorragend, aber alle, die mit ihm zu tun hatten, litten dafür umso mehr.« Zu Kurt Raab selbst hatte ich ein innig-bissiges Verhältnis. Drei Monate hatte ich mit ihm in »Der Zauberberg« vor der Kamera gestanden und wusste daher, dass er maßlos übertreiben konnte, Raab, diese kleine, von mir sehr geliebte Giftschlange, die sich viel zu früh aus dem Staub gemacht hatte.

Klaus Löwitsch stieß in Athen heftig mit Uli Edel zusammen. »Du willst Regisseur sein, du Angeber, du Arsch? Was willst du von mir? Sag, was du willst!« Mehrfach drohte er ihm Prügel an. Nach der letzten Einstellung hörte ich ihn zu Uli Edel sagen: »Ich hoffe nur, wir sehen uns niemals wieder.« Ja, mitunter geht es hart zu beim Film, aber Klaus wusste auf den ersten Blick zu unterscheiden, wer sein Handwerk beherrschte und wer nicht, und daraus machte er auch keinen Hehl.

Klaus Löwitsch und ich begegneten uns mit Respekt und Sympathie. Nur einmal, als ich ihm während einer Textprobe in meinem Zimmer vorschlug, etwas leiser zu sprechen, flippte er derartig aus, dass keine Verständigung mehr möglich war. Wie konnte ich es wagen, ihn zu kritisieren, wo er mich doch gerade gelobt hatte.

Am nächsten Morgen sah ich ihn vor der Abfahrt zum Dreh in der Hotelhalle stehen, begrüßte ihn, doch er ignorierte meinen Morgengruß und wandte sich von mir ab. Genau diesen Moment nutzte ich, sprang auf seinen starken Rücken, packte mit den Zähnen sein linkes Ohr und nuschelte: »Klaus, wenn du nicht sofort aufhörst, beiß ich ’n Stück aus deinem Ohr.« Er drehte sich zweimal mit mir im Kreis, ließ mich dann aber sanft zu Boden gleiten. Wir grinsten uns an und hatten nie mehr Probleme. Ich mag seine Offenheit, seine zerberstende, unberechenbare Kraft, seine Art, vor der Kamera zu leben. An dem Tag, als er Griechenland verließ, erzählte mir Klaus von einer Idee. Er, ein Star der Münchner Kammerspiele, wollte mit mir zusammen im Theater auftreten. Um das zu bewerkstelligen, knüpfte er für mich Kontakte zur Intendanz des Hauses.

Ich, dem Theater gegenüber immer vorsichtig, betrat trotzdem, als ich für ein paar Tage zurück in Deutschland war, diesen wunderschönen Bau der Münchner Kammerspiele. Man führte mich über die Hinterbühne zum Dramaturgenzimmer. Auf dem Wege dorthin kamen mir theatralisch gestikulierende Kollegen von einer Bühnenprobe entgegen, mit dem Ausdruck: »Was will denn der Filmschauspieler in unserem Theater?« Der Dramaturg gab mir mit der typisch intellektuellen Theaterarroganz zu verstehen, dass er mit der Idee von Löwitsch keineswegs konform ginge, und die Art, wie er mit mir sprach, ließ mich nur einen Gedanken fassen: schnell raus hier. Außerdem graute es mir davor, ellenlange Texte auswendig zu lernen und jeden Abend mit diesen Kollegen zu tun zu haben. Aber mit Klaus hätte ich trotzdem gerne einmal gespielt.

Nach der Hälfte der Drehzeit in Athen reiste Hannelore Elsner an. Sie spielte die Freundin von Bernhard Wicki. Es war unsere erste Begegnung. Die Königin der Koketterie verstand es, die Männer mit ihrem Charme reihenweise in einen zauberhaften Wahnsinn zu treiben, und konnte über alles, auch sich selbst, perlende, mitreißende Lachtiraden ergießen. In einer schwül-feuchten Nacht lehnten wir beide am Maschendrahtzaun eines Athener Basketballplatzes mitten in der Stadt. Schweißglänzend im gleißenden Scheinwerferlicht versuchten dort die großen Jungs, mit artistischen Ballkünsten ihren Mädchen zu imponieren. Wie Kinder standen wir da und verliebten uns in den Moment der Liebe.

Am Ende der Dreharbeiten feierten wir ein Abschlussfest nach griechischem Brauch. Direkt am Meer war eine Riesentafel aufgebaut, Griechen musizierten, es wurde gelacht, viel gegessen und getrunken. Zu guter Letzt, das Fest befand sich gerade auf dem Höhepunkt, wurden riesige Schüsseln mit tsatsikiähnlichem Quark aufgetischt. »Wir machen jetzt 'ne Quarkschlacht«, hieß es. Der griechische Bühnenmann, der inzwischen mein Freund geworden war, hatte mich schon vorher eingeweiht. Neben mir

»Eine Art von Zorn«, mit Hannelore Elsner, 1983

saß der deutsche Produktionsleiter mit seiner frisch gereinigten Khakihose. Ihn traf das erste Quarkgeschoss mitten auf das Beinkleid. Mit den Worten: »Das geht zu weit, bei allem Verständnis für ausländische Bräuche …«, verließ er wutschnaubend das wunderbare Fest. Die griechische Crew hatte danach mich auf dem Kieker, mein Freund Panos reichte mir schnell eine gefüllte Schüssel, und ich stieg in diese unvergessliche Schlabberschlacht ein. Als sämtliche Anwesenden über und über mit Quark bedeckt waren, fand das Happening seinen Abschluss in einem gemeinsamen Sprung ins Meer. Das Fest dauerte bis in die frühen Morgenstunden, Panos gab mir seine 500er BMW, ein 60er-Jahre-Modell, und damit rollte ich an der Küsten-

Mit Liza vor dem Van, 1986

straße entlang, den seidenweichen Sommermeereswind im Gesicht, und fühlte mich wie Brando und alle Wilden zusammen.

1986 steckte ich wieder einmal in einer »Ehe«krise, mittlerweile war ich mit Liza im verflixten siebten Jahr, in unserer Beziehung wechselten sich Nähe und Distanz ständig ab. Es gab immer wieder Phasen, in denen mein Freiheitsdrang so stark wurde, dass ich augenblicklich jede Art von Bindung, ob an Menschen oder Dinge, abstreifen musste, wie eine Schlange, die sich häutet, weil sie wächst.

Zwei uninteressante TV-Angebote hatten mich von München nach Berlin in das Hotel Schweizerhof geführt. Die Vertragsverhandlungen befanden sich noch in einem unkonkreten Stadium, als ich in der Hotelhalle eine zauberhafte Lady kennen lernte, eine Frau von der Sorte, die mich schnell zum Sex verführen wollte. Wir küssten uns wild, um nicht zu sagen gierig, in meinem Zimmer, als das Telefon schrillte.

»Herr Zacher, für Sie, darf ich durchstellen?«

»Sie dürfen.«

»Herr Zacher, hier Moser. Wir produzieren einen Ganghofer-Stoff aus dem 18. Jahrhundert, eine Co-Produktion zwischen Italien, der ČSSR, Österreich und Deutschland. Der Titel ist ›Der Ochsenkrieg‹. Hätten Sie Interesse an einer Hauptrolle? Die Drehzeit dauert zirka vier bis fünf Monate.« (Ich schob die Lady etwas von mir.) »Mario Adorf war avisiert für den Part, mit dem haben wir uns aber kurzfristig wider Erwarten überworfen. Zum Glück, denn Sie sind durch Ihr komödiantisches Talent unserer Meinung nach ohnehin viel besser für diese Rolle geeignet – nur der Regisseur muss noch zustimmen, aber er ist zurzeit nicht zu erreichen.« (Aha, die Burschen erkannten meine ungeahnte Vielseitigkeit.) »Drehbeginn wäre allerdings schon in zwei Wochen, in der ČSSR.«

Es pressierte also, wie der Bayer sagt.

Moser: »Können Sie reiten?«

Ich: »Aber selbstverständlich. Wenn es sein muss, mache ich einen Handstand auf dem Pferd.«

Moser: »Großartig! Können Sie fechten?«

Ich: »Oh, Fechten ist eines meiner ganz großen Hobbys. Ich habe schon mit zwölf an Jugendmeisterschaften teilgenommen.«

Moser: »Ja, wunderbar! Wissen's, die Rolle besteht überwiegend aus gefährlichen Reit-, Fecht- und Kampfszenen«, (ich schluckte leise) »die auf Wunsch von Herrn Adorf noch spektakulärer gestaltet wurden.«

Ich sah mich schon, wie ich, mit einem Fuß im Steigbügel hängend, in sengender, staubiger Hitze in der ČSSR hinter einem Pferd hergeschleift wurde. Reiten und Fechten, ich als Retter der Unterdrückten – meine Traumrolle in greifbarer Nähe.

»Ja, Herr Moser, das hört sich ja sehr interessant an, aber ich habe da noch zwei äußerst verlockende Angebote für Fernsehspiele an der Hand.« (Stimmte ganz und gar nicht, es handelte sich um uninteressante Drehs.) Die Jungs waren unter Druck, sie brauchten mich. Das musste ich ausnutzen. »Wie gesagt, Herr Moser, Sie müssten mir innerhalb von zwei Stunden Bescheid geben, sonst sage ich den anderen Sendern zu.«

Mein Poker-Herz schlug höher, ich witterte eine fette Gage. Verhandlungsbasis war Adorfs Marktwert, so viel wollte ich auch. Ein leichtes Stottern war am anderen Ende der Leitung zu hören.

»Wir besprechen das und melden uns in Kürze.«

Ich legte den Hörer auf, die Frau neben mir im Bett konnte mich im Moment nicht mehr fesseln. Ich sah mich bereits in Lederwams und Kettenhemd hoch zu Ross durch die ČSSR galoppieren. Ein Land, in dem ich noch nie gewesen war und das mich allein aus diesem Grund reizte. Schließlich war ich ja auch deshalb Schauspieler geworden, weil ich die ganze Welt kennen lernen wollte. Nur eine Stunde später kam die Zusage aus Wien. Mit typischem Produzentengestöhne gingen sie auf meine Gagenforderung ein. Jetzt konnte ich auch die Frau wieder als Frau wahrnehmen. Wir legten das Schwarze-Peter-Spiel beiseite, mit dem wir die Wartezeit überbrückt hatten, und spielten stattdessen das bekannte Rein-raus-Spiel.

Gut gelaunt machte ich mich mit meinem Van-Mobil auf ins Bayernland. Am Ammersee hatte ich einen kleinen Geräteschuppen entdeckt und für 40 DM Pachtgebühr zu meinem Landsitz erkoren. An den Wochenenden oder immer, wenn ich mich von der Glamour-Stadt München und ihrer hektischen Oberflächlichkeit erholen musste, zog es mich zum See, auf dem jeden Morgen bei Sonnenaufgang kreischend ein Fischreiher-Pärchen landete und mich weckte. Dort war, kurz gesagt, mein Paradies. Ganz in der Nähe befand sich eine Pferdepension. Die Betreiber, Traudel und der Playboy Jacky, unterhielten gleichzeitig einen Reiterhof, auf dem ich schnell noch Reitunterricht nahm. Um genau zu sein: vier Doppelstunden. Mit dieser Ausbildung setzte ich mich zwei Wochen später eher widerwillig, denn ich hasse Zugfahren, in einen Zug und fuhr zunächst nach Wien, wo die Produktionsfirma für »Der Ochsenkrieg« ihren Sitz hatte. Die Produktion hatte mich überredet, auf keinen Fall mit dem Van in die ČSSR zu reisen, weil die Straßen so schlecht seien und ich im Fall einer Panne keine Ersatzteile bekommen könnte. Ich ließ also mein wundervolles fahrendes Heim in München, holte mir einen Mietwagen, eine goldmetallicfarbene Mercedes-S-Klasse, und fuhr über Wien gemeinsam mit dem Produktionsleiter weiter nach Bratislava, wo wir die ersten drei von insgesamt zwölf Wochen drehten. Bei dieser Gelegenheit konnte ich mich mit den Regeln der Grenzpassierung vertraut machen, deren oberste hieß: Bestechung! Für jeden Grenzer hatte der Produktionsleiter eine Kleinigkeit dabei. Der Chef im Häuschen bekam zwei

Pornohefte, für die Jungs, die den Wagen kontrollierten, hielt er jeweils ein Transistorradio und Schokolade aus dem Westen bereit. Die Wartezeit verkürzte sich so von drei Stunden auf fünf Minuten.

Wegen des Reaktorunfalls in Tschernobyl hatte ich vier große Kartons, gefüllt mit Grundnahrungsmitteln, für die kommenden Wochen mitgebracht, dazu in einem kleinen Holzkasten einen Campinggaskocher. Zur Mittagspause, wenn das Team hungrig zur Krippe zog, kochte ich mir bei geöffnetem Kofferraum aus Reis und Gemüse selbst mein vegetarisches Mittagbrot. Dafür erntete ich erstaunte, fassungslose Gesichter und Verwunderung von den tschechischen Kollegen. Ob sich denn der deutsche Filmstar kein Essen leisten könne, hatten sie den Aufnahmeleiter gefragt. »Kommt in so 'nem Auto und kocht selber.« Dieses Auto baute eine Distanz zwischen mir und dem Team auf, was mir überhaupt nicht gefiel. Während einer komplizierten Reitszene merkten die tschechischen Stuntleute, dass ich nicht so sicher auf dem Pferd saß, wie man es eigentlich von mir erwartete. Anstatt mir zu helfen, boykottierten sie mich, besonders ihr Vorreiter Petr. Nach einigen misslungenen Versuchen, die Szene zu drehen, nahm ich den Autoschlüssel aus der Jackentasche meines Kostüms und sagte der Dolmetscherin, sie möchte bitte Petr jedes Wort übersetzen, das ich jetzt sage. Aggressiv warf ich den Schlüssel in seine Richtung. »Hier, ihr könnt alle mal mit dem Auto fahren. Du als Erster. Macht damit, was ihr wollt, Hauptsache, die Räder drehen sich noch beim Lenken. Mir bedeutet dieses Ding absolut nichts. Denkt nicht, dass ich einer anderen Kaste angehöre oder euch neidisch machen will, nur weil ich in so 'nem Auto sitze. Und jetzt helft mir bitte, lasst uns vernünf-

»Der Ochsenkrieg«, 1986

tig zusammenarbeiten.« Während der nächsten Tage fuhr jeder mal ’n Stündchen durch die Gegend, wienerte das Ding hinterher. So sauber war bei mir noch nie ein Auto. Die tschechischen Stuntleute und ich wurden die besten Freunde, und sie zeigten mir, wie man reitet. Ein Schlag auf den Arsch, und das Pferd ging ab, einer von ihnen rechts, einer links neben mir, schoben sie mich, wenn ich das Gleichgewicht verlor, gleich wieder in die richtige Position, so lange, bis ich’s selbst im Griff hatte. Miro, einer der Stunts, war tschechischer Fechtmeister. Jede Minute, die ich nicht vor der Kamera stand, gab er mir Unterricht im zweihändigen Schwertkampf. Das brachte mich der Zeit, in der dieser Stoff spielte, ganz nah. Um in der Rolle zu bleiben, ging ich nach Drehschluss sogar im Kostüm ins Hotel, am liebsten wäre ich ja auf dem Pferd dort eingeritten, und erschien morgens fertig kostümiert zur Arbeit. Eines frühen Morgens kam ich bei diesigem, feuchtem Wetter zum Drehort und hielt schlecht gelaunt an der Cateringbude. »Ich hätt gern ’n Tee.« Die Tschechen antworteten genauso schlecht gelaunt: »Gibt kein Teewasser.« Sie hatten alles für Kaffee verbraucht, obwohl sie wussten, dass ich jeden Morgen heißes Wasser für meinen Kräutertee benötigte. Meine ohnehin schon miese Morgenlaune verschlimmerte sich akut. Ich gab Vollgas, die Räder klatschten Modder an die Bude, und raste einen schmalen, asphaltierten Flurweg entlang. Ich wollte nur mal Gas geben, als plötzlich rechts eine dreiköpfige DDR-Familie in traditionellen Trainingsanzügen aus dem Unterholz bricht. Ich steige sofort auf die Bremse und fahre im Schritttempo an ihnen vorüber, als ich den Mann sagen höre: »Nu, dem Westzonalen da, dem Angeber sollte man mal richtig eins aufs Dach hau’n. Unverschämtheit, hier so

»Der Ochsenkrieg«, 1986

langzurasen …« So ein Blödsinn, ich hatte die Familie überhaupt nicht belästigt. Ich stoppe den Wagen und springe raus. Im rasselnden Kettenhemd, mit Lederwams, Hellebarde und Stiefelstutzen reiße ich das Schwert aus der Scheide, den Anderthalbhänder, stelle mich breitbeinig in den Weg, ramme mein Eisen in den Boden und brülle: »Zuerst leg ich dich um und dann den Rest der Familie!« Die Mutter, verschreckt mit zitternder Stimme: »Was'n mit dem los? Wie sieht'n der aus? Der hat ja 'n Schwert. Erich, pass uff.« Erichs staatsbürgerliches Pflichtgefühl meldet sich sofort: »Ich gloobe, dem muss mal eenar zeigen, wie man sich im Forst benimmt.« Und sie: »Erich das is' 'n Irrer, 'n Irrer, Erich. Komm! Weg hier! Schnell weg hier!« Jetzt reiße ich das Schwert hoch, fuchtle Furcht einflößend damit in ihre Richtung. »Na warte, Erich, wenn du nicht gleich abhaust, fliegt ihr mit einem Hieb über die Donau, aber nur eure Köpfe.« Sie zog kreischend ihr Kind von der Straße, und Erich setzte ängstlich zum Rückzug an. Alle drei verschwanden wieder im Gestrüpp. Bester Laune kehrte ich zum Drehort zurück, wo der Aufnahmeleiter mir aufgeregt entgegenkam. »Die Pferde haben sich losgerissen, Duky ist der Anführer.«

Duky, ein hochbeiniges Pferd mit übergroßem Kopf und Ohren, die an einen Esel erinnerten, hatte ich mir unter 40 Pferden ausgesucht. Die beste Wahl, wie mir Petr versichert hatte. »Duky ist zwar nicht mehr der Jüngste, aber der Klügste, folgsam, stark, ausdauernd, gerissen, aber nicht hinterhältig, ein gutes Pferd.«

Gleich in der ersten Drehwoche bestätigte sich diese Einschätzung: Das gesamte Filmteam machte abseits der Kulissen Mittagspause. Man hatte für den Film eine historische Stadtmauer mit riesigen Toren errichtet. In der Szene, die wir als nächste drehen wollten, sollte Malimmes, der Kriegsknecht und Held des Films, auf einem großen schwarz glänzenden Pferd im gestreckten Galopp durch das rettende Stadttor jagen. Für mich war dies eine sehr gute Gelegenheit, meine Reitkünste zu trainieren. Ich nahm Anlauf zum Galopp und hielt auf das Stadttor zu. Kurz vor den weit geöffneten Torattrappen stieg das Pferd. Stolz und froh, mich trotz dieser Schwierigkeiten auf Duky halten zu können, ritt ich gleich noch einmal zurück und versuchte es ein zweites Mal. Ich fühlte mich mit meinem Pferd nun wie verwachsen. Aufkommender Wind ließ die Kulissen leicht wanken. Drei weitere Male stieg das Tier, doch ich gab nicht auf. Ich wendete mein Pferd gerade zu einem letzten Versuch, als starke Windböen die Kulissen schwanken ließen. Ich sah mit an, wie die schwere, 100 Meter lange Holzkonstruktion in sich zusammenbrach. Vom Wind zerfetzt, flogen Kulissenteile durch die Gegend. Mein Pferd hatte mir durch sein Scheuen das Leben gerettet, hatte mir beigebracht, was Instinkt bedeutet. Deshalb konnte ich es auch nicht zulassen, dass Duky täglich zwölf Stunden arbeiten musste mit dick angeschwollenen Kniegelenken, die allabendlich mit Aufbaumitteln wieder fit gespritzt wurden. Ich verlangte vom Produzenten ein zweites, ähnlich aussehendes Pferd. Der Produzent: »Das ist ganz überflüssig, glauben Sie mir, ich kenne mich aus mit Pferden, bin jahrelang Military geritten.« Ich ließ so lange nicht locker, bis Duky ein Double bekam, und hatte wieder einmal den Unmut eines Produzenten auf mich gezogen. Bei ihm war ich ohnehin schon in Misskredit geraten: Für die Schauspieler und das

Team stand am Set genügend Essen zur Verfügung, die tschechischen Pferdejungen, Stunts und Helfer bekamen jedoch gerade einmal zwei Scheiben Brot und ein Stückchen Käse für 14 Stunden Arbeit. Weil ich das mitbekommen hatte, verteilte ich das übrig gebliebene Essen und schlug dem zuständigen Produktionsleiter vor, wenn die Produktion nicht in der Lage wäre, den Jungs täglich eine gute Suppe mit Fleisch und Kartoffeln zu geben, würde ich das übernehmen. Das wollte natürlich auch niemand, und fortan bekamen die tschechischen Helfer Suppe auf Kosten der Produktion.

Ein halbes Jahr später rief mich Petr, der während der Dreharbeiten mein Freund geworden war, zu Hause in Deutschland an. »Rolfischek, in zwei Tagen muss Duky nach Italien, er soll in die Salami. Hol ihn dir doch, er kostet nur noch 800 Mark.« Kurz entschlossen fuhr ich mit einem Pferdeanhänger nach Bratislava. Duky, der im Stall um die Hälfte schmaler geworden war, empfing mich mit einem traurigen, kläglichen Wiehern. Man sagte mir, das sei so üblich, man gäbe den ausgedienten Pferden gerade noch so viel Futter, dass sie nicht umfallen. Ich schob das völlig abgemagerte Pferd in den Hänger, kaufte ein paar Pfund Äpfel und ein Säckchen Hafer, und ab ging es Richtung Dießen am Ammersee. Dort wartete eine fette bayrische Wiese auf ihn und keine Bolzenschussanlage. Oft ritt ich mit ihm über die Felder, ganz langsam, ohne Sattel, nur mit einem Fell und einem Halfter. In der bayrischen Mittagshitze machten wir so manche Rast auf einer Wiese im Schatten eines Baumes mit Blick auf die Alpen, und Duky mahlte genüsslich sein Gras. Mein gutes Pferd, das mich kein einziges Mal abgeworfen hatte, bekam noch 13 Jahre sein Gnadenbrot.

Die letzten Drehtage für »Der Ochsenkrieg« fanden in Salzburg statt, es handelte sich um Szenen, in denen nur noch drei Reiter gebraucht wurden, Petr, Miro und Honda. In München war zu dem Zeitpunkt gerade Oktoberfest, genau das Richtige für die tschechischen Jungs. Obwohl ihnen der Aufenthalt in der Bundesrepublik eigentlich nicht gestattet war, haben wir zusammen gefeiert. Ich kam mir vor, als wäre ich umringt von Bodyguards. Die Jungs beschützten mich vor den rüden, sehr plumpen Gesten des Erkennens meiner schwer angetrunkenen Fans auf der Wiese. Oft war deren Verhalten auf der Kippe zwischen Sympathiebekundung und tätlicher Aggression. Miro, mein bester Freund, der mir beigebracht hatte, wie man mit Pferden umgeht und mit Schwertern kämpft, war glücklich und besoffen. Doch als der Abschied nahte, sagte er: »Rolfischek, ich will hier bleiben, bei dir, ich will nicht mehr zurück.«

Sieben Jahre lang, von 1982 bis 1989, war der Van mein einziger eigener Wohnraum. Für meine tägliche Körperpflege nutzte ich die Hotels, die von den Produktionen für die jeweiligen Drehs angemietet waren. Wenn ich nicht arbeitete, fuhr ich zum Promenadeplatz zum Hotel »Bayrischer Hof«, das teuerste Haus in München. Die Jungs am Eingang, die Pförtner und die Kofferboys, kannten mich. »Grüß Gott, Herr Zacher.« Ich gab ihnen die Autoschlüssel und ein gutes Trinkgeld, nahm meine Waschtasche und verschwand zur Morgentoilette in einem der großen, gekachelten Toilettenräume. Das Personal wusste genau, was ich da unten tat, aber keiner sagte etwas.

Zu meinen Lieblingsplätzen zählte auch das Schloss Nymphenburg. Oft stand ich mit dem Van vor dem Schloss, doch das Gesetz schreibt vor, dass man auf Parkplätzen nicht wohnen darf. Einmal kam die Polizei vorbei, und einer von ihnen, ein Fan, nahm mich zur Seite und sagte: »Ja, Herr Zacher, Sie können schon hier stehen, Sie müssen das Auto nur jeden Tag zehn Zentimeter bewegen. Jetzt starten Sie mal Ihren Wagen und schön ruhig bleiben, Herr Zacher«, ich startete, »Stopp, das reicht doch schon, sehen Sie, Ihre Räder haben sich einmal gedreht, Sie haben Ihren alten Standort verlassen, Sie können jetzt wieder schlafen gehen, und wenn Sie morgen aufwachen, nicht vergessen: Standpunkt ändern.« Von nun an machte ich es so.

Leben im Van hieß auch, den Naturgewalten ausgeliefert sein. Einmal befand ich mich auf dem Weg nach München. Hochsommerliches Wetter, die Luft schwül, strahlend blauer Himmel, über 35 Grad Hitze. Die Autobahn war trotz der Schulferien in Bayern ziemlich leer. Liza hatte ich unterwegs bei Freunden auf dem Bauernhof abgesetzt. Vom Alpenrand her näherte sich eine pechschwarze Wolkenfront. Mit gewaltigen Kräften schob sich das Schwarz in das Blau des Sommerhimmels. Erst klimperten Hagelkörner, klein wie Zuckerwürfel, auf die Erde, sie wurden immer größer, tennisballgroße Eiskugeln fielen aus dem Himmel, dann apfelsinenartige Gebilde, kurz darauf schlugen pampelmusengroße Eisbomben ein. Anfangs fand ich das Naturereignis noch ganz interessant und überwältigend. Erst als so ein Rieseneisball meine Frontscheibe zertrümmerte und darin stecken blieb, ging mir die Muffe. Was würde als Nächstes vom Himmel fallen? Meteoriten vielleicht? Auf der Straße türmten sich die Eismengen einen halben Meter hoch. Ich stand mitten auf der Autobahn, es war unmöglich, sich in diesem Unwetter von der Stellen zu bewegen, ich war ausgeliefert. Lieber Gott …, schoss es mir durch den Kopf, aber Moment, dachte ich, wer ist denn jetzt mein Gott? Na gut, ich war zwar aus der Kirche ausgetreten, hatte den Glauben abgelegt, aber in einer solchen Situation benutzt man eben das Wort Gott, bittet um Gnade.

Drei Scheiben des Vans waren schon zertrümmert, ich wollte unter das Auto kriechen, drückte die Tür einen Spalt auf, doch sofort knallte mir ein Eisgeschoss auf die Hand. Also versuchte ich, mich unter dem Bett in Sicherheit zu bringen. Da aber der Zwischenraum zu schmal war, riss ich eine breite Latte aus der Verkleidung und hielt sie als Schutzschild über mich. Ich hatte solche Angst. Das ganze Spektakel dauerte eine halbe Stunde, danach war absolute Ruhe. Ich hatte den größten Hagelschlag, der laut meteorologischer Aufzeichnungen jemals auf Bayern niederging, miterlebt. Millionenschäden hatte das Unwetter angerichtet, Menschen wurden erschlagen, Häuser, Dächer, Autos zerstört.

Die Karosse meines Vans war komplett zerbeult, die Fenster zerschlagen, aber die Versicherung zahlte. Alles in allem für mich ein finanzieller Erfolg.

Eine Zeit lang hielt ich mich zusammen mit Liza auch in einem Vorort Münchens auf. Ganz in der Nähe unseres Stellplatzes lag eine Ausfallstraße, an der die Mädels in Campingwagen ihre Liebesdienste anboten. Damals hatte ich einen zweiten Bus angemietet, in dem Liza wohnte, und zusätzlich einen Mercedes von einer Filmproduktion, mit dem ich zur Arbeit fuhr. Mein Fuhrpark am Rande Münchens sah aus wie ein Zigeunerlager. Ein Funkwagen mit zwei aufgeregten Zivilbeamten fuhr vor. »Das ist ja ein Bordell hier. Wir werden Sie anzeigen.« Als sie mich jedoch erkannten, entschuldigten sie sich.

Eines Abends kamen wir aus der Stadt zurück und entdeckten, dass irgendjemand auf beide Busse ganz groß das Wort Puff gesprayt hatte. Gemeine Menschen gibt es, aber was soll's. Als Gaukler war ich immerhin in der privilegierten Situation, ohne Besitz und damit ohne Verlustängste existieren zu können. Es gab ja auch Zeiten, da verscharrte man Leute wie mich vor den Friedhofsmauern.

Polizeilich gemeldet war ich damals bei einem Münchner Anwalt. Der sammelte meine Post, die ich alle paar Wochen abholte. Toll an diesem Leben im Van war ja auch, nicht jeden Tag Briefe zu bekommen, die man gar nicht haben will, den notwendigen Papierkrieg auf ein Minimum zu reduzieren, die Bedürfnisse so zu arrangieren, dass die Freiheit keinen Schaden nimmt.

Mit einem Van bist du überall zu Hause, suchst nach Tagesstimmung deine Umgebung aus, direkt am See, am Feldrand, vor einem Schloss, auf Lichtungen, am Kiez vor einem Café, und morgens öffnest du die Tür und bestellst gleich aus dem Auto heraus den Kaffee.

In diesen Jahren sehnte ich mich überhaupt nicht nach einem festen Dach. Und wenn das Bedürfnis sich doch einmal einstellte, fuhr ich in ein Wochenendhaus, das Freunden gehörte, wie beispielsweise in das von Eberhard Schoener, dem Dirigenten, Musiker, Film- und Fernsehkomponisten. Der Schlüssel zu seinem Landhäuschen in Miesbach lag immer im Schafstall rechts neben dem Futtertrog in einer Kuhle für mich bereit. In diesem Haus hatte er auch ein Musikstudio eingerichtet. Dort spielte ich Klavier mit Blick in die Berge, begleitete allabendlich die Lichtspiele der untergehenden Sonne, der Platz, wo ich Gott am nächsten war.

Neben Berlin, München, Hamburg und Paris ist auch Köln eine meiner Heimatstädte. Heimat ist ja überall dort, wo man länger gelebt hat.

Köln, Friesenplatz, das eigentliche Zentrum. Verschiedene Kulturen mischen sich in diesem Viertel, dazu Musiker, Maler, Bildhauer, das »Vesuvio«, meine kleine, gemütliche Italiener-Kneipe gleich neben dem Willi-Millowitsch-Theater, wo ich später auch mal Schumi, meinem Rennfahreridol begegnete, er aber so tat, als hätte er mich noch nie gesehen … war ein bisschen traurig darüber, na ja, nicht so schlimm.

Vorm Klapperhof 8, neben der Einfahrt zur Kölschbrauerei Päffgen, parkte mein Van vor den Fenstern der Zweizimmerwohnung Marylins.

Bei den Dreharbeiten zu dem Film »Der blaue Mond« in einer Chanson-Bar, in der ich einen Rock-'n'-Roll-Sänger spielte, wurden für eine Szene 17 Frauen bestellt, Komparsinnen, die mich laut Drehbuch anhimmeln sollten. Eine davon spielte die in der Szene gewünschte Begeisterung mit einem solchen Desinteresse in ihrer Miene, dass bei mir sofort das trotzige Verlangen aufloderte, diese Abtrünnige kennen zu lernen. Marylin hatte Philosophie studiert und arbeitete als Tontechnikerin beim Rundfunk.

Das war 1989, im Jahr, als die Mauer fiel.

Marylins Vater, ein Professor, kommentierte das Ereignis mit Tränen in den Augen: »Diese armen Menschen da drüben …, jetzt werden sie vergewaltigt.« So war's ja dann auch, und so ist es noch immer. Das Bedürfnis, dem Osten näher zu sein, mitzuerleben, was dort passiert, war der Grund, weshalb ich etwas später nach Berlin zog, zusammen mit Marylin eine Wohnung in der Steglitzer Zimmermannstraße nahm, ein paar Schritte nur entfernt von dem Zigarettenautomaten, dem ich meinen Besuch im Jugendgefängnis verdankte.

Mit Marylin führte ich meinen letzten großen Kampf zwischen Frau und Mann. Die physischen Narben: Der Ringfinger und der kleine Finger der rechten Hand blieben steif, Behinderungsgrad: 60 Prozent. Die vermeintlich psychischen Wunden des Kampfes verwandelten sich jedoch rückblickend in Erkenntnisse: Das Spiel zwischen Mann und Frau ist nur dann interessant, wenn beide Partner zulassen und begreifen, dass das Leben Vielfalt ist, und sich gegenseitig die Fülle des Erlebens zugestehen, dem anderen all das gönnen, was man sich selbst wünscht. Seinen Charakter kann kein Mensch ändern, die Kunst des Miteinander besteht gerade darin, ihn richtig auszubalancieren.

Die Tragödien zwischen Mann und Frau ereignen sich doch größtenteils durch Eifersucht, weil man seinen Trieb auch mal mit anderen und nicht ausschließlich mit dem geliebten Partner auslebt. »Mein Mann, meine Frau hat mich betrogen«, heißt es dann, und Betrug bezieht sich meist auf Sex. Sex bestimmt viel zu sehr unser Lebensgefühl und wird oft mit Liebe verwechselt. Und wir vergessen immer wieder, dass der Mensch nicht monogam ist. Wenn man nicht mehr so vom Trieb besessen ist, wie ich es selbst Jahrzehnte war, bekommt das Leben ein ganz andere Qualität.

Heute erlebe ich die Momente des Alleinseins als etwas ganz Elementares, weil ich weiß, dass es ist die einzige Chance ist, in sich selbst hineinzuhorchen und dabei zu erkennen, dass alles, ob Pflanzen, Tiere oder unsere Träume, nur Teile eines universellen Musters ist. Ja, und Liebe? Was ist eigentlich Liebe? Ich glaube, Liebe, das ist das, was bleibt.

Irgendwann um das Jahr 1985 hatte ich meine erste Begegnung mit dem Regisseur Ulrich Stark, einem Mann mit Kinnbart und breitem Mittelscheitel. Als sein Hilferuf vom Wörthersee kam, tobten draußen die schlimmsten Herbststürme seit achtzig Jahren. Eigentlich sollte mein Vertrag mit dieser Produktion erst vier Wochen später beginnen, abgesehen davon, hatte ich auch noch nichts unterschrieben. Eine Schauspielerin war ausgefallen, musste wegen schwerer Depressionen stationär behandelt werden, ihr ausländischer Liebhaber war wieder in seine Heimat zurückgekehrt. »Okay, Freunde, ich helf euch, aber ich fliege nicht, und bei diesem Wetter bin ich nicht vor 14 Uhr da.«

»Geht's nicht ein bisschen früher?«

»Nein! Nein! Nein! Jetzt drängelt nicht, sonst bleib ich hier.«

»Okay, dann bis morgen Mittag.«

Auf der Autobahn Richtung München lag alle 50 Meter ein Ast. Die Windböen waren derart stark, dass sie mich fast von der Straße gefegt hätten, keine Chance, schneller als 40, maximal 50 km/h zu fahren. Dann bin ich endlich da, froh, die Tour gesund überstanden zu haben, pelle ich mich aus dem Van, strecke den Rücken. Ein Produktionsbus hält vor mir. Ich, in der Erwartung, freudig begrüßt zu werden, rufe: »Hallo!« Die Seitentür des Busses wird aufgerissen, Ulli Stark steckt seinen Dickkopf heraus, brüllt mich an: »Wo kommen Sie denn jetzt her, Mann? Sie sind längst überfällig!« Ich drehe mich um. Meint er mich? Fange an zu grinsen, denke, er macht einen Witz, aber der Spieß brüllt weiter. Jetzt reicht's. Meine Warnlampe flammt auf. Ich packe ihn an seinem Schal, brülle in derselben Lautstärke zurück: »Ja bist denn du völlig übergeschnappt, du Penner? Ich bin

16 Stunden unterwegs bei Sturm und Regen, holper da über die Autobahn. Tu euch 'n Gefallen und werd hier zusammengebrüllt.« Ulli Stark riss sich los, zog seinen Kopf in den Bus zurück und flüchtete. Ich musste lachen und wusste, dass ich auf der Stelle wieder nach Hause fahren würde, ohne eine Szene zu drehen. Damit hatte sich dieser Film für mich erledigt, und irgendein Kollege freute sich sicher über Arbeit.

1989 rief mich der Bavaria-Produzent Dr. Georg Feil an, um mir die Rolle als Heiratsschwindler in der für die ARD produzierten Fernsehserie »Knastmusik« anzubieten.

Meine erste Frage: »Wer macht Regie?«

»Ulli Stark.«

»Ach du liebes bisschen ..., nee das is' doch der vom Wörthersee.«

Dr. Feil: »Ja, aber das hat er schon vergessen, er hat nur gut von Ihnen gesprochen.«

»Oh, der Mann hat Klasse, und wer spielt mit?«

Jetzt folgte die Aufzählung einer Reihe bekannter Schauspieler, die als Knastinsassen im Gespräch waren, Peter Bongartz, Martin Semmelrogge, Dieter Pfaff als Wärter, Dominique Horwitz, Jochen Busse und einige andere.

Ich unterbrach ihn. »Ja, und wer ist mein direkter Partner?«

Dr. Feil: »Diether Krebs.«

»Wat, der? Nee, nee, mit dem spiel ich nicht, der hat bei mir verschissen.«

»Aber der hat auch so gut von Ihnen gesprochen.«

Ich: »Der kann sagen, wat der will, mit dem Arschloch spiel ich nich'!«

Dann wurde ein Treffen mit Ulli Stark arrangiert, und ich

»Knastmusik«, mit Diether Krebs, Werner Eichhorn und Dominique Horwitz, 1989

erzählte ihm, was ich von Diether Krebs hielt, worauf Ulli mich zu beruhigen suchte. »Also Rolf, nun hab mal die Größe und verzeih ihm. Du wirst sehen, er hat sich entwickelt.«

»Na gut, Ulli, aber ich muss es erst sehen.«

Der Grund meiner Verdrossenheit lag weit zurück: Ende der siebziger Jahre drehte Geli in Heidelberg ein Fernsehspiel. Mit dabei war auch die Theaterschauspielerin Marie-Luise Marjan, die später als »Lindenstraßen«-Mutter Beimer bekannt wurde, sowie Diether Krebs, berühmt geworden als Schwiegersohn von Ekel Alfred. Sein Marktwert steigerte sich noch, als er mit Iris Berben in »Sketch up« brillierte und ganz Deutschland einmal wöchentlich in Lachkrämpfe versetzte. Geli rief mich in Berlin an: »Rolf, bitte komm runter, ich brauch was.« In Heidelberg gab es natürlich keinen Stoff, fuhr also zu ihr, denn ich wusste, dass sie ohne was im Blut nicht weiterarbeiten konnte. Etwas außerhalb von Heidelberg, in einem kleinen Ort auf einem Hügel, war das Hotel, in dem die Filmcrew wohnte. Mein Auto schaffte es gerade noch den Berg rauf, vor dem Hotel blieb es dann stehen, sprang nicht mehr an. Motorschaden. Die Reparatur konnte dauern, ich stand da ohne Auto, ohne Zeugs. Geli kam mir entgegen, sie hatte wahnsinnige Zahnschmerzen und brauchte dringend Schmerztabletten. Ein bisschen Stoff hatte ich aus Berlin mitgebracht, aber das reichte gerade für einen Tag, denn ich wollte eigentlich von Heidelberg nach Köln rüber und dort was besorgen. Stehe also vorm Hotel und überlege, wie ich am schnellsten die sieben Kilometer runter in die Stadt komme, um aus der Apotheke Schmerztabletten und morphiumhaltiges Valeron als Ersatzdroge zu besorgen. Diether Krebs in seinem Alfa Romeo Sport biegt um die Ecke mit seinen beiden kleinen Wuschel-Hündchen, die japsend auf der Ablage seines Coupés sitzen. Ich gleich hin: »Diether, kannst du mir helfen, Geli hat wahnsinnige Zahnschmerzen, ich muss schnell mal runter in die Apotheke, aber mein Auto ist kaputt. Gib mir doch mal deins. Bin gleich zurück.«

»Du, versteh ich, aber da kann ich euch auch nicht helfen, die Hunde sind so sensibel, die müssen sich erst akklimatisieren, die kann ich jetzt noch nicht mit nach oben in mein Zimmer nehmen.«

»Ja gut, dann fahr ich schnell in die Stadt, die Hunde können ja drin bleiben.«

»Ach nee, Rolf, weißt du, mein Auto will ich eigentlich nicht weggeben.«

»Okay, Diether, aber wenn ich eins kann, dann Auto fahren.«

»Nee, weiß du, das passt mir jetzt überhaupt nicht.«

»Gut, dann fahr mich doch bitte kurz mal runter.«

»Du, ich kann jetzt wirklich nicht, keine Zeit. Ich muss nach oben ...«

»Diether, das dauert zehn Minuten runter, zehn Minuten hoch, maximal 'ne halbe Stunde.«

»Nee, ich kann jetzt aber nicht.«

Weder gab er mir sein Auto, noch fuhr er mich zur Apotheke. Der Hauptgrund waren die Hunde, die beiden mussten hinten im Wagen bleiben, sonst, so sagte er, würden sie zu nervös. Ein paar Minuten später brachte er sie dann ins Hotelzimmer, nach einer Weile schleppte er sie wieder runter, denn Fresschen gab's nur unten, dann legte er sie wieder ein Weilchen ins Auto auf die Ablage zum Verdauen und, wenn sie brav ihr Bäuerchen gemacht hatten, holte er sie heraus und trug sie abermals nach oben, also wie so 'ne alte Tunte. Was soll man dazu sagen? Zwei Stunden war ich unterwegs. Meine Frau musste warten, mir ging es auch nicht gut. Das war sehr gemein, und ich merke mir so was. Da bin ich wie 'n Elefant.

Mein Diether hatte damals schon massenweise Pillen in sich hineingestopft, das ganze Auto war voll mit Döschen und Schächtelchen. Die Tabletten und sein Erfolg brachten ihn ziemlich durcheinander. Jahre habe ich ihn dann nicht mehr gesehen, erst 1989, kurz vor Drehbeginn von »Knastmusik«, traf ich ihn in der Produktionsfirma. Vorsichtig kam er auf mich zu, ich sagte nur: »Hallo, wir drehen zusammen.« Immer noch störrisch wie ein alter Ziegenbock, hatte ich kein Interesse daran, mehr als unbedingt nötig mit ihm zu kommunizieren. Erschwerend kam natürlich hinzu, dass ich nie diesen Ensemblegeist besaß. Ich fühlte mich als Virtuose, bei diesem Projekt kam es aber auf Gruppenarbeit an, wir waren wie ein Orchester, wo jedes Instrument seinen festen Platz hat und wo einer so wichtig ist wie der andere. Nach den ersten zwei oder drei Wochen, ich verabschiedete mich gerade von meinen Kollegen und wollte unmittelbar nach dem Drehen in meinem Wohnwagen verschwinden, nahm mich Ulli Stark zur Seite.

»Rolf Zacher, ich bin schon seit langem jemand, der dich und deine Art, vor der Kamera zu spielen, sehr, sehr mag. Du hast da was Besonderes in die Wiege gelegt bekommen. Doch auch wenn die anderen vielleicht nicht so spielen wie du, solltest du trotzdem lernen, mit den Menschen, mit denen du zu tun hast, eins zu werden, und nicht dastehen und irgendwie auf die andern herabgucken. Das ist Stärke, dann wirst du noch besser, noch wertvoller. Und du müsstest deine Texte besser beherrschen und morgens vielleicht ein bisschen früher kommen. Genau die Viertelstunde, die du sonst immer unpünktlich bist.«

Ich ließ mir das durch den Kopf gehen und bemühte mich, all seinen Wünschen gerecht zu werden. Dadurch näherte ich mich allmählich auch Diether an. Beim Drehen tasteten wir uns ab wie zwei Raubkatzen, immer vorsichtig, den anderen beobachtend. Es entwickelte sich dann eine richtige Arbeitsfreundschaft, die ich Ulli Stark zu verdanken hatte, einem Meister in der Navigation von Menschen.

Was Diether und mich zusammenschweißte, war unser

Sinn für Selbstironie. Er hatte eine Art, über sich selbst zu lachen, wie sie ganz wenigen Schauspielern vorbehalten ist. Professionell, sehr genau und ungeheuer natürlich, war in seinem Spiel nichts von den üblichen Schauspielergebärden. Damit lagen wir auf gleicher Linie. Wir hatten Spaß zusammen, eine gute Zeit. Mehr als drei Jahre hatten wir miteinander zu tun, nach jeder Staffel wollten wir eigentlich aufhören, aber wir waren die Zugpferde in der Serie, schraubten unsere Gagen jedes Jahr ein bisschen höher und drehten weiter. Die Arbeit lief routiniert wie immer, aber diese Leichtigkeit zwischen uns war etwas Besonderes.

Nebenbei hatte ich einige neue Songs gemacht. Die Arbeitsbänder lagen in meinem Auto, und ich spielte sie Diether vor. Er hörte interessiert zu und bemerkte fast ein wenig neidisch: »Donnerwetter! Ja, Musik wollte ich auch schon immer mal machen.« Als die Drehzeit beendet und die letzte Staffel abgedreht war, brachte Diether Krebs ganz unerwartet eine Platte heraus. »Ich bin der Martin, ne.« Dieser Lump, dieser Pfiffikus hatte durch mich erst richtig Mut bekommen. Die Platte war ein Riesenerfolg, 1991 kam sie in die Hitparade. Er ging damit auf viele Veranstaltungen, Firmenpartys, Sommerfeste, erzählte ein paar Witze und kassierte ab. Nach einer Weile begann es ihm ganz schön auf den Wecker zu gehen, den Hampelmann zu spielen, aber er verdiente dabei viel Geld. »Du, Diether, ich weiß nicht, ob das so wichtig ist mit dem vielen Geld. Du verdienst bestimmt mehr als ich, das gönn ich dir auch. Aber bist du deswegen glücklicher?« »Nee, würd ich nich' sagen«, meinte er. »Im Gegenteil.« Doch er hatte Familie, zwei Kinder, ein Haus, das abbezahlt werden musste. All diese Verpflichtungen zermürben die Menschen, erst belasten sie sich mit Besitztum, und wenn alles abbezahlt ist, sind sie tot. Diether war ein Genusstrinker, kein Verzweiflungstrinker, doch die Drogen, die er dann zum Alkohol nahm, die Aufputschmittel, die Beruhigungspillen, beschleunigten seinen Verfall ungeheuer. Einmal traf ich ihn nach seiner Fernsehshow »Rost«, die 1993 floppte. Damals steckte er ziemlich tief in einer Sackgasse. Andere, Jüngere kamen nach. Diether war 'n Riesenstar in Deutschland, aber so richtig lief's nicht mehr für ihn. Ich glaube, das hat auch dazu beigetragen, dass er sich so kaputtgemacht hat und auf Signale von außen überhaupt nicht mehr reagierte. »Mensch, mein Diether, du musst jetzt bald mal die Bremse ziehen.« Er rauchte drei Schachteln Zigaretten am Tag, und ich sah, wie er abends im Münchner Park Hilton an der Bar saß, jeden Abend. Ich drehte meine Runde, lief zwei Stunden durch die Gegend, frische Luft, bisschen was sehen, und wenn ich zurückkam, saß mein Dietherle noch immer in seinem geliebten Jogginganzug auf dem Barhocker und hielt sich an seinen Cocktails fest. Blaue Mischungen in großen Schalen, oben mit Zuckerrand. Die leeren Gläser standen in einer Reihe wie Soldaten, damit er wusste, wie viel er getrunken hatte. Fünf, sechs oder sieben waren es bestimmt. Dazu kamen Pillen und Zigaretten, das hält kein Herz aus. Er lachte nur immer und meinte: »Ja, mein Gott, dann leb ich halt nich' so lange.«

»Mensch, Diether! Es wird mal bums machen.«

»Was willst du eigentlich, was hast du denn gemacht? Zehn Jahre wie 'n Irrer gelebt. Sei du mal ganz ruhig.«

»Ja, ja schon, aber ich sag's dir trotzdem.«

»Ich mach das schon ...« Und er lachte sein molliges, warmes Lachen und gluckerte mit seinem Bauch. »Weißt du, meine Kinder sind versorgt, die werden groß, die brauchen mich sowieso nicht mehr«, und wieder lachte er.

Auch mit Ulli Stark sprach ich ab und zu über dieses Selbstzerstörerische unseres Freundes.

»Mein Gott«, meinte Ulli, »der Diether ist so. Er hat doch gute Laune, er ist niemand, der irgendwas im Alkohol ersäuft. Der hat Genuss dabei.«

Es gibt herrliche Bilder aus »Knastmusik«, wo er als Justizoberbeamtin verkleidet, im dunkelgrünen Ledermantel, mit Dutt und Birkenstockschuhen über den Gefängnishof läuft. Wenn ich schlechte Laune habe, sehe ich mir Diether an, und mir wird ganz warm ums Herz, aber auch traurig, doch das gehört dazu. Es gibt wirklich keinen anderen Menschen, mit dem ich bei der Arbeit so viel und gut gelacht habe wie mit ihm. Einmal brauchten wir fast 27 Klappen für eine Szene, der gute Ulli Stark wurde fast verrückt. Wir konnten einfach nicht mehr aufhören zu lachen, kaum war die Klappe gefallen, versuchte einer den anderen rauszubringen.

Bemerkenswert war auch sein Organisationstalent. Diether schaffte es einfach immer, irgendwie Geld zu sparen. Raffiniert, wie er war, ging er jeden Tag ins Büro, saß bei den Sekretärinnen herum, palaverte mit ihnen, und ganz nebenbei erledigte er alle seine Telefonate, gab dann ab und zu mal was zum Süffeln aus. Als ich ihm das einmal vorhielt, lachte er nur dreckig, und sein Bäuchlein wackelte vor Freude.

Na gut, so lange das Leben dauert, dauert es eben. Aber ich war schon sauer auf ihn, als er sich so früh verdrückte. Passte mir überhaupt nicht, hätte gern noch was mit ihm zusammen gemacht. Irgendjemand teilte mir im Januar 2000 mit, wann seine Beerdigung in Hamburg stattfinden sollte.

Ich fuhr los, hier vom Land um Berlin, dichter Nebel, blieb im Dunst stecken, verbrachte Stunden auf 'nem Parkplatz. Der ganze Tag war vernebelt, aber ich war bei ihm. Ach, mein Diether.

1989 hatte Anna gerade ihren 16. Geburtstag gefeiert. Seit 1985 wusste sie, dass ich ihr Vater bin. Trotzdem hatte ich ihr nie geschrieben. Eines Tages zeigte mir jemand ein Foto von ihr im »Stern«, und von diesem Moment an war mir klar: Es ist so weit. Ich bin jetzt so stark, dass ich sie sehen kann. Jetzt muss ich hin.

Ich treffe den Schriftsteller Joachim Lottmann, der so etwas wie ein Hausfreund der Zwillinge ist. Seit ich die beiden kenne, wohnt er immer mal wieder für ein paar Wochen bei ihnen. Vor wenigen Tagen ist er aus L. A. zurückgekommen.

Ich hänge an Joachims Lippen. Ich will wissen, was sie macht, wie sie ist, wie sie aussieht. Joachim spricht von Annas vielfältigen Talenten, von ihrer besonderen Neigung zum Schauspiel. Er stellt Vergleiche mit mir an, erzählt von den vielen Merkmalen, die Anna so deutlich als meine Tochter ausweisen.

»Ich werde Anna bald besuchen.«

Es ist das erste Mal, dass ich das Vorhaben ausspreche. Ab jetzt gilt es. Doch Joachim zögert.

»Du kannst nicht zu ihr.«

»Sieh mich an: Ich bin runter, ich drehe wieder. Jetzt habe ich die Stärke, Anna zu sehen.«

»Das kann schon sein. Aber sie hasst dich.«

Natürlich hasst sie mich. Wie konnte ich irgendetwas anderes glauben. Ich war derjenige, der sich aus dem Staub gemacht hat. Derjenige, der sich nie gemeldet hat. Derjenige, der sich nicht zu erkennen gegeben hat, als sie erfuhr, dass sie nicht die Tochter von Paul Getty ist. Paul aber war definitiv ein besserer Vater, als ich es je hätte sein können. Er hat ihr die Welt gezeigt, war einfach super zu ihr, hat es ihr an nichts fehlen lassen. Damit versuchte ich mich schmählich zu rechtfertigen. Trotzdem sagte sie mir später, dass Paul ihr nicht wie ein richtiger Vater vorkam. Er war ihr Freund. Da ich meinen Vater nie gesehen habe, hielt ich das für die größte Auszeichnung, die eine Tochter ihrem Vater machen kann. Ich sagte: »Ich möchte auch dein Freund sein.« »Ja, ich weiß.«

Ein paar Jahre später ist Joachim wieder in Los Angeles. Anna ist jetzt 18. Natürlich muss er mir alles genau erzählen. Anna hat richtige Karriereziele. Sie will wie ihr Bruder Balthasar zum Film. Ich traue mich nicht zu fragen, ob Anna sich nach mir erkundigt hat. Aber Joachim weiß, worum es mir geht.

»Jetzt ist es so weit. Sie fragt ihre Mutter nach dir und will wissen, was du machst, wie du lebst.«

1992. Anna will mich sehen, und mein nächster Film soll zum Teil in den USA spielen. Das wird mein Ticket. Zum Drehen werden sie mich einreisen lassen. Jetzt können sie mir das Visum wegen der Vorstrafen nicht mehr verweigern. Ich will gerade den Vertrag für die Fortsetzung von »Go, Trabi, Go 2 – Das war der wilde Osten« unterschreiben, da ruft der Produzent und Autor Reinhard Klooss, mich an: »Hör zu, Rolf. Wir drehen die Flughafen-Szene doch nicht in New York.«

»Aber sie spielt am John F. Kennedy Airport!«

»Das wird alles zu teuer. Wir drehen in München und dekorieren das als JFK.«

Der Dreh in New York sollte mein erster Schritt hin zu

Anna sein. Nach 18 Jahren Untergrund will ich ihr gegenübertreten. Sie überraschen. Und jetzt soll mir ein Produzent alles zunichte machen? Ich werde ganz ruhig.

»Was kostet die Deko in München?«

»So 20 000.«

»Und was kostet es, wenn ich 1. Klasse nach New York fliege und ein paar Nächte im Hotel schlafe?«

Reinhard: »Schon, aber …«

»Kein aber! Für mich ist der Film nur interessant, wenn ich in New York drehe. Sonst unterschreibe ich nicht.« Ich erkläre ihm auch, warum.

»Ach so, na dann …«

Wir drehen tatsächlich in New York. Ich habe Anna nichts gesagt. Martina auch nicht. Niemand weiß Bescheid. Als »Go, Trabi, Go 2« abgedreht ist, fliege ich direkt nach Los Angeles und miete mich am Sunset Boulevard im Chateau Mont Mant ein. Gute Adresse, ein Hotel für Insider, leicht barocker, amerikanischer Stil, kleine Rezeption, kein großer Hotelbetrieb, hinten im Garten Swimmingpool, paar Bungalows, in einem ist Belushi im Kokainrausch gestorben. Wie 'ne Filmkulisse wirkt das alles, aber die meisten Häuser sehen hier so aus. Mein Apartment, eines der schönsten. Die Rezeption erzählt mir, dass Mr. Robert De Niro dort zu nächtigen pflegt, wenn er in L.A. ist. Ich gab ihm in Martin Scorseses »Hexenkessel«, wo er neben Harvey Keitel spielte, die deutsche Synchronstimme.

Nachts an der Bar begegne ich Donald Sutherland, er sitzt zwei, drei Meter von mir entfernt und starrt mich mit seinen leicht hervorquellenden Augen an. So 'n fragender Blick, »was machst du hier, wo gehst du hin?« Beim Ein- und Ausatmen röchelt er kurzatmig, hat 'ne Riesenalkoholfahne, ist unrasiert. Wie 'n Penner sieht er aus, mir hat das sehr gefallen. Man is' ja immer 'n bisschen verdutzt, wenn man jemanden nur von der Leinwand kennt und dann plötzlich vor ihm steht. (Verstehe auch, wie ich auf die Leute wirke, manchmal, so leicht vergammelt.) Am Fahrstuhl drehe ich mich noch mal um, sein Blick ist mir gefolgt, ungeheuer intensiv, stechend. In der Tiefgarage treffe ich Hellmuth Karasek, Kritiker, Autor. Der erzählt, dass er gerade einen Film über Billy Wilder macht, ist noch ganz erregt vom Moment der Begegnung mit dem großen Meister. Fühle mich ganz heimisch. Ein schönes Gefühl, all diese Leute um mich herum zu wissen, aber die wichtigste Person ist in diesem Augenblick meine Tochter.

Mittlerweile habe ich mir von den Klimaanlagen eine fürchterliche Grippe geholt. Trotzdem rufe ich an. Ein Band. Annas Stimme: »Please leave a message.«

Vorsichtig, stockend: »Hi, this is Rolf. I'm in Los Angeles and … I wondered if you wanted to see me …«

»Anna Getty here …«

»Äh, it's me, Rolf – your father. You like to see me?«

»Rolf?«

Ich kriege kaum Luft. Bei unserer letzten Begegnung gab mir die Hebamme Kreislauftropfen.

»Yes. I'm in town and maybe you would like to see me.«

Pause. Pause. Ich höre ihren Atem nicht mehr. Sie hat wohl den Hörer sinken lassen und blickt ins Leere, bevor sie sich sammelt und auflegt. Und dann der Schrei in den Raum.

»Yeeeeahhhh!!!!!!«

Mein Blutdruck fühlt sich ungesund an, ich schwitze kalt. Wenig später kommt Anna ins Hotel. Ich gehe ihr entgegen, sehe in der Hotelhalle zuerst ihren Rücken und die dunklen

Haare. Sie dreht sich um, noch bevor ich sie anspreche. Wir sehen uns an und nehmen uns in die Arme. Sie befühlt mich. Ich befühle sie: »Oh, das ist ja aus mir.« Und sie betastet sogar meinen Po und lacht. »Der ist ja wie meiner!« Auf ihren Hüften ist noch dieser kleine Speckanflug, der sich erst mit Mitte zwanzig auswächst. Sofort ist da eine Vertrautheit. Es durchströmt meinen ganzen Körper. Auch da, wo es mir in dem Moment nicht so recht ist. Anna spürt meine Erregung. Wir sehen uns an, sagen fast gleichzeitig »Oh« und müssen lachen. »Dass du dich so freuen würdest, mich zu sehen …«

Wir stehen lange auf dem Balkon meines Apartments, sind sehr, sehr glücklich.

Dann ziehen wir los. Ich lasse Anna ans Steuer, bin stolz von meiner Tochter chauffiert zu werden, doch sie fährt wie jemand, der gerade seinen Führerschein gemacht hat: schnell, ruckartig, hektisch bremsend. Ich lasse alles über mich ergehen. Bei der Tour durch ihr Revier stoppt sie unentwegt: »Hi Frank, hi John, hi Lizzy, this is my real daddy!« Wir befinden uns beide im Vollrausch, lachen die ganze Zeit.

Am nächsten Tag ist mir hundeelend, ich trage trotz 40 Grad einen Schal. Anna kommt, bringt ihre Freundin mit, sie möchten mir ihr Lieblingscafé zeigen. Mein Lincoln ist eiskalt. Ich lasse Anna wieder fahren, bitte sie nur, die Klimaanlage auszustellen, weil ich keinen Zug vertrage. Sie stellt das Gebläse mit einem genervten »Okay« ab. Im gleichen Moment lässt sie alle vier Seitenfenster runter, ich, auf der Mitte der Rückbank, fliege fast weg. Weiß ja, dass Amerikaner ein ungetrübtes Verhältnis zu ihren Klimaanlagen haben. Trotzdem bitte ich Anna, wenigstens ein Fenster zu schließen.

»Rolfi, it's only another five minutes.«

»Can’t you wait that long?«

»No. I had to wait for 19 years.«

Ich sage Anna, sie müsse ihre Anschuldigungen feiner dosieren. Alles auf einmal ist zu viel für mich. Aber sie hört nicht auf und gerät in Rage. Alles kommt auf einmal hoch. Es ist nicht mehr zu kontrollieren. Sie soll anhalten.

»What do you want me to stop the car for?«

»Anna, I can’t handle all this shit at one time.«

»You’re not getting out of the car!«

»Doch … It was nice to meet you, aber so kann ich das nicht.«

Im Kreißsaal war sie noch lauter. Sie lag auf Martinas Bauch. Ich hätte nicht die Kraft gehabt, sie im Arm zu halten. Meine Beine trugen mich ja kaum. Wie sollten sie einen zweiten Menschen tragen?

Ich öffne die Tür und will gerade aussteigen, als plötzlich ihre Freundin vorn auf dem Beifahrersitz losschreit. Hatte sie fast vergessen: »Are you both fuckin’ crazy!?«

Anna und ich halten inne. Sie klärt uns darüber auf, was für Idioten wir sind. Ich mache die Tür wieder zu.

Dieser Vorwürfe brechen natürlich ab und zu immer mal durch, aber heute kann ich spielerisch damit umgehen, manchmal auch impulsiv. Wir beide haben sehr gute Wege gefunden, die uns immer wieder zueinander bringen.

Verzweifelt erzählte mir Anna, dass ihre Oma sie für ein Jahr nach Paris schicken wolle, nur dann würde sie ihr anschließend eine Ausbildung finanzieren. »Was soll ich in diesem Paris?« Ich sagte erst mal gar nichts dazu, ließ sie reden, schimpfen, beobachtete, wie stur sie sich verweigerte. Jetzt war es an mir, sie hatte mich um Rat gebeten, wie einen Freund, Berater, erfahrenen Menschen. Meine erste große

Aufgabe als Vater. Das gefiel mir außerordentlich. »Was heißt, sie bezahlen deine Ausbildung nicht?« »Ich will Schauspielerin werden.« Ich hatte schon gesehen, wie begabt das kleine Tier ist, hat sie natürlich von mir geerbt. Das hängt drin in den Genen. Sie ist so auf'm Punkt, so komödiantisch. Doch ich wusste, dass es noch so viel gab, das sie nicht kannte, sie musste Erfahrungen sammeln, mit verschiedensten Leuten in Berührung kommen, Menschen beobachten, wie sie sich bewegen auf der Straße, wie sie miteinander umgehen, sich ihre Verhaltensweisen einprägen, auf die Eigenarten verschiedener Berufe achten, verschiedene Jobs ausprobieren, Eisverkäufer, Kellner, Taxifahrer, so wie ich früher. Und sich auch selbst beobachten, sich erleben, die Balance finden, Bewegungen bewusst erfahren, Timing im Umgang mit anderen Menschen erlernen, Berührungen aufeinander zu, aneinander vorbei, Aktionen und Reaktionen erproben, Räume aufnehmen, spielerisch Spannung entwickeln und steigern.

Um Geld brauchte sie sich keine Sorgen zu machen, kein Existenzkampf, und darum wollte ich ihr gerne erzählen, wie ich stark geworden bin. Doch das konnt' ich in diesem Moment noch nicht. Später. Jetzt musste ich ihr erst mal zeigen, dass ich sie verstehe. »Gut, Anna, also wenn du's wirklich nicht willst, dann bezahl ich dir deine Schauspielschule.« Ich gab ihr Sicherheit. »Aber Paris, Anna, überleg dir das mit Paris noch mal. Paris ist eine so extreme, schöne, lebendige Stadt mit ganz besonderem Flair. Du solltest das nicht verpassen, es tut dir bestimmt gut.« Dann zählte ich ihr all die Dinge auf, die man lernt, wenn man unterwegs ist und auf sich gestellt.

Die Zeit in L.A. war zu Ende. Wieder in Berlin klingelt

das Telefon: Anna! »Rolfi, I'm in Paris.« »Wow, wie kommt das denn?« »Yeah, because, but you told me … I mean you told me and so I'm in Paris.« »That's great, baby!« Ich war völlig begeistert, meine schlaue Tochter war sofort nach Paris gefahren, gerade mal sechs Wochen nachdem wir uns in L.A. verabschiedet hatten. Für mich war klar, solange Anna in Paris ist, such ich mir da 'ne Wohnung. 16. Arrondissement, Rue de Housse. Wir lebten zusammen und kamen beide zu dem Schluss, dass es eigentlich so wie mit 'nem Freund oder mit 'ner Freundin war (abgesehen davon, dass wir keinen Sex hatten). Nach 'n paar Wochen fragte ich mich allerdings, na, wie lange noch? Da ging's dann ganz schön los. Sie hat schon morgens laut Musik gemacht, irgend'n Hip-Hop frühmorgens, da werd ich ja ganz gefährlich. Aber weil ich mein Töchterlein 19 Jahre nicht gesehen hatte, dachte ich, bleib mal schön ruhig, und sie hat das natürlich ausgenutzt, tanzte mir auf der Nase herum, aber entzückend. Es tat nicht weh, aber nervte mich mit der Zeit, Anna natürlich auch, weil sie zurückstecken musste. Sie nahm sich dann 'ne eigene Wohnung, der erste Freund kam, Jonny aus Brüssel, 'n Regisseur, der in Paris lebte, so 'n richtiger Künstler, nur eine Hose, ein Hemd. Der lebte auf'm Hausboot, so 'nem umgebauten Lastkahn. Da saßen wir oft, guckten auf die Seine. Zwei Boote weiter wohnte »Der große Blonde mit dem schwarzen Schuh«, Pierre Richard. Ein cooler, langhaariger Typ mit einer blonden Gazelle an seiner Seite. Wenn wir uns sahen, winkten wir einander zu. Dann trennte sich Anna von Jonny, konnte es nicht mehr ertragen, dass er sie besuchte, und auch ich wollte ihn nicht mehr in der Wohnung haben. Er war furchtbar eifersüchtig. Sammy kam nach Paris. Annas 19-jährige Freundin. Sammy wurde, natürlich mit Einverständnis meiner Tochter, meine Geliebte. Sie fand das sehr gut, musste sich aber erst mal an die Situation gewöhnen. Zu dritt zogen wir durch die Gegend, wie große Kinder fühlten wir uns. Was heißt Kinder? Wir waren ein tolles Trio, lustig, leicht, spielerisch. Paris, Paris und meine beiden Mädchen …, das berühmte Pariser Flair, Gerüche, Musik, Stimmen, das Lachen aus den Bistros und Restaurants, dazwischen das Hupen der Autos, dieser Blues, diese französische Lebensart, das Licht an der Seine, die Vergnügungsdampfer, das Spiel der Scheinwerfer an den Kaimauern, die Liebespärchen, die sich am Seineufer küssen, diese betörende schmeichelnde, diabolische Attitüde der Damen, die geschniegelte Eitelkeit der Monsieurs, die Cafés, duftende Croissants, Café au Lait, Paris, Paris …

Eines Tages stehe ich auf dem Balkon meiner Wohnung im 4. Stock, schaue in diesen rot-weiß-blauen Pariser Sonnenhimmel und hinüber zum Eiffelturm. Gegenüber ertönt Musik aus dem geöffneten Fenster, die göttliche Stimme der Maria Callas, von der Straße herauf das bimmelnde Glöckchen eines fahrenden Obst- und Gemüsehändlers. Das Telefon klingelt. Genau in dem Moment, in dem alles im Leben so harmonisch erscheint, in dem sich deine Seele ausruht, genau in dem Moment holt dich irgendjemand aus den Tiefen der Vergangenheit ein. Da ist dann einer, der dir mal geholfen hat in einer Phase, als jede noch so kleine finanzielle Hilfe einer Rettung gleichkam. Einer der Helfenden, der spekulativ, gezielt und weitsichtig gehandelt hat. Die Stimme am Telefon sagt: »Rolf, ich hab da ’ne großartige Idee. Wir machen in Berlin ’ne Bar auf!«

»Ah, machen wir, ja?«

»Ja! Und die heißt Zacher.«

Ich sah meinen Namen in Leuchtbuchstaben, spürte meinen Kamm schwellen wie bei einem Hahn.

»Ach so, na ja, so gesehen, nicht schlecht …«

»Na siehste, wusst ich doch. Das kann überhaupt nicht schief gehen.«

»Und wie viel willste jetzt gleich von mir haben?«

»Is' ja nich' so 'n großes Teil, 20 Mille erst mal. Aber die Lizenz müsste auf deinen Namen gehen.«

Er, ein alter Berliner Kneipenprofi, bekam keine mehr. Ich sah natürlich auch die Möglichkeit, in dieser Bar Kleinkunst zu machen, den Laden tagsüber als Übungsraum für meine Auftritte zu nutzen oder mit Musikern dort zu arbeiten. Meine Instinkte aber sagten nein. Und ich tat es doch.

Meine Zeit in Paris war ohnehin beendet, Anna musste wieder zurück nach L.A. Ein Jahr wollte sie eigentlich nur bleiben, zweieinhalb Jahre waren schließlich daraus geworden. Auch für mich war es also der richtige Zeitpunkt, die Stadt zu verlassen. Ich zog nach Berlin und baute 1994 die »Bar Zacher« auf. Fünf Wochen lief sie phantastisch, der Laden boomte, ganz Berlin kam, und es war eine wahnsinnige Stimmung. Die Anwohner hatten lange Geduld, aber eines Tages kamen die ersten Beschwerden: »Unsere Kinder können nicht mehr schlafen.« Also Schallisolation rein, die Bar wurde für einen Monat geschlossen, danach waren Sommerferien, und der Laden blieb leer. Alle saßen draußen in den Straßencafés oder waren verreist. Ich musste dann für einige Wochen zum Drehen nach Köln und gab meinem vermeintlichen Partner das Geschäft in Obhut ohne Bedenken, dass da was schief gehen konnte, aber das ging daneben, kostete mich ein Vermögen. Ich erfuhr, dass einer meiner Oberkellner, den ich selber gar nicht eingestellt hatte, in obskure Geschäfte verwickelt war. Die Mafia guckte schon gierig auf den Laden, nicht mehr lange, und sie hätten von mir Schutzgeld erpresst. Die Schlagzeile sah ich schon vor mir: »Razzia bei Zacher«. Hab die Bar sofort geschlossen, verlor sehr viel Geld dabei und dachte an die Worte meines Großvaters, »Schuster, bleib bei deinem Leisten«.

1996 drehte ich in Italien den Film »I Magi randaci«, zu deutsch »Die Heiligen Drei Könige«, unter der Regie von Sergio Citti, Regieassistent und Drehbuchautor von Pier Paolo Pasolini. Eine italienisch-französisch-deutsche Co-Produktion, die Heiligen Drei Könige waren ein Italiener, ein Deutscher und ein Franzose, die sich auf die Suche nach dem Christkind begaben. Hinter der Kamera Franco di Giacomo, der auch den oscarpreisgekrönten Film »Il Postino« gemacht hatte, die Musik komponierte Ennio Morricone. Der italienische Produzent hatte mich während eines längeren Aufenthalts in Österreich im dortigen Fernsehen gesehen. Sämtliche anderen bekannten, deutsch aussehenden, das heißt blonden und blauäugigen Schauspieler, von Götz George bis Uwe Ochsenknecht, hatten den Regisseur nicht überzeugt. Er präzisierte seine Vorstellung und bat den Produzenten, einen deutschen Schauspieler zu suchen, der wie ein Kind wäre, einen Mann mit Kinderaugen. Der Produzent erinnerte sich an meinen Auftritt im Fernsehen und berichtete Citti von mir, gab aber zu bedenken, dass es sich bei mir um einen ganz untypischen Deutschen handeln würde, einen mit braunen Augen und dunklen Haaren, ein mediterraner Typ. Er wollte mich trotzdem sehen. Ich schickte ihm ein Bild, doch er brauchte ein Demoband. Also schnitt ich mein erstes Video zusammen, schickte es per Eilkurier nach Rom und bekam

»I Magi randagi«, mit Patrick Bauchau und Silvio Orlando, 1996

umgehend Antwort. »Bitte nach Rom kommen, sehr interessiert.« Na ja, wenn die so interessiert sind, dachte ich, mal sehen, wie weit sie gehen, und fing an zu zocken. Ich sagte: »Bitte nach München kommen: Park Hilton.« Aus dem kultigen 50er-Jahre-Betonhotel mit seinen zwölf Stockwerken hatte man einen imposanten Blick auf den Englischen Garten, die Stones, die Beatles und alle, die Rang und Namen hatten, waren hier abgestiegen. Sergio Citti kam tatsächlich, wir sahen uns in die Augen, gingen aufeinander zu, umarmten uns, und der Deal war perfekt. Ein derartiges Verständnis, so ein Sicherkennen auf den ersten Blick hatte ich selten erlebt. Ich begann also, Italienisch zu lernen, denn wir drehten natürlich auf Italienisch.

Sergio Citti sprach mit mir nur in seiner Muttersprache. Melanie Pukas, die Tochter des Synchronsprechers, Schauspielers und Nachrichtensprechers Joachim Pukas, die schon seit Jahren in Rom lebte und Italienisch perfekt beherrschte, wurde mein Coach.

Auch einige Laienschauspieler aus der Fellinitruppe waren dabei, so etwa ein Junge mit braunen Augen, die schalkhaft unter seinen Haarbüscheln hervorlugten. In den Filmen Fellinis traten ja immer Menschen auf, die er direkt von der Straße geholt hatte, weil sie ihm gefielen, keine gelernten Schauspieler. Dadurch strahlten seine Filme eine besondere Lebendigkeit aus. Jenseits einer perfekt inszenierten Darstellungskunst bekamen sie gerade durch die schauspielerische Unvollkommenheit seiner Laien etwas ungeheuer Theatralisches. Auch Franco Citti, der Bruder des Regisseurs und ein Hauptdarsteller in vielen Filmen Pasolinis, zum Beispiel in »Accattone«, war mit dabei. Italienische Filmgeschichte also. Die Herzlichkeit, der familiäre, respektvolle Umgang innerhalb des italienischen Filmteams begeisterten mich. Natürlich gab es auch Momente, in denen ich mich fremd fühlte. Und wenn mir einmal wirklich etwas zu dämlich wurde, stieß ich einen deutschen Fluch aus und verdrückte mich, bis ich mich wieder beruhigt hatte. Für die Jungs war das kein Problem, sie warteten, bis ich zurückkam. »Allora, tutto a posto, Rolfi?«

»Si.«

»Allora«, und weiter ging es. Die Italiener nahmen, was mir sehr zugute kam, mein heißblütiges Temperament kein bisschen persönlich.

Einige Tage drehten wir in der römischen Filmfabrik Cinecitta. Auf dem Gelände war nichts mehr los, die Anlage verstaubt und vermottet wie die europäische Filmwirtschaft insgesamt, aufgefressen vom Fernsehen.

Mein italienischer Partner war der große Silvio Orlando, einer dieser Schauspieler, die schon als Komödiant zur Welt gekommen sind. Wir erkannten gegenseitig sofort unsere Fähigkeiten. Und zuweilen kam es, dass Sergio Citti sagte: »Rolf, kann es möglich sein, dass du jetzt gerade wie Silvio spielst?« Ich hatte tatsächlich einige Augenblicke lang seine Gestik, seine Art, sich auszudrücken, übernommen. Umgekehrt passierte es dann auch, dass Silvio wie ich spielte und Sergio ihn darauf aufmerksam machte.

»I Magi randaci« lief 1997 außer Konkurrenz auf dem italienischen Filmfestival in Venedig. Man sah dem Film dieses Regisseurs aus der Ära des italienischen Neorealismus natürlich seine Prägung an. Die Art der Inszenierung erinnerte doch sehr an Pasolini.

ENDSTATION FREIHEIT

Zurück in Deutschland, folgten immer wieder Episodenrollen in TV-Serien. Ich habe in so vielen Produktionen mitgespielt, dass es mir schwer fiele, sie alle aufzuzählen. Im Nachhinein erinnere ich mich an die eine oder andere nur deshalb so genau, weil während des Drehs irgendeine komische Geschichte passierte, wie die folgende, über die ich noch oft lachen muss.

Zusammen mit Heiner Lauterbach, der die Titelrolle in der Polizeiserie »Faust« spielte, drehte ich in Hamburg. Wir wohnten im Hotel Madison, Heiner in der Suite über mir. Morgens klopfte aufgeregt der Produktionsfahrer an meine Tür. »Du, Rolf, der Heiner und du, ihr seid doch Freunde.«

»Na ja, irgendwie lieben wir uns schon.«

»Kannst du nicht mal den Heiner wecken, der macht nicht auf, aber man hört da Geräusche.«

»Aha, Geräusche, ja und ...«

»Der lässt niemanden rein, ich glaub, du bist der Einzige der ihn stören darf.«

»Na gut, dann geh mal und hol den Portier.«

»Nee, vom Hotel lässt der auch niemanden rein.«

»Ach so 'n Ding, na dann hol doch mal den Schlüssel.«

Ein Hotelboy schloss die Tür auf. Vorsichtig schlich ich

mich in die Suite. Leere Champuspullen lagen auf dem lavendelfarbenen Teppichboden. Es roch nach kaltem Zigarettenrauch und abgestandenem Alkohol. Aus dem Badezimmer vernahm ich das Plätschern des nachlaufenden Wassers, so 'n leichtes Gluckern und eine kichernde Frauenstimme. Vorsichtig betrat ich das Bad und sah mein Heinerle in der bis zum Rand gefüllten Badewanne liegen. Nur sein Köpfchen und seine starken Schultern lugten raus. Ihm gegenüber saß eine langhaarige Grazie, es war nicht Jenny Elvers und auch nicht Iris Berben. Ich stand einige Minuten in der Tür und beobachtete die beiden. Sie spielten unterm Wasser Doktor Pillermann. Ich genoss den Anblick, wollte diese erotische Szene auf keinen Fall zerstören und sagte dann ganz leise, fast zögernd: »Heiner ...?!« Er blinzelte mit einem Äuglein, raunte verschmitzt, »Eh, Alter ....«, und schon fiel sein Augenlid wieder sanft hinunter, begleitet von einem wohligen Stöhnen. Der Mann war im Paradies, oje, wie sollt' ich ihn da jetzt rausholen, aber am Set wartete aufgeregt das ganze Team. Ich schaute zu der Grazie rüber und fragte: »Was glaubst du denn, wie lange ihr noch äh ...?« Darauf unsere glückliche Kollegin, mit rosigen Wangen: »Na ja, so zwanzig Minuten, ich mein, du siehst ja selber, an mir liegt es nicht.« »Okay, wir warten.« Ich ging wieder in mein Zimmer, frühstückte, der Fernseher lief, ich zappte von der Morgengymnastik rüber zu »Reich und Schön«, aß dabei mein Honigbrötchen, dann klingelte das Telefon. Heiner saß schon im Auto, wartete. »Morgen, Heiner.« »Morgen, Rolf.« Wir fuhren zur Arbeit. Was mich faszinierte an diesem Vormittag, war seine ungeheure Textsicherheit. Nichts konnte ihn offenbar aus der Fassung bringen. Ein Vollprofi eben, mit dem ich sehr gern zusammenarbeite.

Im Havelland, zurückgezogen in einem hundert Jahre alten, maroden Jagdschloss, lebe ich nun schon seit einigen Jahren und verlasse diesen zauberhaften Platz mit Blick auf Wiese, Feld und Wald, umgeben von Hasen, Hunden und Vögeln, nur ab und zu, wenn Dreharbeiten für eine Serie oder Werbefilmproduktion mich dazu verpflichten.

Eine gewisse Voreingenommenheit gegenüber diesen Fernsehprodukten kann ich nicht leugnen. Als junger Schauspieler hätte ich mir überhaupt nicht vorstellen können, dass es einmal eine Zeit geben wird, in der tagtäglich Millionen Menschen vor ihrem Fernseher sitzen und sich all diese Serien, die ständig von irgendwelcher Werbung unterbrochen werden, angucken. Anders gesehen, erreiche ich mit diesen Produktionen natürlich viel mehr Zuschauer als mit einer kleinen Rolle in einem kleinen deutschen Kinofilm.

Meine Episodenrollen haben mir im Lauf der Jahre so viel Sympathie und Popularität eingebracht, dass ich mich jedes Mal wie ein Kind über die ungeheure Vertrautheit und Herzlichkeit freue, mit der mir die Menschen auf der Straße begegnen. »Hallo, Rolf, wir haben dich gestern im Fernsehen gesehen.« »Mensch, Zacher, wie geht's?« Das gibt mir so viel Kraft. Manche fragen auch: »Warum sieht man Sie nicht mal in einer Serienhauptrolle?« Aber ich habe keine Lust, über eine so lange Zeit dieselbe Rolle zu spielen. Außerdem gibt es keine bösen Serienhelden.

Seit Jahrzehnten spiele ich fast nur Randexistenzen, meine Festlegung auf einen bestimmten Typ ging schon so weit, dass ich auch außerhalb des Films mit meinen Figuren gleichgesetzt wurde und die Polizei mich mit manchem steckbrieflich Gesuchten verwechselte. Ich war der Prototyp des gestrandeten Kleindealers, des Mörders im Affekt, des harten Burschen, des verkrachten Ehemanns, des kriminellen Vaters. Dabei ist der Gangster, wie er in den Drehbüchern entwickelt wird, oft nur ein schablonenhaftes Wesen ohne Innenleben, ohne Seele, er hat keine Vergangenheit, keine Zukunft. Die Vielschichtigkeit zu zeigen, die hinter all diesen Bösewichten steckt, war stets der Sinn meiner Arbeit, denn niemand ist auf einen Charakterzug festlegbar, in jedem von uns ist doch alles …

Gedämpftes Licht fällt durch die halbrunden sieben bis acht Meter hohen Fenster und lässt den Gerichtssaal 1 des Strafgerichts Berlin fast gemütlich erscheinen. Auf dem Respekt einflößend erhöhten Podestaufbau beendet der Richter mit den Worten: »Sie sind freigesprochen, Herr Blechschmidt, die Sitzung ist geschlossen« die Szene. Der Regisseur Dirk Regel, ein Typ wie 'n Rapper mit Oberarmtattoo, kommt zu mir: »Einfach perfekt, wie du als Richter rüberkommst. Man sieht dir die Lebenserfahrung an. Diesem Mann da oben mit seinen wachen Augen entgeht so leicht keine Lüge.«

Anfang des Jahres 2002 konnte mich die Produktion der TV-Serie »Edel & Starck« dafür gewinnen, in sieben Folgen die Rolle des Richters Ludwig zu übernehmen.

Endlich mal wieder eine Gegenbesetzung, denn noch immer haftet mir das Image des Bösen an, das ist eben die Schublade, in der man steckt.

Schade, denn eigentlich bin ein Komödiant. Und wenn ich eine Traumrolle hätte, dann wäre es bestimmt Till Eulenspiegel.

Dank an Ute Bergien, die mit viel Humor, Sachkenntnis und einer Engelsgeduld die Entstehung dieses Buches unterstützt hat.